KB140001

한국기업의 지배구조와 사업다각화, 기업가치

한국기업의 지배구조와 사업다각화, 기업가치

김동욱 · 김병곤 지음

한국학술정보㈜

머리말

    1997년 우리나라 기업들이 IMF 경제위기라는 절체절명의 위기를 맞이한 주요한 이유 중의 하나는 재무관리의 실패 때문이라고 할 수 있다. 과다한 차입경영에 따른 재무건전성의 상실, 비핵심 사업부문으로의 무분별한 사업다각화, 전근대적인 소유·지배구조의 형성 등 비효율적인 재무관리가 기업가치의 하락을 유발하고, 기업 경쟁력을 약화시키는 주요한 요인이 되었다. IMF 경제위기 이후 기업들이 추진해온 재무구조조정, 사업구조조정, 소유·지배구조조정 등은 이러한 문제를 해결하기 위한 노력의 일환이라고 할 수 있다.

    그렇지만 우리나라 기업들은 여전히 소유 집중과 다각화에 의한 기업 확장이라는 경영상의 뚜렷한 특징을 나타내고 있다. 전문경영자에 의한 책임 경영체제가 구축되지 못한 기업들이 여전히 많이 있고, 지배주주에 의해 기업경영이 좌우됨으로써 경영 의사결정의 집중화와 소유경영자에 의한 사적이익(private benefits) 추구 현상이 심각하게 발생하는 기업들도 많은 것이 현실이다. 재벌기업을 중심으로 소유권과 지배권의 괴리현상도 심각하게 나타나고 있다.

    또한 관련·비관련다각화를 통해 기업 확장을 추구함으로써 경제력 집중문제를 유발시키고, 전문성을 상실하여 기업경쟁력을 약화시킨다는 비판을 받는 기업들도 많다. 이러한 과정에서 우리나라 기업의 다각화전략은 지배주주가 사적이익을 추구하는 유용한 수단으로 인식되었고, 우리나라 기업의 지배구조 문제와 연관되어 비판의 대상이 되는 경향이 많이 있다.

이러한 우리나라 기업의 경영특성과 '기업가치의 최대화'라는 기업의 경영목표를 생각한다면, 소유·지배구조, 사업다각화, 기업가치 간의 관계를 심도 있게 분석하는 것은 의미 있는 일이라고 할 수 있다. 그럼에도 불구하고, 국내기업을 대상으로 기업지배구조, 사업다각화, 기업가치를 연계시켜 분석한 연구는 부족한 실정이다. 기존 연구들은 기업지배구조와 기업가치, 사업다각화와 기업가치, 지배구조와 사업다각화 등과 같이 개별적인 관계를 분석한 연구가 대부분이고, 기업지배구조와 사업다각화, 기업가치 간의 관계를 통합적으로 분석한 연구결과는 많지 않은 상황이다. 특히 1997년 외환위기를 겪으면서 기업들이 강도 높게 행한 구조조정의 결과가 반영되는 1999년 이후 기간을 분석한 연구결과는 아직까지 충분하지 못한 상황이다.

이 책은 이러한 필요성에 따라 이루어진 것이다. 필자 중의 한 사람인 김동욱 박사의 박사학위논문 '한국기업의 지배구조가 사업다각화와 기업가치에 미치는 영향에 관한 연구'(창원대학교 대학원 경영학과, 지도교수 김병곤)를 중심으로 이후에 발표된 필자 및 타 연구자들의 연구결과들을 보완하여 저술한 것이다.

이 책은 전체적으로 논문의 구성 체계에 따라서 6개의 장으로 구성되어 있다. 제1장에서는 연구의 목적과 범위, 연구방법 등이 제시되어 있다. 제2장에서는 지배구조와 사업다각화, 기업가치 간의 영향관계에 관한 이론적 배경들이 정리되어 있다. 제3장에서는 지배구조와 사업다각화, 기업가치 간의 관계를 분석한 선행연구들이 정리되어 있다. 제4장은 실증분석의 설계에 관한 내용으로 실증분석방법, 표본 기업 및 분석기간, 가설 및 가설 검증모형, 분석대상변수의 측정방법 등이 구체적으로 기술되어 있다. 제5장에서는 실증분석결과가 제시되어 있고, 제6장에서는 전체적인 결론이 기술되어 있다.

필자의 생각으로는 이 책이 2007년에 제출된 박사학위논문을 중심으로 기술되어 있기 때문에 이 책에 관심을 갖는 독자라면 보다 최신의 자료와 실증분석결과에 대한 욕구를 강하게 느낄 것이라 생각한다. 필자들도 이러한 문제점을 인식하고 일부 주석사항과 참고문헌 목록 등을 이용하여 이러한 문제가 보완될 수 있도록 최대한 노력하였으나 여전히 독자들의 요구를 충족시키지 못하는 부분이 있을 것으로 생각한다. 이 책의 참고문헌에 제시되어 있는 필자들의 연구논문이나 다른 연구자의 연구결과를 참고하면 조금이나마 도움이 되지 않을까 생각한다. 필자들이 학위논문과 그동안의 연구결과들을 정리하여 책의 형태로 출간한 것은 이 분야에서 연구하고 있거나, 연구하고자 하는 분들께 미력이나 도움이 되었으면 하는 바람에서 시작하였지만, 부족한 부분이 많을 것으로 생각한다. 독자의 비판과 조언을 받아 계속적으로 수정·보완해 나갈 것을 다짐한다.

그리고 이 책이 출판될 수 있도록 도와주신 한국학술정보(주)의 여러 관계자들과 조언을 아끼지 않으신 창원대학교의 김동회 교수님, 정정현 교수님과 신라대학교의 곽철효 교수님께 이 자리를 빌려 감사를 드린다.

2011년 6월
김동욱·김병곤

차례

IV. 실증연구의 설계 / 109

1. 실증연구방법 / 109

2. 표본기업의 선정 / 114

3. 분석대상 변수 / 115

4. 가설 설정 및 검증모형 / 121

Ⅰ. 연구의 목적 및 범위

　우리나라 기업들은 소유의 집중과 다각화에 의해서 기업을 확장하는 경영상의 특징을 보여 왔다. 전문경영자에 의한 책임 경영체제가 구축되지 못한 기업들이 많이 있고, 지배주주에 의해 기업경영이 좌우됨으로써 경영 의사결정의 집중화와 소유경영자에 의한 私的利益(private benefits)추구 현상이 심각하게 발생하는 기업들도 많은 것이 현실이다.[1] 또한 관련·비관련다각화를 통해 기업 확장을 추구함으로써 경제력 집중문제를 유발시키고, 전문성을 상실하여 기업경쟁력을 약화시킨다는 비판을 받는 기업들도 많다. 이러한 과정에서 우리나라 기업의 다각화전략은 지배주주가 사적이익을 추구하는 유용한 수단으로 인식되었고, 우리나라 기업의 지배구조 문제와 연관되어 비판의 대상이 되는 경향이 있다.

　우리나라의 경우 1997년 IMF 경제위기 이후 본격적으로 기업지배

---

1) 지배주주는 주주총회에서 의결권행사를 통하여 회사의 주요 의사결정사항, 즉 경영권을 지배할 수 있는 대주주를 의미한다.

구조 개선 및 사업구조조정 정책이 추진되었다. 1998년 정부는 기업 경영의 투명성 제고, 상호지급보증 해소, 재무구조 개선, 핵심부문 역량 강화, 지배구조 및 경영진의 책임강화 등 기업구조조정 5대 원칙을 발표하였고,[2] 그 이후 제2금융권 지배구조 개선, 순환출자 및 부당거래 억제, 변칙 상속 및 증여 방지의 3대 보완과제를 제시하였다.[3] 기업차원에서도 사외이사제도 및 감사위원회의 도입, 외부 감사인의 독립성 강화, 분기별 재무제표 작성, 지주회사 체제로의 전환, 부실사업부문 매각 및 합병 등을 통한 지배구조 개선과 사업구조조정 노력이 활발하게 전개되었다.

이러한 기업환경 변화와 더불어 국내 연구자들 사이에서는 기업의 사업다각화 동기를 밝히고, 기업지배구조와 사업다각화가 기업가치에 미치는 영향을 분석하고자 하는 관심이 증가하였다.[4]

외국에서는 이와 관련된 연구들이 지속적으로 진행되어 왔다. 먼저 사업다각화에 관한 연구는 크게 두 가지 방향으로 이루어져 왔다. 즉, 다각화의 결과를 탐색하는 연구와 다각화의 동기를 밝히고자 하는 연구 방향이 있다.

다각화의 결과를 밝히는 연구로는 Rumelt(1982), Montgomery(1994), Lang and Stulz(1994), Berger and Ofek(1995), Comment and Jarrell(1995), Servaes(1996), Billet and Mauer(2000) 등이 있다. 이들은 대체로 기업의

---

2) 재정경제부의 발표에 따르면 1998년 1월 정부와 대기업간 합의한 내용으로 기업 구조조정 5대 원칙에 따라 기업이 자율적으로 추진하는 것을 원칙으로 하고 이 과정에서 금융기관이 채권자로서 구조조정의 감시자 역할을 담당하도록 하였다.

3) 기업의 구조조정에 대한 기본과제인 5대원칙이 1998년 1월 발표되어 추진되다가 8월 15일 다시 3개의 원칙이 추가되어 모두 8개가 되었다.

4) 이와 관련된 국내 연구로는 구맹회 · 김병곤(1999), 윤영섭 · 김성표(1999), 구맹회 · 김병곤 · 박상현(2001), 전상경(2003), 김병곤 · 김동욱(2005, 2008, 2010), 강인철(2005), 김병곤 · 정동섭 · 김동욱(2008), 곽철효 · 김병곤 · 김동욱(2009), 김동회 · 김동욱 · 김병곤(2010) 등이 있다.

다각화는 기업가치의 하락을 유발하는 것으로 분석하고 있다. 전통적인 관점에서 설명되어 온 사업다각화가 기업의 수익성을 강화시키고, 비용의 감소를 가져온다는 시너지 창출론적 관점과는 다른 결과들을 제시하고 있다.

이와 같이 사업다각화와 기업가치 간에 부정적인 영향관계가 실증적으로 제시됨으로써 사업다각화의 목적이 시너지효과만을 추구하는 것이 아닐 수 있다는 의문이 제기되었다. 특히 기업들이 핵심역량과 무관하고, 비전문 영역으로까지 사업다각화를 추구하려는 경향이 있다는 것은 다각화를 추진하는 동기에 대한 관심을 증가시키는 요인이 되었다. 다각화의 동기를 밝히는 최근의 연구들은 주로 대리인이론(agency theory) 관점에서 이루어지고 있다. Amihud and Lev(1981), Jensen(1986), Stulz(1990), Shleifer and Vishny(1989), Lewellen, Loderer, and Rosenfeld(1989), Denis, Denis, and Sarin(1997), 구맹회·김병곤(1999), 윤영섭·김성표(1999), 김병곤·김동욱(2008, 2010), 김병곤·정동섭·김동욱(2008), 김동회·김동욱·김병곤(2010) 등은 기업다각화는 대리인문제와 깊이 연관되며, 이는 대리인비용을 유발시켜 기업가치의 감소를 가져온다고 하였다.

기업지배구조와 관련된 연구는 이사회, 경영자보상, 재무 및 투자의사결정, 내부통제시스템, 법·규제, 기업통제권시장, 노동시장, 상품시장 등과 연관하여 많은 연구들이 진행되고 있다. 특히 이들 연구중에는 사업다각화전략과 기업가치에 연계시켜 분석하는 연구들도 있다.

기업지배구조가 사업다각화전략에 미치는 영향에 관한 연구는 Johnson, Hoskisson, and Hitt(1993), Gibbs(1993), Goodstein, Gautam, and Boeker(1994),

Anderson, Bates, Bizjak, and Lemmon(2000), Singh and Mathur(2004) 등이 있다. 경영진의 지분율, 이사회 규모와 구성, 사외이사의 비중, 외부 주주의 존재, 기관투자가 지분율 등이 기업의 사업다각화전략에 영향을 미칠 수 있음을 밝히고 있다. 대리인이론 관점에서 경영진과 외부 주주의 지분율이 높을수록, 이사회가 내부자의 지배를 덜 받을수록 다각화전략을 채택하지 않으려는 경향을 보인다고 하였다.

한편, 기업지배구조가 기업가치에 미치는 영향에 관한 연구로는 Baysinger and Buffer(1985), Rosenstein and Wyatt(1990), Lee, Rosenstein, Rangan, and Davidson(1992), Hermaelin and Weisbach(1988), Pound(1988) 등이 있다. 기업의 지배구조는 기업의 소유구조와 밀접한 관계를 가지면서, 소유구조의 차이에 따라 발생되는 다양한 대리인문제를 효과적으로 통제할 수 있어야 함을 지적하고 있다.[5] 대리인문제는 소유구조에 따라 발생하는 유형이 다르기 때문에 그 대리인문제를 해소할 수 있는 다양한 형태의 지배구조가 존재하게 되고, 그 여부에 따라 기업성과도 영향을 받게 된다고 하였다. Brown, and Caylor(2004)는 지배구조가 우수할수록 수익성이 좋으며, 주주에 대한 보상도 크다고 하였고, Gompers, Ishii, and Metrick(2001)은 90년대 미국기업의 지배구조는 주식수익률과 강한 상관관계를 가진다는 것을 확인하였다.

---

5) 기업의 주식소유가 분산되고 소유와 경영이 분리되어 있는 경우에는 소액주주가 스스로 경영자를 감시할 유인이 약화되므로 주주에 대한 경영자의 대리인문제가 발생된다. 주식소유는 분산되어 있더라도 복수의 의결권을 가지는 주식이나 위임장, 의결권신탁, 피라미드 형태의 주식소유 등을 이용하여 통제권을 확보할 수 있는 경우에는 지배주주가 경영자를 감시할 수 있게 되어 지배주주와 소액주주 간에 대리인문제가 발생하게 된다. 가족기업 등과 같이 주식소유가 집중된 경우에는 대주주가 경영자를 감시함으로써 대주주와 소액주주 간에 대리인문제가 발생될 수 있다. 만일 소유가 집중되었더라도 대주주의 의결권에 제한이 있는 경우에는 경영자에 대한 대주주의 감시와 통제가 어렵게 되므로 경영자와 주주 간에 대리인문제가 발생될 수 있다. 이러한 대리인문제는 기업의 소유·지배구조의 특성에 따라 R&D 등 고위험사업에 대한 과소투자(under investment), 과도한 사업다각화의 추진, 부실사업에 대한 상호보조(cross-subsidization), 잉여현금흐름(free cash flow)의 과도한 사내유보나 부(-)의 순현재가치를 갖는 사업에 대한 과도한 투자(over investment), 대주주 경영자의 자기거래, 전문경영인체제의 도입 지연 등과 같은 형태로 나타날 수 있다.

Klapper and Love(2004), Black, Jang, and Kim(2006), Bauer, Frijns, Otten, and Tourani-Rad(2008) 등은 지배구조가 우수한 기업이 그렇지 않은 기업보다 유의하게 높은 성과를 보인다고 하였다.

그런데 이러한 기업지배구조와 다각화전략을 탐색하는 많은 연구에도 불구하고, 국내기업을 대상으로 기업지배구조, 사업다각화, 기업가치를 연계시켜 분석한 연구는 부족한 실정이다. 대부분의 기존 연구들은 기업지배구조와 기업가치(Baek et al., 2004; Black et al., 2006; Yoon and Oh, 2005), 사업다각화와 기업가치(윤영섭·김성표, 1999; 구맹회·김병곤·박상현, 2001; Bae et al., 2008), 지배구조와 사업다각화(김병곤·정동섭·김동욱, 2008) 등과 같이 개별적인 관계를 분석한 연구는 다수 이루어지고 있지만, 기업지배구조와 사업다각화, 기업가치 간의 관계를 통합적으로 분석한 연구결과는 부족한 상황이다. 특히 1997년 외환위기를 겪으면서 기업들이 강도 높게 행한 구조조정의 결과가 반영되는 1999년 이후 기간을 분석한 연구결과는 아직까지 충분하지 못한 상황이다.

따라서 본 연구에서는 기업지배구조와 사업다각화의 관계, 사업다각화와 기업가치의 관계, 기업지배구조와 기업가치의 관계를 살펴보고, 기업지배구조와 사업다각화의 상호관계가 기업가치에 미치는 영향을 통합적으로 분석하고자 한다. 이러한 결과는 기업지배구조와 사업다각화, 기업가치 간의 관계를 별개의 인과관계로 설명한 기존의 연구결과들을 보완해 줄 수 있을 뿐만 아니라 기업지배구조와 사업다각화, 기업가치 변수를 통합적으로 분석하는 결과를 제시한다는 점에서 기존의 연구들과 다른 차별적인 의의가 있을 것으로 생각한다.

추가적으로 재벌기업과 비재벌기업, 사업다각화기업과 사업집중화기업, 관련다각화기업과 비관련다각화기업을 구분하여 기업지배구조와의 특성을 비교하고 기업가치에 미치는 영향을 분석하고자 한다.

본 연구에서는 한국기업의 지배구조가 사업다각화와 기업가치에 미치는 영향 관계를 분석하고자 한다. 사업다각화에 영향을 미치는 여러 변수들 가운데 기업지배구조에 초점을 두고, 대리인문제 관점에서 기업지배구조가 사업다각화와 기업가치에 미치는 영향을 분석한다. 외환위기 회복기간인 1999년 이후 한국거래소에 계속 상장되어 있는 377개 비금융업종 기업을 대상으로 패널자료를 이용한 패널자료 분석모형에 의해 기업지배구조와 사업다각화, 사업다각화와 기업가치, 기업지배구조와 기업가치 간의 관계를 각각 분석하고, 패널자

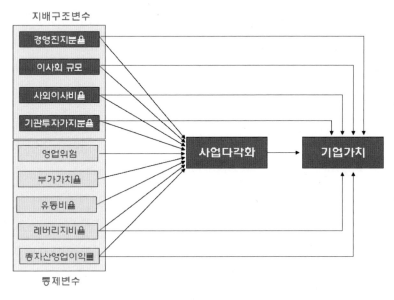

[그림 Ⅰ-1] 기업지배구조가 사업다각화와 기업가치에 미치는
영향관계 분석 모형도

료를 이용한 2단계 최소자승법(2 stage least squares)을 이용하여 기업지배구조와 사업다각화의 상호관계가 기업가치에 미치는 영향을 통합적으로 분석한다.

또한 기업지배구조가 사업다각화에 미치는 영향에 대한 전체 자료 분석 결과의 강건성을 확인하기 위해, 전체 자료를 재벌기업과 비재벌기업, 사업다각화기업과 사업집중화기업, 관련다각화기업과 비관련다각화기업 등으로 나누어 패널 LOGIT분석을 실시한다.

본 논문의 구성은 I장 연구의 목적 및 범위에 이어, II장에서는 기업지배구조, 사업다각화, 기업가치 간의 관계의 이론적 배경을 살펴보고, III장에서는 기존 선행연구를 고찰한다. IV장에서는 실증연구방법에서 실증분석을 위한 가설과 모형을 설정하고, 분석대상이 되는 주요 변수인 기업지배구조 변수, 사업다각화 변수, 기업가치 변수, 통제변수 등의 측정방법과 이론적 영향 관계를 설명한다. V장에서는 실증분석 결과를 설명하고, VI장에서는 결과를 요약하고 시사점을 제시한다.

Ⅱ. 이론적 배경

1. 기업지배구조의 의의

1.1. 기업지배구조의 정의

기업지배구조(corporate governance structure)의 개념은 연구자에 따라 다양하게 제시되고 있다. Williamson(1984)은 거래비용 관점에서 기업 지배구조를 이해관계자 간의 효율적인 계약이행에 따른 메커니즘으로 보고, 경영자의 적정한 행위를 가능하게 하는 규율 메커니즘이라고 하였다. Alkhafaji(1989)는 기업지배구조를 조직의 운영에 관련되는 다양한 집단의 권리와 책임을 결정하는 권력 구조로 보고 기업에 대한 합법성의 기대, 기업의 작동방법, 경영자와 이사회의 전반적인 책임이 내포된다고 하였다. Sheridan and Kendall(1992)은 소유자의 장기 전략적 목표, 종업원의 이해관계, 환경과 지역사회의 요구, 고객과 공급자와의 원활한 관계, 법적 규제사항을 효과적으로 고려하여 충족시킬 수 있도록 기업을 통제, 작동, 구조화시키는 시스템이라고 하였다.

Charkham(1994)는 기업을 지휘하고 통제하는 시스템을 지배구조라고 하였다. Monks and Minow(1995)는 기업의 지배구조를 기업의 지휘와 성과결정에 참여하는 당사자 간의 관계구조라고 정의하였다. Shleifer and Vishny(1996)는 기업에 대한 자금공급자가 경영자를 통제하여 적정 투자수익을 얻는 방식을 다루는 구조 전체를 기업지배구조라고 하였다.

Blaine(1995)은 지배(governance)의 개념을 기업지배(corporate governance)와 경제거래의 지배로 구분하였다. 기업지배는 소유와 경영이 분리됨에 따라 발생되는 문제와 관련된 것으로, 경영자의 자기이익(self benefit) 추구를 억제하기 위해 구축된 구조와 과정을 의미한다고 하였다. 이 같은 견해는 대리인이론과 관련되어진다. 경제거래의 지배는 경제행위자간의 재화와 서비스 교환을 조정하고 통제하는 제도를 의미한다고 하였다. 이 견해는 계약적 지배(contractual governance)의 개념에 기초하고 있다. Keasey, Thompson, and Wright(1997)는 기업지배구조를 좁은 의미로는 주주에 대한 경영자 책임의 공적시스템이고, 넓은 의미로는 기업부문 및 그것이 영향을 주는 사회일반과 관련된 공식적, 비공식적 네트워크라고 하였다.

이상과 같은 논의를 종합해 보면, 기업의 지배구조란 특정의 제도적 환경하에서 기업을 둘러싸고 있는 이해관계자의 계약적 이해를 원활하게 조정하는 시스템이라고 할 수 있다. 특히 소유와 경영이 분리된 기업에 있어서는 경영자의 대리인문제에 대한 전반적인 규율 메커니즘의 성격을 갖는다고 볼 수 있다.

1.2. 기업지배구조의 구성요소

기업의 지배구조는 크게 다음의 두 가지 요소로 구성되어 있다. 첫째, 기업내부 통제기구로서 주주총회, 이사회(대표이사, 사내이사, 사외이사), 감사(위원회) 등이 있다. 둘째, 기업외부 통제기구로서 주로 시장에 의한 통제기능을 수행하는 기관투자가, 기업지배권시장(corporate control market), 경영자시장 등이 있다.

주주총회는 이사, 감사에 대한 임명권을 갖는 것은 물론 합병, 영업 양·수도, 정관변경, 신주발행, 청산, 해산 등 회사의 중요한 사항에 대하여 의사결정권을 가지고 있다. 그러므로 주주총회가 그 기능을 제대로 수행할 수 있다면 합리적인 의사결정과 이를 집행하는 기업경영활동에 대한 감시·통제 기능이 효과적으로 이루어질 수 있다. 그러나 우리나라 기업들은 소유구조상 대주주 1인에 지배권[6]이 집중되어 있는 경향이 강하므로 주주총회는 명목상의 행사에 그치고 있는 실정이다. 대기업의 경우 대부분 창업자나 그 가족이 지배적 주식 지분을 보유하며 경영권을 승계하는 것이 관행화되어 있다.

이사회는 회사의 업무집행에 관한 의사결정을 수행하는 기구이고, 최고경영자를 겸하는 대표이사는 이사회의 결정사항을 집행하는 경영층의 대표자가 된다. 이사회를 구성하는 이사는 주주총회에서 선출되며, 이사회가 대표이사를 선출한다. 이사회는 대표이사의 업무집행을 감독하며, 대표이사가 업무집행을 불성실하게 하거나 부정직하게 한 경우에는 해임할 수 있다.

---

6) 지배주주가 직간접적으로 소유하고 있는 지분을 소유권 또는 현금흐름권(cash flow rights)이라 하고, 지배주주가 직간접적으로 영향력을 행사할 수 있는 지분을 지배권 또는 의결권, 통제권(control rights)이라고 한다.

우리나라 기업의 경우 이사회 내 사내이사의 비중은 감소하는 반면 사외이사의 비중은 증가하고 있다. 이는 정부가 기업의 경영투명성을 제고시키기 위해 경영진을 견제할 수 있는 사외이사 선임을 강제하고 있기 때문이다.[7] 이처럼 이사회 구조의 변화에도 불구하고 경영진에 대한 이사회의 견제나 감시기능은 미약한 실정이다. 우리나라의 기업 현실에서 주주의 이해를 대표하는 이사들이 선출되어 이들이 대표이사를 선임하는 경우는 극히 드물다. 오히려 대주주인 실질적인 기업소유자가 대표이사로 취임하여 그의 의중에 따라 이사를 선임하는 것이 일반적이다. 따라서 이사들의 대표이사 선임권은 형식적인 요식행위에 지나지 않는 경우가 많다. 또한 내부 경영진을 견제하기 위해 선임되는 사외이사의 경우도 경영진에 독립성을 확보 하지 못하여 견제기능이 미약한 것이 현실이다.[8]

감사는 기업의 회계와 업무를 감사하는 역할을 담당함으로써 이사회의 의사결정이나 경영활동을 감시·통제하는 기능을 수행한다.[9] 현재 우리나라 기업에 있어서는 감사가 이사회가 승인한 재무제표를

---

7) 정부는 1998년부터 상장회사에 대해 사외이사를 의무적으로 두도록 하였다. 상장법인(자산총액이 1천억 원 미만인 벤처기업은 제외)은 의무적으로 이사총수의 1/4 이상을 사외이사로 선임하여야 한다. 자산규모가 2조원 이상인 상장법인의 경우에는 이사총수의 1/2 이상(3인 이상)을 사외이사로 선임하여야 하며, '사외이사후보 추천위원회'를 설치(위원총수의 1/2 이상 사외이사로 구성)하여야 한다. 즉, 사외이사는 기업규모에 따라 사외이사후보추천위원회(총자산 2조 원 이상)에서 추천하거나 이사회에서 추천하는 방식을 따르고 있다.

8) 사외이사를 추천하는 이사회 또는 사외이사후보추천위원회는 지배주주가 있는 회사의 경우에는 동 이사회(위원회)가 지배주주(경영진)의 영향 하에 있어 사외이사 선임의 독립성을 담보하지 못하고, 지배주주가 없는 회사의 경우에는 사외이사 중심의 동 이사회(위원회)가 사외이사의 원래의 취지를 일탈하여 경영권을 장악하는 수단으로 남용되는 경우도 있다.

9) 상법(제49조)에서는 기업의 감사기관으로 1인의 감사(자산총액 1천억 원 이상의 등록법인인 경우 1인 이상의 상근감사)를 두도록 규정하고 있다. 상법에서는 감사 또는 감사위원회를 선택하여 설치할 수 있도록 규정하고 있으나, 증권거래법 등 금융관련 법률에서는 대형 상장법인(총자산 2조 원 이상), 대형 금융회사 및 대형 금융지주회사(은행, 보험: 총자산 2조 원 이상, 투신: 수탁고 6조 원 이상)의 경우 감사(상근감사)를 대체하는 감사위원회의 설치를 의무화하고 있다. 감사위원회 위원의 2/3 이상을 사외이사로 구성하고, 감사위원회 위원장은 사외이사이어야 한다.

감사하고, 이사의 업무집행을 감시하기는 힘든 실정이다. 상법상으로는 감사의 독립성을 확보하기 위해 감사가 회사의 이사나 지배인을 겸할 수 없다고 규정하고 있다. 또한 지배대주주가 감사선임을 좌우할 수 없도록 3%를 초과하는 주식에 대해서는 의결권을 제한하도록 규정하고 있다. 그러나 소수주주권 행사가 제한적이고, 일반주주들이 의결권행사에 관심을 갖지 않는 현실을 고려할 때 대주주는 보유주식을 분산시키는 등의 방법으로 자신이 원하는 인물을 감사로 선임할 수 있다. 따라서 감사는 대표이사 등의 이사로부터 독립성을 확보하기 어렵고, 이에 따라 그 기능을 제대로 수행할 수 없는 것이다.

외부감사인제도는 주식회사에서 회계처리를 적정하게 하도록 하여 이해관계인을 보호하고, 기업의 건전한 발전을 도모하기 위해 시행하는 제도로 기업의 투명성과 건전성을 제고시키는 데 기여할 수 있다.[10] 외부감사제도에서 중요한 것은 외부감사인의 독립성이다. 그러나 외부감사인의 능력이 그들의 고객수로 판단되어 많은 고객을 확보하는 것이 중요시되는 상황에서 외부감사인은 회사측에 불리한 의견을 내기보다는 회사측의 요구를 반영하여 감사의견을 냄으로써 고객관계를 유지하려는 것이 현실이다. 그리고 이들 외부감사인의 선정은 감사위원회가 있는 기업은 감사위원회에서, 감사위원회가 없는 기업은 감사인선임위원회를 설치하여 외부감사인을 선임하도록 되어 있으나 현실적으로 대표이사의 의중이 반영되어 외부감사인의 독립성이 저해되는 부분이 있다. 또한 낮은 감사수수료와 집중된 연말결산은 감사시간을 충분히 확보하지 못하게 함으로써 충실한 감사를

---

10) 우리나라 기업의 경우 자산총액이 70억 원 이상인 주식회사는 회사와 독립된 외부 감사인에 의해 외부감사를 받아야 한다(주식회사의 외부감사에 관한 법률 2조, 주식회사의 외부감사에 관한 법률시행령 2조).

저해하는 요인이 되고 있다.

기관투자가에는 은행, 투자신탁회사, 보험회사, 증권회사, 연금기금, 각종 재단 및 기타 금융기관 등이 있다.[11] 기관투자가는 자산운용시 분산투자를 통한 리스크관리가 용이하고 주식의 장기보유가 가능하여 안정적인 주주로서의 역할을 할 수 있다. 이것을 바탕으로 기관투자가들은 기업정보를 보다 용이하게 확보할 수 있고, 우월적인 입수 정보 분석능력도 보유할 수 있다. 또한 보유주식 비중이 상대적으로 높고, 대상회사에 대한 정보의 수집과 분석에 상당한 비용을 부담할 수 있기 때문에 경영활동에 상당한 영향력을 행사할 수 있다. 따라서 주주들의 이익을 반영하지 못하고 기업경영성과가 좋지 못한 경우에는 경영진에 그 책임을 묻고, 효율적인 경영을 촉구하여 기업가치의 증대를 유도할 수 있다. 이처럼 미국을 비롯한 선진국에서는 기업의 외부통제시스템으로 은행 등 기관투자가들이 중요한 역할을 담당하고 있다.

기업이나 경영자에 대한 규율과 통제에 있어서 경쟁적 시장환경은 중요한 역할을 할 수 있다. 금융시장 및 기업인수시장으로부터 가해지는 압력은 기업경영의 효율성을 제고시키는 데 기여할 수 있다. 기업은 이러한 압력에 대응하기 위한 생존전략으로 원가절감이나 생산성 향상 등 기업의 주가에 영향을 미칠 수 있는 여러 가지 경영혁신 방안을 채택하고 이를 달성하기 위해 노력하게 되어 결국 기업 전체

---

11) 한국증권업협회의 유가증권인수업무에 관한 규칙(제2조 제9항)에서 규정하는 기관투자가는 법인세법시행령 제17조 제1항에 의거한 기관투자가, 증권투자회사법 제12조의 규정에 의하여 금융감독위원회에 등록한 자, 재경부장관으로부터 공모주식 취득허가를 받은 코리아펀드, 코리아유로펀드, 코리아아시아펀드, 유가증권의 발행 및 공시 등에 관한 규정 제135조 제1항 4~6호에 해당하는 자로서 외국법령에 의하여 설립된 법인을 포함한다.

의 경영성과를 높일 수 있다.

물론 이러한 기업인수시장이 활성화되는 경우에는 기업의 비효율성을 초래할 가능성도 있다. 경영진이 외부의 적대적 M&A 시도에 대응하기 위해 자사주 매입, 주요 자산 매각 등 무리한 M&A방어수단을 사용한다면 많은 비용이 발생하고, 기업자금을 비효율적으로 남용함으로써 주주의 이익을 침해할 수도 있다.

현재 우리나라의 경우 외부적인 경영감시 장치로서 금융시장 및 기업인수시장의 기능은 외국에 비해 그 기능이 미약하다. 1999년 이후 국내 M&A시장이 다소 활성화되고, 외국인에 의한 적대적 기업인수 시도 등이 증가하면서 시장에 의한 경영견제 기능이 향상되고 있지만 아직까지 충분히 그 역할을 수행하고 있다고는 할 수 없다.[12] 소유경영자의 실질적인 높은 지분율, 기업의 배타적인 그룹경영체제, 자본시장의 미발달 등이 시장에 의한 경영감시 기능을 약화시키는 요인이 되고 있다.

기업경영을 감시할 수 있는 또 다른 실체로서 경영자시장의 중요성을 들 수 있다. 기업 내·외부의 경영자시장은 경영자들을 규율함으로써 경영진의 이해와 주주의 이해를 일치시킬 수 있다. Fama and Jensen(1993)은 이러한 경영자시장의 경영감시 기능은 기업의 내부와 외부에서 모두 일어날 수 있다고 하였다. 기업내부에서 이루어지는 경영진에 대한 감시는 직위의 계층구조에 의해 이루어지고, 기업외부에서 이루어지는 경영진에 대한 감시는 다른 회사로 이직하려는 경

---

12) 현재 우리나라에서 지배주주가 아닌 제3자가 회사의 지분을 매입하고, 경영권을 인수하는 것과 관련된 제도로는 크게 주식대량보유(변동) 상황보고(소위 5% 룰)와 공개매수제도가 시행되고 있고, 기업이 공개매수를 방어하기 위한 주식발행이 가능하도록 하고 있다. 또한 경영권 방어장치로 활용될 수 있는 황금낙하산. 이사해임요건강화 등에 대해서는 법률적 제한을 두지 않고 있다.

영자의 시도와 경영자의 경영성과에 근거한 보상 및 상벌제도에 의해 이루어진다고 하였다.

경영자시장이 효율적으로 작동하면 기업의 성과는 노동시장에서 각 경영자의 기회임금을 결정하며, 경영자의 과거 성과정보는 그의 미래 직무 담당기회에 영향을 미친다. 또한 경영자시장을 통해 경영자 간에 상호감시가 이루어지게 되어 경영자를 규율하는 기능을 발휘하게 된다.

그러나 우리나라의 경우 경영자시장의 기능은 아직 미흡한 실정이다. 일부 대기업을 제외하면 대부분의 경영진에 대한 보상은 경영성과를 충분히 반영하지 못하고, 경영진의 재취업도 매우 어렵다. 이러한 상황에서 미국 등과 같은 수준의 경영자시장의 경영감시 기능을 기대하기는 어려운 실정이다.

1.3. 기업지배구조와 기업가치

우수한 기업지배구조와 재무적 성과, 주식가치와의 상관성을 증명하기 위해 많은 연구가 시행되었으며, 세계수준의 국제적 기업지배구조 기준을 적용한 회사는 높은 수준의 주식가치가 인정되는 등의 상관성을 입증하는 연구결과가 속속 나왔다.

Gompers, Ishii, and Metrick(2003)는 1990년~1999년 기간 동안 미국의 상위 1,500개 대기업을 대상으로 주주권리의 수준에 대한 대용변수로서 기업지배구조지표를, 관련 전문연구기관인 Investor Responsibility Research Center(IRRC)로부터 입수한 24개 기업지배구조 관련 항목들을 이용하여 산출하였다. 이들 항목들은 주로 경영권 방어, 의결권 행사, 등기이사 보호 등과 관련되어 있다. 기업가치의 종속변수로는 Tobin's

Q를 사용하였고, 독립변수로는 지배구조지수, 시장자본규모, 시가장부가율 등을 사용하였다. 조사결과, 지배구조가 좋은 기업이 지배구조가 좋지 않은 기업보다 더 높은 경영성과를 보인다는 것을 확인하였다. 강한 주주권을 가진 기업이 높은 기업가치, 높은 이익, 높은 매출성장률, 낮은 자본비용을 나타내며, 기업인수에 덜 노출된다는 것을 확인하였다.

Durnev and Kim(2003)은 27개국 859개 대기업을 대상으로 Credit Lyonnais Securities Asia(CLSA)의 기업지배구조지표를 이용하여 2000년도의 지배구조지수를 산출하였다. CLSA는 57개 항목을 크게 다음의 7가지 그룹(주주중시, 투명성, 독립성, 이사회 운영, 책임성, 소액주주 보호, 사회적 책임)으로 분류하여 분석하였다. 여기에 부가하여 언론의 스캔들 보도회수, 투자자보호의 법적환경, 그리고 소유권, 공개성, 이사회 등으로 구성된 S&P의 투명성 점수 등을 추가하여 종합적인 지배구조평점을 산정하였다. 이렇게 산정된 평점과 성장기회, 외부금융 필요성, 현금흐름권리 집중도 등과의 관련성을 분석하였다. 통제변수로는 매출규모, R&D, 수출규모 등을 사용하였다. 분석결과, 성장여건이 좋고 외부금융의 필요성이 큰 기업, 그리고 현금흐름권리가 집중화된 기업일수록 높은 질의 지배구조를 갖는 것으로 분석되었다. Tobin's Q를 사용한 기업가치와의 관계에서는, 지배구조가 좋은 기업일수록 더 높은 가치를 갖는 것으로 나타났다.

Drobetz, Schillhofer and Zimmermann(2003)은 독일기업에 대하여 기업지배구조공약, 주주의 권리, 투명성, 이사회의 운영과 감사위원회, 감사 등의 5개의 부문, 총 30개의 지배구조 대용변수로 기업지배구조평점(corporate governance rating: CGR)을 산출하였다. CGR과 기업가치 간의 관계를 일반회귀분석과 2단계 최소자승법(2SLS)을 사용하여 분석한 결과 지배구조와 기업가치 간에는 인과관계가 존재한다는 것을 밝혔다. 또한 높은 CGR 기업은 사고, 낮은 CGR 기업은 파는 투자전략을 이용하는 경우 년 12%의 초과이익을 얻을 수 있는 것으로 나타났다.

Black, Jang, and Kim(2003)은 우리나라 상장법인들을 대상으로 증권거래소가 2001년도에 실시한 설문조사결과를 이용하여 2000년도 지배구조지수를 산출하고, 이를 2000년도의 재무실적 주가를 바탕으로 검증하였다. 지배지수는 총 123개의 설문문항 중 38개를 선별하여 주주권리, 이사회 구성, 이사회 운영, 투명성 등의 4개 하위지수를 구성하고, 여기에 지배-소유 간 일치도(control-ownership parity)를 추가하여 총 5개 하위지수로 종합지수를 산출하였다. 각 그룹 내의 항목과 그룹들은 모두 동일한 가중치를 주어 총 100점 만점이 되도록 하였다. 분석결과, 지배구조지수의 10점 증가는 Tobin's Q에서 0.065 증가와 시가/장부가율(M/B)에서 0.13의 증가를 가져오는 것으로 나타났다. 또한, 재벌기업과 비재벌기업, 자산 2조 원 이상과 이하 등의 구분된 분석에서도 기업지배구조지수는 Tobin's Q와 높은 유의성을 갖는 것으로 나타났다.

2. 다각화의 의의

2.1. 다각화의 개념

다각화(diversification)는 한 기업이 다른 산업으로 진출하는 것을 의미하는데, 이로 인해 복수의 사업영역에서 기업을 운영하는 것으로 정의할 수 있다. 다각화는 제품이나 시장의 측면에서 관련된 사업에 집중하여 다각화하는 관련다각화(related diversification)와 현재하고 있는 사업과 서로 관련되지 않는 산업에 진출하는 비관련다각화(unrelated diversification)로 구분된다.

2.2. 다각화의 동기

다각화의 성공과 실패를 결정하는 요인을 찾기 위해서는 기업의 다각화 동기를 이해할 필요가 있다. 다각화의 주요동기는 다음과 같이 요약해 볼 수 있다.

첫째, 위험의 분산이다. 위험은 관련다각화보다는 비관련다각화가 위험분산의 효과가 더 크다. 둘째, 성장의 추구이다. 기업은 성장을 극대화하기 위한 수단으로 다각화를 추진하는데 이와 같은 성장은 기업조직 내에 있는 조직구성원에게 좋은 기회를 제공하여 준다. 또한 최고경영자의 입장에서는 매출액의 증대에 관심을 갖는 경향이 있다. 이는 기업규모의 순위에 따라 시장지위가 결정되며, 이들의 평가는 수익성보다는 매출액의 증대에 의해서 평가받는 경향이 있기 때문이다. 셋째, 시장지배력의 강화이다. 이는 대형화된 거대기업들은 사업의 효율성이 증가하지 않더라도 기업규모를 활용하여 시장지배력을 강화시킬 수 있기 때문이다. 즉 약탈적 가격인하(predatory pricing), 상호구매(reciprocal buying) 그리고 상호경쟁 자제(mutual foreberance) 등의 방법을 통해 시장지배력의 행사가 가능할 수 있다.

관련다각화는 이른바 전략적 적합성[13]을 가진 사업으로 확장하는 것을 말한다. 이때 전략적 적합성은 두 개의 사업들이 가치사슬상에서 얼마나 연관되어 있는 가로 판단할 수 있다. 따라서 전략적 적합성이 존재하면 상승효과를 통해 독립적으로 운영할 때 더욱 큰 성과를 올릴 수 있다. 사업상의 관련성과 전략적 적합성을 판단하는 기준은 기술의 공유, 공통된 노동기술, 공통된 공급자와 원재료, 다른 제품에 들어가는 부품 등을 합동으로 생산할 수 있는 가능성, 유사한 공정, 유사한 경영 노하우, 마케팅 기술, 공통된 영업인력의 가능성, 공통된 유통망, 사후 서비스를 통합할 수 있는 가능성 등을 들 수 있다. 관련성이 높을수록 가치사슬상의 비용절감, 기술이전, 지식의 공유 등을 통해 생기는 이익들이 많아져 경쟁우위를 획득할 가능성이 높아진다.

이처럼 전략적 적합성이 존재하는 관련다각화는 많은 사업에도 불구하고 기업의 일체성을 유지할 수 있고 기술이전과 낮은 원가를 통해 경쟁우위를 누릴 수도 있다. 또한 광범위한 사업을 유지함으로써 어느 정도의 위험분산효과를 누릴 수도 있는 장점이 있다.

비관련다각화는 주로 위험분산을 목적으로 하는 다각화로서 인수·합병을 통해 진출하는 경우가 많다. 비관련다각화의 장점은 먼저 재무적 위험을 분산시킬 수 있다는 것이다. 여러 비관련 사업들에 분산투자함으로써 한 사업부의 침체가 다른 사업부에 영향을 덜 미치게 할 수 있다. 따라서 이상적인 사업포트폴리오의 구성은 산업의 수명

---

13) 전략적 적합성은 시장관련 적합성, 생산관련 적합성, 관리의 적합성으로 나눈다. 시장관련 적합성은 시장의 상승효과로 발생하며 마케팅의 공유로 인해 시너지가 창출된다. 생산관련 적합성은 비용의 절감으로 인한 시너지이며, 규모의 경제와 범위의 경제로 인해 창출된다. 관리의 적합성은 사업부간의 관리, 행정 등의 유사성으로 인해 관리적 노하우가 다른 사업으로 이전될 때 발생한다.

주기를 상승과 침체국면이 교차되게 만들어 한 사업부가 힘든 시기에 다른 사업부가 부분적으로나마 보충을 해줄 수 있도록 사업포트폴리오를 만드는 것이다. 또한 비관련다각화의 경우, 투자기회가 많은 곳으로 재무적 자원을 집중할 수 있는 장점이 있다. 즉, 수익 전망이 낮은 사업으로부터 자원을 회수하여 성장 가능성이 큰 사업에 집중투자할 수 있는 기회가 확대될 수 있다.

비관련다각화는 기업이 관여하는 사업이 많아지고 다양화됨에 따라 각 사업부에 대한 통제가 힘들어진다는 단점도 있다. 사업부 간에는 아무런 연관성이 없기 때문에 비용절감, 지식과 기술의 공유이전이 불가능한 문제가 발생할 수 있다.

2.3. 소유 · 지배구조와 사업다각화

기업의 다각화(diversification), 전문화(specialization) 혹은 수직계열화(vertical integration)를 설명하는 이론으로는 거래비용이론(transactional cost theory)과 대리인비용이론(agency cost theory)이 있다.

거래비용이론은 기업들은 다각화 정도를 기업이 시장과 거래하는 과정에서 발생하는 거래비용을 고려하여 결정한다는 것이다. 즉 계약체결에 따라 계약을 이행하고, 계약을 이행하지 않았을 때 초래되는 모든 비용의 합계를 가급적 최소화할 수 있는 수준에서 각 기업의 특성에 따라 다각화수준을 결정한다는 이론이다. 기업의 소유 · 지배구조의 차이에 따라 거래비용의 크기가 달라지기 때문에 기업의 소유 · 지배구조는 기업의 다각화 정도를 결정하는 주요한 변수가 된다.

대리인비용이론은 기업에 있어서 경영자와 주주간의 이해상충에 따라 대리인문제가 발생할 수 있고 기업의 다각화도 대리인문제에 의해 발생할 수 있다는 이론이다. 경영자가 자신의 인적자본(human capital)의 가치를 방어하고, 경영자 자신의 포트폴리오 위험을 최소화하기 위해 다각화를 추진하거나, 대규모기업을 경영함으로써 기대할 수 있는 권한(power)과 특권(prestige) 등 경영자의 사적이익(private benefits)을 위해 다각화를 추진할 수 있다고 본다. 이러한 다각화는 대리인비용을 발생시키게 된다. 그런데 이와 같은 대리인비용은 기업의 소유·지배구조에 따라 발생금액과 발생가능성이 달라지기 때문에 기업의 소유·지배구조는 기업의 다각화 여부와 정도를 결정하는 중요한 요소가 된다.

3. 기업지배구조가 사업다각화에 미치는 영향

기업지배구조가 사업다각화에 미치는 영향을 살펴보기 위하여 지배구조를 경영진지분율, 이사회 규모, 사외이사, 기관투자가 등으로 나누어 이론적 관계를 살펴본다.

3.1. 경영진지분율이 사업다각화에 미치는 영향

대리인비용 가설에 따르면 경영진지분과 다각화수준 간에는 다음과 같은 관계를 추정할 수 있다. 경영진의 소유지분비율이 높을수록 경영진은 기업가치의 감소분에 대해 더 많은 부담을 갖게 되므로 경영진은 주주부를 감소시키는 정책을 채택하지 않으려고 한다. 그래서

만약 다각화가 주주부를 감소시키거나 최소한 뚜렷하게 가치를 증가시키지 않는다면, 대리인비용가설에 따라 경영진지분율과 다각화수준 간에는 부(－)의 관계가 나타난다.

대리인비용 가설에 의한 이러한 관계는 다각화로부터 발생하는 경영자의 사적이익이 소유지분비율과 무관하다는 가정 하에 성립된다. 그러나 다각화에 의한 경영진의 개인적 위험감소와 같은 사적이익이 소유지분비율에 따라 증가하는 경향이 있다면, 경영진의 소유지분비율과 사업다각화 간의 관계는 명확히 나타나지 않을 수 있다. 특히 우리나라 기업의 경우 경영자들이 사업위험의 분산을 위해 다각화를 추진하는 경우가 많기 때문에 오히려 경영진지분율이 높을수록 다각화가 많이 이루어지는 경우도 예상할 수 있다.

다각화를 통한 경영자의 사적이익(private benefits)을 보면 다음과 같다.

첫째, 기업규모의 확대를 통해 경영자의 권한(power)과 권위(prestige)를 높일 수 있고,[14] 기업규모 증대에 따른 더 많은 경영자 보상(managerial compensation)을 기대할 수 있다.[15]

둘째, 경영진은 다각화를 통해 경영진 자신의 인적자본(human capital)의 가치를 방어할 수 있고, 투자자와 달리 분산 불가능한 개인적 포트폴리오(undiversified personal portfolios)의 위험을 줄일 수 있다.[16] 주주들은 분산투자를 통해 자신의 포트폴리오 위험을 효율적으로 축소시킬 수 있지만, 경영진들은 효율적으로 자신의 고용위험을 분산시킬

---

14) Michael C. Jensen(1989), "Eclipse of the Public Corporation", *Harvard Business Review*, 67, September–October, 61–74.

15) Michael C. Jensen and Kevin J. Murphy(1990), "Performance Pay and Top Management Incentives", *Journal of Political Economy*, 98, 225–264.

16) Yakov Amihud and Baruch Lev(1981), "Risk Reduction as a Managerial Motive for Conglomerate Mergers", *Bell Journal of Economics*, 12, 605–617.

수 없다. 따라서 경영진은 자신과 관련된 위험을 축소시키는 방안으로 다각화를 하고자 하는 유인을 갖게 된다.

셋째, 다각화를 통해 경영진이 자신이 더 잘 경영할 수 있는 사업부문으로 다각화함으로써 경영자 자신을 기업 내에서 없어서는 안 될 존재로 만들 수 있다.[17] 경영자는 기업에 대한 자신의 고유기능에 대한 수요를 증대시켜 기업과 불가분의 관계를 증대시키는 방향에서 다각화를 추진할 수 있다.

넷째, 경영진지분율과 사업다각화를 옵션가격결정이론(option pricing theory)과 연계시켜 富이전가설(wealth transfer hypothesis)을 생각해 볼 수 있다. 옵션가격결정이론에서 주주의 지분은 콜옵션의 성격을 갖고 있고, 콜옵션의 가치는 위험이 증가할수록 커지게 된다(Black and Scholes, 1973; Galai and Masulis, 1976). 이러한 이론적 관계를 고려한다면, 경영진의 지분가치는 기업의 위험이 커질수록 높아지게 된다. 따라서 경영진은 자신의 지분가치를 최대화하기 위해 기업위험을 높일 수 있는 의사결정을 채택하고자 하는 유인이 증가하게 된다. 즉 경영진은 이러한 유인에 따라 기업위험의 축소를 가져올 수 있는 사업다각화를 회피하거나 축소할 수 있다. 이러한 관계가 성립된다면 경영진지분율과 사업다각화 간에는 부(−)의 영향관계가 나타나게 된다.

3.2. 이사회 규모가 사업다각화에 미치는 영향

Jonson, Hoskisson, and Hitt(1993)는 기업의 구조조정에 대한 이사회

---

17) Randall Morck, Andrei Shleifer, and Robert W. Vishny(1988), "Management Ownership and Market Valuation: An Empirical Analysis", *Journal of Financial Economics*, 20, 293–315.

의 관여 정도를 분석하였다. 이사회 특히 사외이사들은 경영진의 전략수행에 대해 항상 감시하다가 그 성과가 부진할 때 기업의 구조조정에 관여한다는 것을 밝히고 있다.

이사회와 사업다각화의 관계는 이사회의 기업전략 수립 관여도와 이사회규모 측면에서 생각해 볼 수 있다. 첫째, 이사회의 기업전략 수립 관여도 측면에서 보면, 경영진의 지분이 높을수록 전략적 의사결정(strategic decision)에 대한 이사회의 관여도(board involvement)는 낮아진다. 그렇지만 전략적 의사결정에 대한 외부주주와 이사회의 관여도는 여전히 정(+)의 상관관계가 존재한다. 또한 경영진의 전략수행 주도권과 이사회의 관여는 전략 재수립을 위한 상호 대안적 관계가 있다고 할 수 있다. 따라서 사외이사의 비율이 높은 이사회일수록 사업 재구축전략을 주도적으로 추진하는 경향이 강하다고 할 수 있다.[18]

둘째, 이사회의 규모는 특정 전략의 선택과 성과에 영향을 미칠 수 있다. 이사회의 규모가 클수록 우수한 인력을 활용하여 타당한 전략을 결정할 확률이 높아진다. 그렇지만 이사회가 CEO에 의해 장악이 되거나, 이사회 규모의 확대에 따라 운용의 비효율화가 발생하는 경우에는 최선의 의사결정을 하지 못하는 경우도 발생할 수 있다. 만약 후자의 경향이 두드러지게 된다면, 이사회 규모가 작은 기업이 전략적 정책에 따른 긍정적 결과를 기대할 수 있을 뿐만 아니라, 대리인 문제로 인한 다각화를 제한하는 결과를 가져올 수 있다.

---

18) R. A. Johnson, R. E. Hoskisson, and M. A. Hitt(1993), "Board of Director Involvement in Restructuring: The Effects of Board versus Managerial Controls and Characteristics", *Strategic Management Journal*, 14, 33-55.

3.3. 사외이사가 사업다각화에 미치는 영향

상법상 주식회사의 이사회는 업무집행에 관한 의사결정과 경영감시기능을 하는 것으로 되어 있다. 특히 주식이 분산 소유된 공개기업의 경영통제장치로서 이사회는 경영성과의 악화가 위기상황에 이르기 전에 조기경보를 제공하고 자원배분의 효율화를 위한 의사결정과 감시기능을 수행한다.

Fama(1980)와 Fama and Jensen(1983)은 사외이사들은 전문지식과 감시기능을 제공함으로써 회사의 가치를 증가시킨다고 주장하였다. Weisbach(1988)는 경영성과가 미흡할수록 사외이사의 비율이 증가한다고 하였다. Kosnik(1990)은 이사회는 효과적인 감시자이며, 경영진의 자기 본위적인 행동에 대한 규제장치가 될 수 있다고 하였다. 따라서 이러한 효율적 감시가설(efficient monitoring hypothesis)에 의하면 사외이사의 존재는 다각화 의사결정과 관련된 경영자의 대리인문제를 축소시킬 수 있기 때문에 사외이사의 존재와 다각화수준 간에는 부(-)의 관계가 나타나게 된다.

3.4. 기관투자가가 사업다각화에 미치는 영향

기관투자가와 같은 기업의 외부주주가 존재하는 경우에 있어서도 사업다각화는 영향을 받게 된다. 기관투자가가 사업다각화에 미치는 영향은 다음의 두 가지 가설로 설명할 수 있다.[19]

---

19) John Pound(1988), "Proxy Contests and the Efficiency of Shareholder Oversight", *Journal of Financial Economics*, 20, 237-265.

첫째, 기관투자가는 개인투자자보다 전문적이고, 더 낮은 비용으로 경영을 감시할 수 있으므로 기관투자가의 주식소유비중이 증가하면 보다 효율적으로 경영을 감시·통제할 수 있다. 이러한 효율적 감시가설(efficient monitoring hypothesis)에 따르면 기관투자가의 존재는 다각화 의사결정과 관련된 경영자의 대리인문제를 축소시킬 수 있기 때문에 기관투자가지분율과 다각화수준 간에는 부(−)의 관계가 나타나게 된다.

그러나 기관투자가는 기업과의 사업관계를 지속적으로 유지하는 것이 유리하기 때문에 의결권을 위임한 개인투자자의 의견과는 달리 경영자의 의견에 동조하여 의결권을 행사하거나 경영자가 전략적으로 제휴할 수 있다. 이러한 이해상충의 가설(conflict-of-interest hypothesis)과 전략적 제휴가설(strategic alignment hypothesis)에 따른다면 기관투자가들은 경영자의 의사결정에 동조하기 때문에 기관투자가의 지분율은 기업의 다각화수준에 영향을 미치지 못하게 된다.

4. 사업다각화가 기업가치에 미치는 영향

기업의 사업다각화는 주주에게 이익과 비용을 유발시키는 양면적인 성격이 있다. 60년대 후반에서 70년대 초반에 주로 등장한 가설들은 사업다각화에 의해 형성된 기업집단은 자원을 보다 효율적으로 할당할 수 있는 내부자본시장을 조직화할 수 있기 때문에 단일사업을 영위하는 기업보다 더 효율적으로 사업을 영위할 수 있다고 보았다. 즉, 기업가치에 정(+)의 영향을 준다는 것이다.

또 다른 흐름은 80년대 이후에 등장한 가설들로 다각화기업이 존속하는 이유는 다각화에 의해 기업경영이 효율화되었기 때문이 아니라 기업의 인수를 어렵게 하는 기업지배권 거래비용(corporate control transaction) 때문이라고 주장하였다.[20] 즉 사업다각화는 기업가치에 부(-)의 영향을 미친다는 것이다.

다각화가 기업가치에 미치는 영향에 대한 가설을 살펴보면 다음과 같다. 먼저 다각화가 기업가치의 증대를 가져온다는 가치증대가설을 보면, 첫째, 내부자본시장의 효율성 가설이다. 외부자본시장(external capital market)보다 더 효율적으로 자원의 할당할 수 있는 내부자본시장(internal capital market)을 창출함으로써 보다 효율적으로 자원의 할당이 가능하고, 과소투자(underinvestment) 문제를 해결함으로써 개별기업에 비해 순현가가 0보다 큰 투자 안에 더 많이 투자할 수 있다.[21] 둘째, 운용효율성가설이다. 다각화기업은 전문화된 사업부문의 통합과 조화를 통해 운용의 효율적인 관리수준을 창조하여 사업부가 독자적으로 운영되는 것보다 더 효율적이며 수익성을 향상시킬 수 있다.[22]

셋째, 비대칭적 세금처리효과가설(tax code's asymmetric treatment effect hypothesis)이다. 다각화기업은 여러 사업을 운영함으로써 수익의 변동성을 줄일 수 있다. 기업은 이익이 발생한 경우 세금을 정부에 지불하여야 하지만, 손실이 발생했다고 하여 정부가 기업에 손실을 보상해 주지는 않는다. 따라서 다각화기업의 하나 혹은 그 이상의 사

20) Michel C. Jensen(1989), "Eclipse of the Public Corporation", *Harvard Business Review*, 67, September-October, 61-74.

21) Rene M. Stulz(1990), "Managerial Discretion and Optimal Financing Policies", *Journal of Financial Economics*, 26, 3-27.

22) Philip G. Berger, and Eli Ofek(1995), "Diversification's Effect on Firm Value", *Journal of Financial Economics*, 37, 39-65.

업부문이 어떤 연도에 손실이 발생한다면, 각 사업부가 독립적으로 세금을 지불하는 것보다는 하나의 기업이 통합하여 세금을 지불하는 것이 더 적은 세금을 지불하게 된다. 즉, 사업부문 간에 이익·손실흐름이 달리 나타나기 때문에 이익창출 사업부문과 손실발생 사업부문 간의 손익흐름이 결합되어 세금절감효과를 가져올 수 있다.[23]

넷째, 공동보험효과가설(coinsurance effect hypothesis)이다. 이익흐름이 다른 사업들을 결합함으로써 이익변동성이 축소되어 다각화기업은 유사한 규모의 개별사업기업에 비해 부채부담능력이 증가한다. 증가된 부채부담능력은 부채사용에 따른 세금절감효과(tax shield effect)에 의해 기업가치를 증가시킬 수 있다.[24]

다섯째, 생산성효율가설(productive efficiency hypothesis)이다. 다각화기업의 생산성이 비다각화기업의 생산성보다 높기 때문에 기업가치는 증가하게 된다.[25]

다음으로 다각화가 기업가치의 감소를 가져온다는 가치감소가설을 살펴보면, 첫째, 상호보조효과가설(cross-subsidization effect hypothesis)이다. 사업성이 불량한 사업부문을 지원하기 위해 사업부문간에 자원을 이전하는 경우, 사업부문 간 상호보조로 인하여 한계사업(failing business segment)의 퇴출이 지연되고, 기업가치가 감소하게 된다. 한계사업이 독립적으로 운영된다면 0 이하의 가치를 가질 수 없지만, 상호보조가 가능한 다각화기업의 일부인 경우에는 한계사업의 퇴출이

---

23) Philip G. Berger, and Eli Ofek(1995), "Diversification's Effect on Firm Value", *Journal of Financial Economics*, 37, 39‑65.

24) Wilbur G. Lewellen(1971), "A Pure Financial Rationale for the Conglomerate Merger", *Journal of Finance*, 26, 521‑537.

25) Antoinette Schoar(2002), "Effects of Corporate Diversification on Productivity", *Journal of Finance*, 57, 2379‑2403.

지연됨에 따라 부(-)의 가치를 가질 수 있다.[26]

둘째, 과잉투자가설(overinvestment hypothesis)이다. 기업가치를 저하시킬 수 있는 투자안을 수행하기 위해 임의적으로 자원을 할당(discretionary resources)함으로써 기업가치의 감소를 가져올 수 있다. 다각화된 기업일수록 증가된 차입능력과 잉여현금흐름(free cash flow)으로 순현재가치가 부(-)인 투자안에 과잉투자할 가능성이 높다.[27]

셋째, 정보비대칭비용가설(information asymmetry costs hypothesis)이다. 경영진(central management)과 사업부문 관리자(divisional managers) 간에 정보불균형 등 조화로운 경영이 이루어지지 않는 경우에 비용이 발생하게 된다. 정보는 집중화된 기업보다 다각화된 기업 내에서 보다 분산되기 때문에 정보비대칭비용은 다각화기업의 경우가 더 크게 나타난다.[28]

5. 기업지배구조가 기업가치에 미치는 영향

기업지배구조가 기업가치에 미치는 영향을 살펴보기 위하여 지배구조를 경영진지분율, 이사회 규모, 사외이사, 기관투자가 등으로 나누어 이론적 관계를 살펴본다.

---

26) Philip G. Berger, and Eli Ofek(1995), "Diversification's Effect on Firm Value", *Journal of Financial Economics*, 37, 39-65.

27) Michel C. Jensen(1989), "Eclipse of the Public Corporation", *Harvard Business Review*, 67, September-October, 61-74.

28) Philip G. Berger, and Eli Ofek(1995), "Diversification's Effect on Firm Value", *Journal of Financial Economics*, 37, 39-65.

5.1 경영진지분율과 기업가치 간의 관계

대리인문제 발생원천 중에서 내부주주 혹은 경영자와 외부주주 간의 대리인문제 관점에서 보면, 내부자는 자신의 지분율이 낮을수록 자신의 이해에 최선인 의사결정을 하고자 하는 유인을 갖게 된다. 이로 인해 자기자본의 대리인비용[29]이 발생하여, 기업가치는 감소하게 된다. 경영진지분율이 증가하면 내부자와 외부주주의 이해가 일치(convergence-of-interests effect)하게 되어 자기자본의 대리인비용은 축소되고, 내부자의 지분율이 100%에 가까워질수록 자기자본의 대리인비용은 0에 접근한다. 대리인비용의 감소는 기업가치의 증가를 가져오게 된다.

그러나 경영진지분율 수준에 따라 이러한 유인의 정도는 다르기 때문에 내부지분율 수준에 따라 기업가치에 미치는 영향은 달리 나타나게 된다. 경영자안주가설(managerial entrenchment hypothesis)에 따르면, 경영자가 주주총회나 이사회의 의사결정에 영향을 미칠 수 있는 정도의 소유지분을 갖고 있으면, 경영자는 사적소비동기를 충족시

---

29) 보통주의 소유가 분산되어 있고, 부채를 조달한 기업에서는 주주와 경영자가 각기 자신의 이해관계에 따라 행동함으로써 갈등관계가 조성되고, 주인(principal)인 외부주주와 채권자가 자신의 미래 부에 대하여 합리적 기대(rational expectation)를 하는 경우에 대리인문제(agency problem)가 발생한다. 이와 같은 대리인문제는 크게 다음과 같은 세 가지 상황에서 발생한다. 첫째는 외부주주와 내부주주 또는 경영자 사이에서 나타나는 대리인문제이다. 이 경우에는 경영자의 특권적 소비(perquisites consumption)에 대하여 외부주주는 비용을 지출하게 되며, 이 비용을 자기자본의 대리인비용(agency cost of outside equity), 주주의 대리인비용(stockholders agency costs) 또는 외부지분의 대리인비용이라고 한다. 둘째는 주주의 유한책임하에서 경영자가 부채를 조달할 때 발생되는 대리인문제이다. 외부자본 중 부채조달로 야기되는 대리인관계를 보면, 경영자의 의사결정에서 위험이 높은 투자안을 선택함으로써 채권자의 부가 주주의 부로 이전되는 위험투자선택유인(risk incentive), 채권자의 부를 희생시키는 수익성 투자안의 포기유인(incentive to forgo the profitable investment), 부채의 증가에 따른 기대 파산비용의 증가 등으로 대리인비용이 발생한다. 이러한 비용을 채권자의 대리인비용 또는 부채의 대리인비용(debt agency costs)이라고 한다. 셋째는 시장의 불완전성으로 인하여 정보의 불균형(information asymmetry)이 발생되는 경우이다. 이 경우에는 시장에 알려진 정보와 경영자가 전문적으로 소유하고 있는 정보 사이에 불균형의 관계가 형성되므로 신호메커니즘(signaling mechanism)을 활용하지 않고는 공정가격(fair price)과 실제가격(actual price) 사이에 차이가 발생하게 되는데, 이 차이를 정보불균형에 의한 대리인비용이라고 한다.

킬 가능성이 많아 기업가치는 저하된다. 그러나 이러한 동기는 자신의 지분이 많아지면 점차 감소하여 일정지분 이상(50%)에서는 관찰할 수 없게 된다.[30]

기업인수 프리미엄가설(takeover premium hypothesis)에 의하면, 경영자의 소유지분이 증가하면 기업인수자가 경영권을 획득하기 위해 지급해야 할 프리미엄이 증가하여 인수대상기업의 사전적(ex-ante) 가치가 상승한다. 그러나 경영자의 지분이 너무 올라가면 기업이 인수될 가능성이 희박해지고, 기업의 사전적 가치에 인수프리미엄이 반영되지 않는다. 따라서 경영자의 지분이 증가하면 기업의 가치는 증가하나 소유지분이 50%가 되기 전에 기업가치는 감소한다.[31]

신호(signaling)가설에 의하면, 소유경영자는 수익성이 있는 사업이나 높은 기업가치를 외부주주에게 전달하는 신호도구로 자신의 소유지분을 이용한다. 소유경영자와 외부주주 사이에 정보의 불균형이 존재하는 경우에는 정보불균형의 대리인비용이 발생하게 되므로 소유경영자는 자기의 소유지분을 포트폴리오의 분산측면에서의 최적점 이상으로 높이면서 정보전달의 도구로 사용한다. 따라서 소유경영자의 지분율이 높을수록 기업가치는 높게 된다.

5.2. 이사회 규모와 기업가치 간의 관계

Harrison(1987)은 대부분의 이사회는 전략 정책의 수립보다는 경영

---

30) Randall Morck, Andrei Shleifer, and Robert W. Vishny(1988), "Management Ownership and Market Valuation: An Empirical Analysis", *Journal of Financial Economics*, 20, 293-315.

31) Rene M. Stulz(1990), "Managerial Discretion and Optimal Financing Policies", *Journal of Financial Economics*, 26, 3-27.

감시를 더욱 중요시한다고 주장하였다. Fama and Jensen(1983)은 기업 통제시장이 경영자들을 규제하고 있지만 기업의 구조조정이 필요할 만큼 성과가 미진한 상황에서는 시장의 힘이 작용하기 전에 내부 지배구조가 먼저 개입한다고 하였다. Jonson, Hoskisson, and Hitt(1993)는 이사회는 일반적으로 시장이 경영진을 규율하기 전에 기업을 효율적으로 발전시키고, 그에 따라 주주가치를 보호한다고 하였다.

이사회의 규모(size)와 다양성(diversity)은 전략 재수립의 능력에 영향을 미칠 수 있다. 이사회 규모가 크고 이사회 구성이 다양할수록 폭넓은 자원 확보를 위한 외부환경과 네트워킹이 확대되어 기업에 유익한 성과를 발생시킬 수 있다(Pearce and Zahra, 1992; Pfeffer, 1993). Mintzberg(1983)는 급변하는 외부환경에 적응하기 위해서는, 기업이 혼란스럽고 성과가 저조할 때 이사회의 전략적 기능은 더욱 중요해진다고 하였다.

그러나 Goostein, Gautam, and Boeker(1994)는 이사회의 구성이 다양할수록 전략적 변화를 제약하는 경향이 있다고 주장하였다. 나아가 이사회의 규모가 클수록 전문가와 자원의 활용 폭은 증대되고(Pfeffer, 1993), CEO의 이사회 장악력은 축소되는(Singh and Harianto, 1989) 경향이 있다고 하였다. 그러나 신속하지 않는 의사결정과 의견 불일치(Shaw, 1981), 동기부족(Jewell and Reitz, 1981), 협력 관계의 부족(Gladstein, 1984), 집단 간 다양한 상호관계와 갈등구조(Olson, 1982) 등으로 인해 전략적 변화에 대한 이사회의 주도권은 제한을 받을 수 있다고 하였다. Yermeck(1996)은 이사회의 감시기능에 있어서도, 규모가 크다고 항상 더 효과적인 것은 아니라고 하였다. Yermeck(1996)의 연구 결과에서는 이사회가 작은 기업일수록 더 좋은 재무적 성과와 더 높은

Tobin's Q 효과를 거두고, 대리인문제를 더욱 효율적으로 완화시킨다고 주장하였다.

5.3. 사외이사와 기업가치 간의 관계

Rosenstein and Wyatt(1990)는 사외이사 선임에 대한 발표가 주가에 긍정적인 영향을 미칠 수 있다고 하였다. 이사회 구성과 성과의 영향관계는 정(+) 또는 부(−)로 나타날 수 있다.[32] 많은 연구 결과에 의하면, 사외이사들은 인수·합병 같은 전략적 의사결정에 대한 평가를 통해(Byrd and Hickman, 1982; Brickle and James, 1987), 혹은 비효율적이며 성과가 미진한 경영진의 교체를 위한 역할을 통해(Weisbach, 1988) 기업가치의 증대에 기여하는 것으로 나타났다. 성과가 미진한 회사일수록 사외이사를 추가로 영입하려 한다는(Hermaelin and Weisbach, 1988) 증거는 사외이사가 기업가치 증대를 위한 대리인 역할을 한다는 주장과 일치한다.

Cochran, Wood, and Jones(1985)는 사외이사가 경영진과 주주의 이해관계를 더욱 잘 조정한다고 하였다. 마찬가지로 Lee, Rosenstein, Rangan, and Davison(1992)은 개인 간 주식 거래에서 주주에게 정당한 가격을 제시하는지에 대한 보장을 위해서는 사외이사가 중요한 역할을 한다고 하였다. 따라서 기업의 중요한 전략적 선택이나 기업가치 결정에 있어서 이사회의 구성이 중요한 요소라고 할 수 있다.

---

32) 예를 들어, 성과와 이사회의 사외이사비율에 대한 관계에서 Hermaelin and Weisbach(1988), 김병곤·김동욱(2008) 등은 유의한 영향관계를 발견하지 못한 반면, Baysinger and Butler(1985)는 정(+)의 영향관계를 보고하였다.

5.4. 기관투자가와 기업가치 간의 관계

　기관투자가와 같은 기업의 외부주주가 존재하는 경우에 있어서도 기업가치는 영향을 받게 된다. 기관투자가가 기업가치에 미치는 영향은 다음의 세 가지 가설로 설명할 수 있다.[33]

　첫째, 기관투자가는 개인투자자보다 전문적이고, 더 낮은 비용으로 경영을 감시할 수 있으므로 기관투자가의 주식소유비중이 증가하면 보다 효율적으로 경영을 감시·통제할 수 있어 기업가치가 증가한다는 효율적 감시가설(efficient monitoring hypothesis)이다. 둘째, 기관투자가는 기업과의 사업관계를 지속적으로 유지하는 것이 유리하기 때문에 의결권을 위임한 개인투자자의 의견과는 달리 경영자의 의견에 동조하여 의결권을 행사한다는 이해상충의 가설(conflict-of-interest hypothesis)이다. 셋째, 기관투자가와 경영자는 상호 협력하는 것이 유리하므로 기관투자가와 경영자는 전략적 제휴를 하게 된다. 이러한 협력은 기관투자가가 기업을 감시함으로써 기대할 수 있는 유익한 효과를 기대할 수 없게 된다는 전략적 제휴가설(strategic alignment hypothesis)이다.

　기관투자가와 관련된 이상의 가설에서 효율적 감시가설에 따르면 기관투자가의 지분율이 증가할수록 경영자의 대리인문제를 축소시켜 기업가치는 증가하게 된다. 이해상충의 가설과 전략적 제휴가설에 따르면 기관투자가는 기업경영에 영향을 미치지 못하거나 경영자의 경영권을 강화시켜 주게 되어 대리인문제를 축소시키지 못하게 된다.

---

33) John Pound(1988), "Proxy Contests and the Efficiency of Shareholder Oversight", *Journal of Financial Economics*, 20, 237 - 265.

따라서 기업을 감시함으로써 기대할 수 있는 유익한 효과를 기대할 수 없게 되기 때문에 기관투자가의 지분율과 기업가치 간에는 부(−)의 관계가 나타나게 된다.

Ⅲ. 선행연구

1. 기업지배구조가 사업다각화에 미치는 영향에 관한 선행연구

최근의 연구들은 기업다각화의 동기를 대리인비용 관점에서 분석하려는 경향을 보이고 있다. Amihud and Lev(1981)[34]는 경영자 자신의 위험축소와 관련된 사적이익의 추구를 기업다각화의 동기로 분석하였고, Lewellen, Loderer, and Rosenfeld(1989)[35]는 경영자의 지분율이 증가하더라도 위험을 축소시키려는 유인이 증가한다는 증거를 발견하지 못하였다고 하였다. May(1995)[36]는 기업에 투자된 경영자의 부와 인적자본이 많을수록 경영자는 자신의 위험을 축소하기 위해 다각화

---

34) Yakov Amihud, and Baruch Lev(1981), "Risk Reduction as a Managerial Motive for Conglomerate Mergers", *Bell Journal of Economics*, 12, 605 – 617.

35) Wilbur G. Lewellen, Claudio Loderer, and Ahron Rosenfeld(1989), "Mergers, Executive Risk Reduction, and Stockholder Wealth", *Journal of Financial and Quantitative Analysis*, 24, 459 – 472.

36) Don O. May(1995), "Do Managerial Motives Influence Firm Risk-reduction Strategies?", *Journal of Finance*, 50, 1291 – 1308.

를 추진하며, 다각화는 기업위험의 감소를 가져온다고 하였다. Denis, Denis, and Sarin(1997)[37]은 다각화수준과 경영자의 지분율 간에는 강한 부(-)의 관계가 존재하여 대리인문제가 기업다각화전략의 주요한 이유임을 밝히고 있다. 김병곤·김동욱(2010)[38]은 지배주주지분율과 사업다각화 간에는 비선형의 영향관계가 존재하고, 소유경영기업인가 혹은 전문경영기업인가에 따라 영향관계가 달라진다는 것을 밝혔다. Jonson, Hoskison, and Hitt(1993)는 사외이사의 비율이 높은 이사회일수록 더욱 책임지고 사업재구축 전략을 주도하고 있음을 밝혔다. Yermeck(1996)은 이사회가 작은 기업일수록 더 좋은 재무적 성과와 Tobin's Q 효과를 거두고, 대리인 갈등을 더욱 효율적으로 완화시킨다고 하였다. Black, Jang, and Kim(2003)은 지배구조지수가 성과변수에 정(+)의 영향을 미치는 것을 밝혔다. 김동회·김동욱·김병곤(2010)[39]은 소유-지배괴리도가 클수록 대리인문제로 인한 사업다각화가 증가한다고 하였다.

1.1. Amihud and Lev의 연구

Amihud and Lev(1981)[40]는 다각화에 의한 경영자의 개인적인 위험축소와 관련된 사적이익(private benefits)은 경영자의 지분율 수준에 따

37) David J. Denis, Diane K. Denis, and Atulya Sarin(1997), "Agency Problems, Equity Ownership, and Corporate Diversification", *Journal of Finance*, 52, 135-160.

38) 김병곤·김동욱(2010), "소유경영기업과 전문경영기업의 사업다각화: 지배주주지분율과 경영자위험선호유인 영향분석", 금융공학연구, 9(2), 103-127.

39) 김동회·김동욱·김병곤(2010), "한국기업의 소유-지배괴리도와 기업다각화: 대리인문제와 지배권의 경영안주효과 검증", 금융공학연구, 9(3), 123-147.

40) Yakov Amihud, and Baruch Lev(1981), "Risk Reduction as a Managerial Motive for Conglomerate Mergers", *Bell Journal of Economics*, 12, 605-617.

라 증가하는 경향이 있고, 불완전한 감시(monitoring)와 계약(contracting) 하에서 경영자는 주주의 이해보다는 자신의 이해에 최선인 의사결정을 하고자 한다고 하였다.

이러한 행동 중의 하나가 사업다각화(firm-level diversification)이다. 주주는 자본시장에서 자신의 포트폴리오 위험을 쉽게 통제할 수 있지만, 경영자는 기업의 의사결정을 통해서만 자신의 인적자본 위험(human capital risk)을 감소시킬 수 있다. 따라서 경영자에게는 다각화가 정(+)의 순현재가치(positive net present value)가 되고, 주주에게는 부(-)의 가치가 된다.

이러한 이론을 바탕으로 볼 때 경영자는 경영자의 지분율이 증가할수록 다각화에 의해 개인적인 위험을 축소시키고자하는 유인이 증가하며, 기업집단화 합병(conglomerate mergers)과 같은 경영자 자신에게 유리한 정책을 더 많이 시행할 가능성이 있다.

1.2. Lewellen, Loderer, and Rosenfeld의 연구

Lewellen, Loderer, and Rosenfeld(1989)[41]는 1963년부터 1984년까지 NYSE에 상장된 기업이 행한 203개의 합병사례를 이용해 경영자가 자신의 포트폴리오(manager's personal wealth portfolios) 위험을 축소시키기 위해 투자의사결정을 하는가를 분석하였다. 이를 위해 기업인수의 동기가 위험축소를 위한 것인가, 만약 그렇다면 기업인수가 주주에게 비용을 유발시키는가를 분석하였다.

---

41) Wilbur G. Lewellen, Claudio Loderer, and Ahron Rosenfeld(1989), "Mergers, Executive Risk Reduction, and Stockholder Wealth", *Journal of Financial and Quantitative Analysis*, 24, 459–472.

분석결과, 기업인수 후 주식수익률 위험(total and residual stock risk)이 유의적으로 증가한 경우는 63건이었고, 인수 후 위험이 유의적으로 감소한 경우는 53건이었다. 유의적으로 분석된 116건의 사례에 기초한 분석결과에 의하면, 기업인수가 위험을 감소시킨다는 뚜렷한 증거는 발견할 수 없었다.

합병관련 위험의 변화와 경영자의 소유지분간의 상관관계분석에 의하면 두 변수간의 상관계수가 대부분 부(−)의 값을 갖는 것으로 나타났고, 유의적인 관계를 발견하지 못하였다. 인수기업 사례를 위험증가 집단과 위험감소 집단으로 분류하여, 경영자지분율 수준의 차이를 비교한 t검정 결과에서도 유의적인 차이를 발견하지 못하여 경영자의 지분율이 높은 경우 위험축소를 위한 인수(risk-reducing acquisitions)가 증가할 것이라는 가설을 지지하는 증거는 발견하지 못하였다. 즉, 경영자의 지분율이 증가하더라도 위험을 축소시키려는 유인이 증가한다는 증거는 발견되지 않았다.

또한, 합병날짜를 전후한 인수기업의 주식수익률 성과를 분석한 결과, 합병공시전 5일 동안에 부(−)의 초과수익률(abnormal stock return)을 보인 기업이 표본기업 203개 중에서 111개로 표본기업의 55%를 차지하였다. 이러한 부(−)의 초과수익률이 위험축소 목적의 합병과 관련이 있는가를 분석하기 위하여 표본을 위험증가 집단과 위험감소 집단으로 분류하여 누적초과수익률의 평균을 비교해 본 결과에서 유의적인 차이가 없었다. 누적초과수익률과 주식수익률분산 간의 상관관계분석에서도 위험축소 목적의 합병(risk-reducing mergers)이 주주부에 부정적인 영향을 미친다는 증거는 발견할 수 없었다. 기업위험, 경영자지분율, 위험축소 목적의 합병 효과 등을 설명하는 변수를 독립

변수로 하고, 누적초과수익률을 종속변수로 설정한 회귀분석 결과에
서도 위험축소 목적의 합병이 주주부에 차별적인 비용을 유발시킨다
는 증거는 발견되지 않았다.

1.3. Jonson, Hoskisson, and Hitt의 연구

Jonson, Hoskisson, and Hitt(1993)[42]는 기업의 구조조정에 대한 이사
회의 관여 정도를 분석하였다. 이사회 특히 사외이사들은 경영진의
전략수행에 대해 항상 감시하다가 그 성과가 부진할 때만 기업의 구
조조정에 관여한다는 전제하에 분석하였다. 경영진의 지분이 높을수
록 전략적 의사결정에 대한 이사회 관여 정도가 떨어지지만, 외부주
주와 이사회 관여도는 전략적 의사결정에 정(+)의 상관관계가 있는
것으로 나타났다. 또한 경영진의 전략수행 주도권과 이사회의 관여는
전략 재수립을 위한 상호 대안적 관계가 존재하고, 사외이사의 비율
이 높은 이사회일수록 더욱 책임지고 사업재구축전략을 주도하는 것
으로 나타났다.

1.4. May의 연구

May(1995)[43]는 1979년부터 1990년까지 226건의 인수(acquisitions)사

---

42) R. A. Johnson, R. E. Hoskisson, and M. A. Hitt(1993), "Board of Director Involvement in Restructuring:
The Effects of Board versus Managerial Controls and Characteristics", *Strategic Management Journal*,
14, 33 - 55.

43) Don O. May(1995), "Do Managerial Motives Influence Firm Risk-reduction Strategies?", *Journal of
Finance*, 50, 1291 - 1308.

례를 표본으로 경영자(CEO) 특성과 기업위험(firm-level risk)의 관계를 분석하였다. 이 연구에서 May(1995)는 경영자가 의사결정을 할 때 개인적인 위험(personal risk)을 고려하여 의사결정을 하며, 이러한 의사결정은 기업위험(firm risk)의 크기에 영향을 미친다는 것을 발견하였다. 기업에 투자된 경영자의 부(wealth)와 인적자본(human capital)이 많을수록 경영자는 기업인수를 통한 다각화로 위험을 축소시키고자 하는 것으로 나타났다.

또한 경영자는 자사의 기존 사업(existing line of business)에 전문적인 지식을 가지고 있는 경우, 유사한 사업을 영위하는 기업을 인수하여 다각화하려는 경향이 있고, 기존 사업의 성과가 좋지 못한 경우 새로운 사업으로 전환하려는 경향을 보이는 것으로 나타났다.

CEO의 재직기간과 기업부채비율, 주식수익률의 분산 간에는 부(−)의 관계가 있음을 발견하였다. 다년간 당해 기업을 경영하고 있는 CEO의 경우 인적자본이 기업 특성화되어 가기 때문에, 경영자는 기업고유위험(firm specific risk)을 축소시키고자 하는 유인을 갖게 되고, 이를 위해 다각화를 추구한다.

1.5. Yermack의 연구

Yermack(1996)[44]은 1984년~1991년의 8개년 연구기간 동안 452개 미국의 표본기업을 대상으로 이사회 규모와 기업가치의 효과에 대해 실증적으로 분석하였다. 그 결과 이사회의 감시 기능에 있어 규모가

---

44) D. Yermack(1996), "Higher Market Value of Companies with a Small Board of Director", *Journal of Financial Economics*, 40, 185−211.

크다고 항상 더 효과적인 것은 아니라고 하였다. 연구 결과에 의하면 이사회가 작은 기업일수록 더 좋은 재무적 성과와 더 높은 Tobin's Q 효과를 거두고, 대리인 갈등을 더욱 효율적으로 완화시키는 것으로 나타났다. 따라서 이사회의 규모는 특정한 전략을 결정하는 데 의미 있는 영향을 미치는 것으로 나타났다.

이사회 규모가 클수록 타당한 전략의사결정을 할 가능성이 높지만 만약 CEO에 의해 이사회가 장악되거나 감시를 소홀히 하면 차선의 의사결정을 할 수 있게 된다. 만약 후자의 경향이 두드러지게 된다면, 이사회 규모가 작은 기업이 전략적 정책에 따른 긍정적 결과를 기대할 수 있을 뿐만 아니라 다각화전략을 제한하는 결과를 가져올 수 있는 것으로 나타났다.

1.6. Denis, Denis, and Sarin의 연구

Denis, Denis, and Sarin(1997)[45)]은 1984년 말 현재 Value Line Universe에 등록되어 있으면서, 결합매출액이 2천만 달러 이상이고, 금융서비스산업(SIC6000~6999)과 공공산업(SIC4900~4999)에 해당하는 사업을 영위하고 있지 않은 933개 기업을 대상으로 소유구조가 사업다각화와 기업가치에 미치는 영향을 실증분석하였다.

다각화수준은 CIS(Compustat Industry Segment)데이터를 사용하여 Comment and Jarrell(1995)[46)]의 방법에 따라 ① 복수사업영위 기업비

---

45) David J. Denis, Diane K. Denis, and Atulya Sarin(1997), "Agency Problems, Equity Ownership, and Corporate Diversification", *Journal of Finance*, 52, 135-160.

46) Robert Comment, and Gregg A. Jarrell(1995), "Corporate Focus and Stock Returns", *Journal of financial Economics*, 37, 67-87.

Ⅲ. 선행연구 57

율, ② 경영자에 의해 보고된 영위사업 수, ③ Compustat가 분류한 표준산업분류표 세분류(4 digit Standrad Industrial Classification Code: SIC4) 기준에 의한 영위사업 수, ④ 수익기준 허핀달지수(Herfindahl Index), ⑤ 자산기준 허핀달지수 등 5가지의 대용치를 사용하였다. 기업의 60%가 복수사업을 영위하고 있었고, 경영자에 의해 보고된 영위사업 수 평균은 2.4개, SIC4기준 영위사업 수는 4.1개, 수익기준 허핀달지수는 평균 0.70, 자산기준 허핀달지수는 평균 0.69였다. 기업가치는 Berger and Ofek(1995)의 방법에 따라 다각화의 초과가치(excess value)로 측정하였다. 초과가치 분석결과, 복수사업 영위기업은 뚜렷한 부(−)의 초과가치를 보여 기업가치가 개별 영위사업 귀속가치(imputed value)의 합보다 상당히 낮은 것으로 나타났다.

다각화수준과 경영자의 지분율(managerial ownership) 간에는 강한 부(−)의 관계가 존재하여 다각화에 대한 대리인비용 관점과 일관성을 보여주었다. 경영자지분율이 1% 이하일 때 복수사업기업의 비율은 79%이고, 경영자지분율이 25%를 초과하는 경우에는 복수사업기업비율이 39%로 감소하였다. 경영자가 보고한 영위사업 수는 3.0개에서 1.9개로 감소하고, SIC4기준 영위사업 수는 5.3개에서 3.2개로 감소하였다. 수익기준 허핀달지수는 0.60에서 0.81로, 자산기준 허핀달지수는 0.59에서 0.81로 증가하였다. 이러한 관계는 다각화수준을 결정하는 것으로 알려진 기업규모, 기업고유지식, 정보력, 창립자의 경영참여 여부, 기업설립연수, 산업효과, 외부대주주의 존재 등의 통제변수를 포함한 경우에도 유지되었다.

또한 외부대주주의 지분율과 다각화수준 간에도 부(−)의 관계가 존재함을 발견하였다. 영위사업 수는 경영자지분율과 분석자의 수(정보력의 대용변수), 외부대주주의 지분율과는 부(−)의 관계를 보였고, 기업규모, 기업설립연수, R&D/매출액(기업고유지식의 대용변수) 변수와는 정(+)의 관계를 나타내었다.

다각화의 초과가치 척도를 이용하여 측정한 다각화로 인한 기업가치의 손실은 경영자나 외부대주주의 지분율과 관련이 있다는 증거를 발견하지 못하였다. 경영자지분율이 10% 이하와 20% 이상인 경우 다각화는 기업의 초과가치에 유의적인 감소를 가져오지만, 10~15%에서는 다각화가 기업의 초과가치에 유의적으로 영향을 미치지 않는 것으로 나타났다. 또한 경영자 소유지분의 전 구간에 걸쳐 외부대주주지분율 변수의 계수는 비유의적으로 나타났다.

그러므로 경영자의 지분율이 높은 기업보다 경영자의 지분율이 낮은 기업이 다각화로 인해 가치손실이 더 크다는 가설은 지지되지 않는 것으로 나타났다. 이러한 결과는 경영자와 외부대주주의 지분율이 높으면, 기업의 다각화수준은 낮아지지만, 다각화수준이 낮아진다 하더라도 기업가치의 증가로 이어지지는 않는다는 것을 보여주는 결과였다.

또한 1985년부터 1989년 기간 동안 영위사업 수가 감소하여 기업집중화(focusing)가 증가한 것으로 나타난 기업들은 집중화 현상이 나타나기 이전 3년 동안 부(−)의 초과가치를 나타낸 기업들이었고, 동기간 중 집중화 현상이 나타나지 않은 기업은 1984년 말의 초과가치가 0이었던 기업이었다. 더욱이 다각화수준의 감소는 대규모 주식매집, 인수시도, 재무적 곤경(financial distress), 경영자의 해고 등과 같은 시장의 기업통제 메커니즘과 연관된 것으로 나타났다.

1.7. Black, Jang, and Kim의 연구

Black, Jang, and Kim(2003)[47]은 한국거래소가 시행한 2001년 상장법인 지배구조 개선 실태조사 자료를 토대로 지배구조지수를 계산하여, 이러한 지배구조지수가 기업의 성과에 어떠한 영향을 미치는지 살펴보았다. 기업의 성과를 측정하기 위한 지표로는 Tobin's Q, 장부가격 대비 시장가격 비율, 매출액 대비 시장가격 비율의 세 가지 성과변수를 채택하였다.

분석결과 각각의 성과변수와 지배구조지수 간에 통계적으로 매우 유의한 상관관계가 있음을 밝혔다. 구체적으로 지배구조지수가 10포인트 높아지면, Tobin's Q는 5.5% 증가하고, 장부가격 대비 시장가격 비율은 14% 증가하는 것으로 나타났다. 이와 같은 결과는 성과변수에 영향을 미칠 수 있는 다양한 요소들을 통제변수로 도입하였을 때에도 계속 유지되었다. 이러한 결과를 바탕으로 Black 등(2003)은 첫째, 지배구조 개혁으로 기업의 성과가 개선될 수 있다는 점과, 둘째, 사외이사 50% 이상, 감사위원회 의무화 등 지배구조의 강제규정들이 성과향상에 기여한다는 정책적 시사점을 제시하고 있다.

1.8. 김병곤 · 정동섭 · 김동욱의 연구

김병곤 · 정동섭 · 김동욱(2008)[48]은 우리나라 외환위기 이후 기간

---

47) B. Black, H. Jang, and W. Kim(2002), "Does Corporate Governance Act Firm Value?", *Working paper* 327, Standford Law School.

48) 김병곤 · 정동섭 · 김동욱(2008), "한국기업의 지배구조가 사업다각화에 미치는 영향: 패널자료로부터의 함의", 금융공학연구, 7(1), 95 - 120.

인 1999년부터 2005년 7개년의 시계열을 갖는 377개 상장기업의 균형패널자료를 이용하여 기업지배구조가 사업다각화에 미치는 영향을 분석하였다. 실증분석 결과, 첫째, 지배구조가 사업다각화에 유의한 영향을 미치고, 대리인비용가설에 의해 설명이 될 수 있음을 확인하였다. 경영진지분율수준이 증가할수록 다각화수준이 증가하여 경영진은 다각화를 통해 경영자 자신의 인적자본의 가치를 방어하고, 개인적 포트폴리오의 위험을 줄이고자 한다는 것을 알 수 있었다.

둘째, 다각화기업의 특성을 LOGIT모형을 이용하여 분석한 결과, 경영진지분율이 높을수록 다각화기업이 되려는 경향이 강한 것으로 나타났다. 경영진지분율이 높으면 기업의 위험을 감소시키기 위해 사업다각화를 추진하고자 하는 경영자 유인이 증가하는 것으로 나타났다.

1.9. 김병곤 · 김동욱의 연구

김병곤 · 김동욱(2010)[49]은 대리인문제와 경영자의 위험선호유인 관점에서 지배주주지분율과 사업다각화 간의 관계를 분석하였다. 특히 지배주주의 경영참여 여부에 따라 기업의 전략적인 위험선호행태가 달라질 수 있기 때문에 전체 표본기업을 소유경영기업과 전문경영기업으로 구분하여 분석을 실시하였다.

실증분석결과는 첫째, 전체 표본기업 분석에서, 지배주주지분율과 사업다각화 간에는 3차형 비선형(N자형) 관계를 갖는 것으로 분석되었다. 지배주주의 지분율이 30.16% 이하의 구간에서는 지배주주의

---

49) 김병곤 · 김동욱(2010), "소유경영기업과 전문경영기업의 사업다각화: 지배주주지분율과 경영자위험선호유인 영향분석", 금융공학연구, 9(2), 103－127.

지배력 보다 외부주주의 감시기능이 강하게 작동하고, 경영자는 기업위험 증가의 부담을 크게 느끼기 때문에 사업다각화를 통해 기업위험을 낮추고자 하는 것으로 나타났다. 그러나 지배주주의 지분율이 30.16%~70.29% 구간에서는 지배주주 자신의 지분가치를 높이고자 하는 유인이 강하게 작용하여 사업다각화를 추진하지 않으려는 경향이 있는 것으로 분석되었다. 지분율이 70.29% 이상의 구간에서는 지배주주지분율의 증가에 따라 자신의 자산위험을 축소하고자 하는 유인이 강하게 작용하여 다각화를 선호하는 것으로 분석되었다.

둘째, 소유경영기업의 분석결과에서, 지배주주지분율과 사업다각화 간에 U자형 영향관계가 존재하는 것으로 분석되었다. 지배주주지분율이 45.10% 이하 구간에서는 고용위험이 상대적으로 낮은 소유경영자가 기업위험을 증가시켜 자신의 지분가치를 높이고자 하는 유인이 강하게 작용하는 것으로 나타났다. 지배주주의 지분율이 45.10% 이상으로 상승하게 되면 자신의 자산위험을 축소하고자 하는 유인이 강하게 작용하여 지분율 증가에 따라 다각화를 더 많이 추진하려는 경향을 보이는 것으로 분석되었다.

셋째, 전문경영기업의 분석결과에서, 지배주주지분율과 사업다각화 간에 N자형 영향관계가 존재하는 것으로 분석되었다. 지배주주의 지분율이 19.81% 이하의 구간에서는 전문경영자에게 지배주주의 지배력 보다 외부주주의 감시기능이 강하게 작용하고, 기업위험 증가에 따른 고용위험 부담이 크게 작용하기 때문에 사업다각화를 통해 기업위험을 낮추고자하는 유인이 강해지는 것으로 분석되었다. 그러나 지배주주의 지분율이 19.81%~68.01% 구간에서는 전문경영자의 위험회피 유인보다 지배주주의 지분가치 증가 유인이 강하게 작용하여 사업다각화를 축소하려는 경향이 있는 것으로 나타났다. 지분율이 더욱 증가하여 68.01% 이상이 되면 지배주주의 자산위험 회피 유인이 강해지고, 전문경영자의 고용위험 회피 유인과 이해가 일치하게 되어 기업위험을 낮추는 다각화를 선호하는 경향이 있는 것으로 분석되었다.

1.10. 김동회 · 김동욱 · 김병곤의 연구

김동회 · 김동욱 · 김병곤(2010)[50]은 대리인문제 관점에서 소유-지배괴리도와 기업다각화의 관계를 분석하였다. 특히 소유-지배괴리도가 큰 특징을 가진 재벌기업에서 이러한 영향관계가 더욱 뚜렷이 나타나는 가를 분석하기 위하여 전체 표본기업을 재벌기업과 비재벌기업으로 구분하여 차이를 분석하였다. 표본기업은 한국거래소 유가증권시장에 상장되어 있는 359개 비금융업종 기업을 대상으로 하였다. 패널분석은 359개 기업이 횡단면단위를 구성하고, 2000년부터 2005년까지 6개년의 시계열을 갖는 균형패널자료를 사용하였다.

실증분석결과, 첫째, 전체 표본기업 분석에서 소유-지배괴리도가 클수록 대리인문제로 인한 기업다각화가 증가한다는 것을 알 수 있었다. 즉 대리인문제로 인한 기업다각화는 지배권이나 소유권에 직접적으로 영향을 받기 보다는 소유-지배괴리도에 의해 영향을 받는 것으로 나타났다. 소유-지배괴리도가 큰 기업은 지배권을 이용한 경영안주효과가 소유권에 의한 이해일치효과보다 크기 때문에 소유-지배괴리도가 큰 기업에서 대리인문제로 인한 기업다각화가 더 많이

50) 김동회 · 김동욱 · 김병곤(2010), "한국기업의 소유-지배괴리도와 기업다각화: 대리인문제와 지배권의 경영안주효과 검증", 금융공학연구, 9(3), 123-147.

이루어지는 것으로 분석되었다.

둘째, 한국 재벌기업의 경우 비재벌기업보다 높은 소유-지배괴리도 때문에 지배권을 이용한 경영안주효과가 크게 작용하고, 이로 인해 대리인문제로 인한 기업다각화가 확대되는 것으로 나타났다.

셋째, 한국 재벌기업 중에서 소유경영기업의 경우 소유권에 의한 이해일치효과보다 소유-지배괴리도의 확대에 의한 지배권의 경영안주효과가 더 크기 때문에 대리인문제로 인한 기업다각화가 확대되는 것으로 분석되었다. 즉 한국의 재벌기업이 비재벌기업에 비해 대리인문제로 인한 기업다각화가 많이 이루어지는 것은 소유경영 특성을 갖는 재벌기업의 소유-지배괴리도에 기인하는 것으로 분석되었다.

이상의 기업지배구조와 사업다각화수준 간의 관계에 관한 선행연구를 요약하면 <표 Ⅲ-1>과 같다.

〈표 Ⅲ-1〉 기업지배구조와 사업다각화수준 간의 관계에 관한 선행연구 요약

연구자	자료	연구방법 및 목적	연구결과
Amihud and Lev (1981)	-	-	• 경영자의 지분율이 증가할수록 다각화에 의해 개인적인 위험을 축소하고자 하는 유인이 증가 →경영자지분율이 높을수록 다각화수준이 높아짐.
Lewellen, Loderer, and Rosenfeld (1989)	• 1963년~1984년 기간 중 NYSE 상장기업이 행한 203개의 합병사례	• 기업인수 동기가 경영자 자신의 富 포트폴리오 위험을 축소시키기 위해 의사결정을 하는가를 분석	• 기업인수 후 주식수익률 위험이 증가한 경우가 63건, 인수 후 위험이 유의적으로 감소한 경우는 53건에 불과 • 경영자지분율이 높은 경우 위험축소를 위한 인수가 증가할 것이라는 가설을 지지하는 증거를 발견하지 못함. • 위험축소목적의 합병이 주주부에 차별적인 비용을 유발시킨다는 증거를 발견하지 못함.

연구자	자료	연구방법 및 목적	연구결과
Jonson, Hoskisson, and Hitt (1993)	—	• 기업의 구조조정에 대한 이사회의 관여 정도를 분석	• 사외이사들은 경영진의 전략수행에 대해 항상 감시하다가 그 성과가 부진할 때만 기업의 구조조정에 관여한다는 전제로 분석 • 경영진의 지분이 높을수록 전략적 의사결정에 대한 이사회 관여 정도가 떨어지지만, 외부주주와 이사회 관여도는 전략적 의사결정에 정(+)의 상관관계가 있음. • 사외이사의 비율이 높은 이사회일수록 더욱 책임지고 사업재구축전략을 주도하는 것으로 나타남.
May (1995)	• 1979년~1990년 기간 중 226건의 인수사례	• 경영자 특성과 기업 위험의 관계를 분석	• 경영자가 의사결정을 할 때 개인적인 위험을 고려하여 의사결정 • 기업에 투자된 경영자의 부와 인적자본이 많을수록 경영자는 기업인수를 통한 다각화로 위험을 축소하고자 함.
Yermack (1996)	• 1984년~1991년의 8개년 연구기간 동안 452개 미국기업	• 이사회 규모가 기업가치의 하나의 중요한 결정요소라는 가정하에 기업가치와 이사회 규모 간 직접적인 관계모델을 평가	• 기업의 시장가치와 이사회 규모와는 유의적인 부(-)의 관계가 성립함. • CEO의 유인책으로 거론되는 보상시스템과 해고위협은 이사회 규모가 작은 기업에서 유의한 관계가 있음. • 이사회 규모가 작은 기업일수록 더 좋은 재무적 성과와 더 높은 Tobin's Q 효과를 거두고, 대리인 갈등을 더욱 효율적으로 완화시키는 것으로 나타남.
Denis, Denis, and Sarin (1997)	• 1984년 말 현재 Value Line Universe에 등록되어 있고, 결합매출액이 2천만 달러 이상인 기업 933개	• SIC기준 영위사업 수 및 다각화의 초과가치(Berger and Ofek(1995) 참조)를 이용하여 소유구조가 사업다각화 및 기업가치에 미치는 영향을 실증분석	• 복수사업 영위기업은 부(-)의 초과가치를 보임. • 다각화수준과 경영자의 지분율 간에는 강한 부(-)의 관계가 존재하여 다각화에 대한 대리인비용 관점과 일관성 있음. • 외부대주주지분율과 다각화수준 간에 부(-)의 관계 존재 • 다각화로 인한 가치손실은 경영자나 외부대주주의 지분율과 관련 있다는 증거를 발견하지 못함. →경영자와 외부대주주지분율이 높으면 사업다각화수준이 낮아지지만, 다각화수준이 낮아진다 하더라도 기업가치의 증가로 이어지지는 않음.

연구자	자료	연구방법 및 목적	연구결과
			→기업가치의 감소에도 불구하고 기업이 다각화하는 주요한 이유는 대리인문제 때문이고, 80년대 기업 집중화의 증가는 기업통제를 위한 시장 감시기능의 증가와 관련성이 높다는 가설을 지지
Black, Jang, and Kim (2003)	•한국거래소가 시행한 2001년 상장법인 지배구조 개선 실태조사 자료	•지배구조 지수가 기업성과에 어떠한 영향을 미치는지 살펴봄.	•Tobin's Q, 장부가격 대비 시장가격비율, 매출액 대비 시장가격비율의 세 가지 성과변수를 채택하였으며, 분석결과 각각의 성과변수와 지배구조지수 간에 통계적으로 매우 유의한 상관관계가 있음. •지배구조 개혁으로 기업의 성과가 개선 될 수 있음. •사외이사 50% 이상, 감사위원회 의무화 등 지배구조의 강제규정들이 성과향상에 기여한다는 정책적 시사점을 제공
김병곤 · 정동섭 · 김동욱 (2008)	•1999년부터 2005년 7개년의 시계열을 갖는 377개 상장기업의 균형패널자료	•패널회귀분석을 이용하여 기업지배구조가 사업다각화에 미치는 영향을 분석	•지배구조가 사업다각화에 유의한 영향을 미치고, 대리인비용가설에 의해 설명이 될 수 있음. •경영진은 다각화를 통해 경영자 자신의 인적자본의 가치를 방어하고, 개인적 포트폴리오의 위험을 줄이고자 하는 유인을 가짐. •경영진지분율이 높을수록 다각화기업이 되려는 경향이 강한 것으로 나타남.
김병곤 · 김동욱 (2010)	•2000년부터 2005년까지의 6개년 시계열을 갖는 359개 비금융업종 균형패널자료	•패널회귀분석을 이용하여 지배주주지분율과 사업다각화 간의 비선형 영향관계 분석	•지배주주지분율과 사업다각화 간에 3차형 비선형(N자형) 관계 존재 •소유경영기업의 분석결과 U자형 영향관계 존재 •전문경영기업의 경우 N자형 영향관계 존재
김동회 · 김동욱 · 김병곤 (2010)	•2000년부터 2005년까지의 6개년 시계열을 갖는 359개 비금융업종 균형패널자료	•패널회귀분석을 이용하여 소유-지배괴리도와 기업다각화의 관계 분석	•소유-지배괴리도가 클수록 대리인문제로 인한 기업다각화는 증가 •재벌기업의 경우 비재벌기업보다 높은 소유-지배괴리도로 인해 대리인문제로 인한 기업다각화는 확대 •한국 재벌기업 중에서 소유경영기업의 경우 지배권의 경영안주효과가 더 크기 때문에 대리인문제로 인한 기업다각화는 확대

2. 사업다각화가 기업가치에 미치는 영향에 관한 선행연구

최근의 연구들은 다각화의 비용이 이익보다 큰 것으로 보고하고 있다. Berger and Ofek(1995),[51] Lang and Stulz(1994),[52] Servaes(1996)[53] 는 기업의 다각화전략은 기업가치의 감소를 가져 온다고 하였다. 더욱이 Comment and Jarrell(1995)[54]은 다각화기업은 다각화의 이익이라고 지적되고 있는 여러 가지 이점들을 향유하고 있지 못하며, 80년대 미국기업은 집중화전략에 의해 주주부의 상당한 증가를 가져왔다고 하였다. 한국기업을 대상으로 분석한 연구에서 홍재범·황규승(1997), 윤영섭·김성표(1999), 구맹회·김병곤(1999)은 사업다각화전략이 기업가치의 감소를 가져온다고 하였으나, 김병곤·김동욱(2008)은 정(+)의 영향관계를 제시하였다. 구맹회·김병곤·박상현(2001), 김병곤·김동욱(2005)은 사업다각화수준과 기업가치 간에 비선형관계가 존재한다고 하였다.

2.1. Berger and Ofek의 연구

Berger and Ofek(1995)[55]는 사업부문 데이터(segment-level data)를 이

---

51) Philip G. Berger, and Eli Ofek(1995), "Diversification's Effect on Firm Value", *Journal of Financial Economics*, 37, 39-65.

52) Larry H. P. Lang, and Rene M. Stulz(1994), "Tobin's Q, Corporate Diversification and Firm Performance", *Journal of Political Economy*, 102, 1248-1280.

53) Henri Servaes(1996), "The Value of Diversification During the Conglomerate Merger Wave", *Journal of Finance*, 51, 1201-1225.

54) Robert Comment, and Gregg A. Jarrell(1995), "Corporate Focus and Stock Returns", *Journal of financial Economics*, 37, 67-87.

55) Philip G. Berger, and Eli Ofek(1995), "Diversification's Effect on Firm Value", *Journal of Financial*

용하여, 각 사업부문이 독립적으로 운영되는 경우와 하나의 기업 내에서 여러 개의 사업부문으로 운영되는 경우 기업가치에 미치는 효과를 분석하였다. 또한 다각화가 기업가치의 증가 또는 감소를 가져오는 잠재적인 요인을 분석하였다. 1986년부터 1991년 기간 동안 Compustat Industry Segment(CIS) 데이터베이스와 Compustat data files에 등록되어 있는 16,181개 기업을 관측하였다. 이 중에서 총매출액이 2천만 달러 이상이고, 금융사업(SIC 6000~6999)을 영위하지 않는 3,659개의 기업을 대상으로, 다각화기업의 사업부문별 개별 가치의 합(sum of the imputed value of segments)과 기업전체의 가치를 비교하였다. 전체 관측기업 16,181개 중에서 5,233개가 복수사업 영위기업(multi-segment firm)이었고, 이 중 2,475개사는 2개 사업, 1,557개사는 3개, 752개사는 4개, 451개사는 5개 이상의 사업을 영위하고 있었다.

기업의 초과가치(excess value)는 기업의 실제가치(firm's actual value)와 사업부문의 총 귀속가치(segment's imputed value)를 나눈 비율에 자연로그를 취하여 계산하였다. 기업의 실제가치는 보통주의 시장가치와 부채의 장부가치의 합으로 계산하였다. 사업부문의 총 귀속가치는 개별 사업부문 귀속가치의 합(sum of segment-imputed values)으로 계산하였는데, 각 사업부문이 당해 기업에서 차지하는 매출액 비중에 산업승수[56](industry median multiplier)를 곱하여 계산하였다.

$$I(V) = \sum_{i=1}^{n} AI_i \times (ID_i (V/AI)_{mf})$$

Economics, 37, 39-65.

56) 당해 사업부문이 속한 산업에서 단일사업을 영위하고 있는 기업들 중 중앙치에 해당하는 기업의 매출액 대비 기업가치 비중

$$EXVAL = \ln(V/I(V)) \tag{3-1}$$

I(V): 기업의 각 사업부문을 개별 기업으로 가정하는 경우 사업부문들
　　의 가치의 합

AI_i: 기업 내 i사업부문의 매출액(가치승수)

$ID_i(V/AI)_{mf}$: 사업부문 i가 속한 산업 내에서 단일 사업을 영위하고 있는
　　　　　　중간기업(median single-segment firm)의 매출액 대비 기업가치
　　　　　　(보통주의 시장가치＋부채의 장부가치) 비율

EXVAL: 기업의 초과가치

V: 기업의 총가치(보통주의 시장가치＋부채의 장부가치)

n: 기업 내 사업부문의 총수

　각 사업부문 가치의 합(sum of the imputed stand-alone values of segments)
과 기업의 실제가치(actual value of companies)를 비교해본 결과, 1986년
부터 1991년 기간 동안에 있어 다각화기업은 평균적으로 13~15%의
가치손실(value loss)을 가져온 것으로 나타났다. 제한된 투자자원에도
불구하고 낮은 Tobin's Q를 갖는 사업에 투자하는 과도한 투자
(overinvestment)와 성과가 양호한 사업부문이 성과가 좋지 않은 사업
부문을 지원하는 사업부문간 상호지원(cross-subsidization)이 기업가치
의 하락을 유발시킨 요인으로 지적하였다.

　그러나 이러한 가치손실은 관련다각화를 한 경우(SIC2 기준)에는
비관련다각화를 한 경우보다 완화되는 것으로 나타났다. 또한 다각화
의 세금효과(tax benefits)에 의해서도 기업가치의 하락이 어느 정도 감
소되는 것으로 나타났다. 다각화에 따른 부채부담능력(debt capacity)의
증가로 이자지급분에 대한 세금절감(tax shields)이 증가하고, 이익을
생성하는 사업부문이 손실을 내는 사업부문의 손실을 상쇄시킴으로
써 세금을 절감(tax saving)하는 효과를 가져오기 때문이다. 그러나 이

러한 감세효과는 매출액의 0.1% 수준으로 다각화에 의한 기업가치 감소를 상쇄시키기에는 너무 작은 것으로 나타났다.

2.2. Lang and Stulz의 연구

Lang and Stulz(1994)[57]는 기업가치 척도인 Tobin's Q를 이용하여 다각화수준[58]과 기업가치 간의 관계를 분석하였다. 다각화수준은 ① 매출액기준 허핀달지수(Herfindahl from sales), ② 자산기준 허핀달지수(Herfindahl from assets), ③ 사업부의 수(number of segments) 등 3가지 대용치를 이용하여 측정하였다.

1978년부터 1990년까지 13년에 걸쳐 표본기업 1,449개를 이용하여 분석한 결과, 다각화수준이 높은 기업의 Q비율은 단일사업을 영위하는 기업의 Q비율보다 유의적으로 낮게 나타났다. 5개 이상의 사업을 영위하고 있는 고도로 다각화된 기업의 경우에는 표본평균보다 Q비율이 평균과 중앙값에 있어 모두 낮게 나타났다. 즉 여러 사업을 영위하는 다각화기업은 전문화된 기업보다 성과가 낮은 것으로 분석되었다. 이러한 결과는 다각화기업은 내부자본시장의 형성으로 단일사

---

57) Larry H. P. Lang, and Rene M. Stulz(1994), "Tobin's Q, Corporate Diversification and Firm Performance", *Journal of Political Economy*, 102, 1248-1280.

58) 다각화의 수준을 측정하는 방법으로는 영위사업 수(product-count), 허핀달지수(Herfindahl Index), 베리-허핀달지수(Berry-Herfindahl Index), 허쉬만지수(Hirschman Index), 엔트로피지수(Entropy Index) 등이 있다. 영위사업 수는 다각화수준을 계산하기에는 간편하나 해당사업이 전체 매출에 기여하는 정도를 반영하지 못하는 한계가 있다. 허핀달지수는 기업 내 모든 사업의 매출액 비중을 자승하여 합계한 것이다. 베리-허핀달지수는 허핀달지수 값이 균등분포일수록 값이 작아진다는 점을 이용하여 허핀달지수 값이 커지면 지수값이 커지도록 1에서 허핀달지수를 차감(1-허핀달지수)한 것이다. 허쉬만지수는 허핀달지수에 제곱근을 취한 것으로 이는 본질적으로 허핀달지수와 동일하다. 엔트로피지수는 물리학에서 도입된 개념으로 불확실성과 불균형의 정도를 계측하는 지수($\sum_{i=0}^{n} S_i \ln(1/S_i)$)로, 모든 사업이 균등한 매출비중($S_i$)을 갖고 있는 경우에는 lnN(N: 영위사업수)이 되고, 단일사업을 영위하고 있는 경우에는 0이 된다.

업을 영위하는 기업보다 상대적으로 낮은 비용으로 더 많은 자본을 조달할 수 있기 때문에, 더 많은 투자를 하고자 하는 유인을 갖게 되고, 이로 인해 자본의 한계수익률이 낮아져 Q비율이 떨어졌기 때문으로 분석하였다.

다각화수준과 Q비율간의 회귀분석결과에 의하면, 두 개 이상의 사업을 영위하고 있는 기업의 Q비율은 단일사업을 영위하고 있는 기업의 Q비율보다 낮고, 다각화수준과 기업가치 간에는 부(-)의 관계가 존재하는 것으로 나타났다. 이러한 부(-)의 관계는 Q비율에 영향을 미치는 결정요소인 산업효과, 규모효과, 자본시장 접근능력, 연구개발의 집중도 등을 통제한 경우에도 일관성 있게 나타났다.

2.3. Servaes의 연구

Servaes(1996)[59]는 1961년부터 1976년 기간 중 3년 주기로 다각화를 자본시장에서 어떻게 평가하고 있는가를 분석하였다. 1961년, 1964년, 1967년, 1970년, 1973년, 1976년 중 한 번이라도 Compustat와 Dun & Bradstreet's Million Dollar Directory에 동시에 등록된 기업 중에서 Q비율을 구할 수 있는 비금융업종 기업을 대상(266개~518개)으로 분석하였다.

분석결과에 의하면, 60년대와 70년대에 기업의 다각화가 급속히 이루어진 것으로 나타났다. 1961년 단일사업을 영위하던 기업이 55%였지만, 1976년에는 28%로 하락하였고, 4개 이상의 사업을 영위하고

---

59) Henri Servaes(1996), "The Value of Diversification During the Conglomerate Merger Wave", *Journal of Finance*, 51, 1201-1225.

있는 기업이 1961년의 8%에서 1976년에는 30%까지 증가하였다. 이 기간 중 단일사업기업의 기업가치가 다각화기업보다 더 높은 것으로 나타났다. 다각화가 본격화되었던 60년대에는 다각화를 시장에서 낮게 평가하여 산업조정 Q비율[60](industry-adjusted Q)이 -0.59~0.14로 나타났고, 70년대 중반에는 다각화에 대한 저평가가 감소하여 거의 0에 근접한 것으로 나타났다.

다각화가 시장으로부터 저평가를 받던 60년대에는 내부지분율과 다각화수준 간에 부(-)의 관계가 존재하였지만, 다각화에 대한 저평가가 완화되었던 70년대(1973년~1976년)에는 내부지분율이 높은 기업들이 적극적으로 다각화에 나서 내부지분율과 다각화수준 간에는 정(+)의 관계를 갖는 것으로 나타났다. 70년대에는 시장으로부터 다각화에 대한 불이익(diversification penalty)이 0에 근접해 있었기 때문에 경영자는 자신의 부에 손상을 입지 않고 다각화를 추진할 수 있었던 것으로 분석하였다. 이 때문에 70년대는 사업다각화의 절정기가 될 수 있었다고 평가하였다.

이러한 결과는 Tobin's Q 대신에 기업가치 지표로 기업의 시장가치 대 장부가치비율(M/B비율: market to book value ratio), 시장가치 대 매출액비율(market value to sales ratio)을 사용한 경우에도 일관된 결과가 나타났다. 기업규모와 배당효과를 통제한 경우에 있어서도 유사한 결과가 나타났다. 한편 본 연구에서 다각화할인을 유발시키는 원인변수로 수익성, 자본구조, 투자정책 등을 선정하고, 횡단면 회귀분석을 실시한 결과, 일반적으로 수익성과 기업가치 간에는 정(+)의 관계가 존

---

60) 산업조정 Q비율은 당해기업의 Q비율을 동종 산업 내 단일사업기업의 Q평균 또는 중앙값으로 차감하여 조정한 것으로, 조정된 Q비율이 부(-)인 경우에는 다각화가 주주가치의 하락을 가져온다는 것을 의미한다.

재하고, 레버리지와 기업가치 간에는 부(-)의 관계가 존재하는 것으로 나타났다. 그러나 각 연도마다 일관된 결과를 발견하지는 못하였다.

2.4. Comment and Jarrell의 연구

Comment and Jarrell(1995)[61]은 1978년부터 1989년까지 NYSE와 ASE에 상장되어 있고, Compustat로부터 사업부문 데이터(business- segment data)를 이용할 수 있는 약 2천 개의 기업을 대상으로 기업 집중화와 기업성과의 관계를 분석하였다.

기업 집중화를 측정하는 지표로 ① 단일사업 영위기업비율, ② 경영자에 의해 보고된 영위사업의 수, ③ Compustat에 의해 기업에 할당된 표준산업분류 세분류(SIC4) 기준에 의한 영위사업 수, ④ 매출액기준 허핀달지수, ⑤ 자산기준 허핀달지수 등 5가지를 사용하였다.

1979년에 단일사업을 영위하는 기업은 표본대상기업의 38.1%에 머물렀지만, 1988년에는 55.7%로 증가하여 동기간 기업의 집중화 추세가 지속된 것으로 나타났다. 80년대 다각화에 의한 범위의 비경제 때문에 기업들은 사업처분, 사업재구축 등을 통해 핵심사업으로 집중화 혹은 전문화하는 전략을 추진했기 때문으로 분석되었다.

또한 매출액기준 허핀달지수를 기준으로 표본기업을 세 집단으로 나누어, 집중화 정도가 변화한 경우 투자자금 1달러의 시장가치의 변화를 분석한 결과, 집중화 증가 기업 집단과 집중화 감소 기업 집단 간에 순수익률 차이는 7.4%로, 집중화가 강화된 기업집단의 수익률

---

61) Robert Comment, and Gregg A. Jarrell(1995), "Corporate Focus and Stock Returns", *Journal of financial Economics*, 37, 67-87.

이 가장 높았고, 집중화가 약화된 기업집단의 성과가 가장 낮았다.

주식수익률과 기업 집중화 지표간의 회귀분석결과에 의하면, 집중화 수준의 변화와 주식수익률의 변화 간에는 정(+)의 관계가 존재하며, 집중화에 대한 매출액기준 허핀달지수의 절댓값이 0.1 증가할 때 주식수익률은 4.3% 증가(자산기준 허핀달지수의 경우 3.5% 증가)하고, 1개 사업이 감소하는 경우 3~5%의 수익률이 증가하는 것으로 나타났다. 사업인수 없이 사업처분만 발생한 경우에는 주식수익률이 13~15%로 증가했고, 사업을 인수한 경우에는 평균 수익률이 0% 수준이었다.

2.5. 홍재범 · 황규승의 연구

홍재범 · 황규승(1997)[62]은 1993년 상반기 현재 한국거래소에 상장되어 있는 기업 중에서 1986년부터 1991년까지 분석 자료를 획득할 수 있는 204개 기업을 대상으로, 다각화를 선택하는 요인을 분석하고, 다각화가 기업의 경제적 성과에 미치는 영향을 분석하였다.

이를 위해 다각화 결정요인을 외생구조변수로 다각화와 경제적 성과를 내생구조변수로 설정하여 LISREL(Linear Structural Relationships)을 이용한 공변량구조분석(covariance structural analysis)을 실시하였다. 분석모형에서 다각화 결정요인을 내부자원과 산업매력도로 구분하고, 다각화는 관련다각화와 비관련다각화로 구분하여 측정하였다. 경제적 성과는 회계적 측정치에 기초하여 성장성(매출액증가율), 수익성

---

62) 홍재범 · 황규승(1997), "한국기업의 다각화와 경제적 성과에 대한 연구", 경영학연구, 26(3), 493 – 511.

(총자산 투자이익률), 위험(수익성 측정치의 과거 3년간 분산) 등으로 구분하여 측정하였다. 내부자원은 무형자산(광고비집중률, 연구개발 집중률)과 자금조달능력(유동비율, 부채비율)으로 측정하고, 산업매력 도는 산업성장률, 산업집중도, 진입장벽으로 측정하였으며, 다각화는 엔트로피지수를 사용하여 측정하였다.

분석결과 상장기업의 다각화는 1986년 이후 계속 확대되다가 1989 년을 정점으로 1990년과 1991년에는 다각화가 감소하는 재집중 현상 이 나타났다. 내부자원은 다각화와 경제적 성과에 긍정적인 영향을 미치나, 산업매력도는 다각화와 경제적 성과에 일관되고 유의한 관계 를 보여주지 못하였다. 다각화는 경제적 성과와 유의하고 일관된 관 계가 있으며, 이중 비관련다각화는 성장성, 수익성, 위험 등 모든 경 제적 성과 측면에서 효과적인 전략으로 나타났다.

2.6. 윤영섭 · 김성표의 연구

윤영섭 · 김성표(1999)[63]는 1996년도에 상장되어 있는 기업 중에서 372개 기업을 대상으로 1995~1997년을 분석기간으로 하여 기업가치 에 대한 다각화의 효과와 다각화의 동기로서 대리인비용가설을 검증 하였다.

사업다각화수준의 측정지표로는 ① 주요 사업부문 수와, ② 베리- 허핀달지수를 사용하고, 다각화관련 초과가치는 개별기업 Tobin's Q 에 대해 자연로그를 취한 값에서 각 기업이 속한 동일산업 내 단일사

---

63) 윤영섭 · 김성표(1999), "사업다각화와 대리인문제가 기업가치에 미치는 영향", 재무연구, 12(1), 1－37.

업기업의 Tobin's Q 중앙값(median)에 자연로그를 취한 값을 차감하여 측정하였다.

분석결과 사업다각화는 전반적으로 기업가치에 부정적인 효과를 미치는 것으로 분석되었다. 단일사업기업에 비해 복수사업기업은 평균(중앙값) 4.6%(4.1%)의 가치손실이 발생하는 것으로 나타났다. 또한 다각화 정도가 커질수록 이러한 손실은 증가하여 최고 13%의 다각화 손실이 발생한 것으로 나타났다. 기업가치와 관련된 기업규모, 산업주기, 자본구조, 수익성, 성장기회, 무형자산가치, 재벌더미 등의 통제변수를 포함한 회귀분석 결과에서도 다각화변수는 기업의 초과가치에 유의적인 부(−)의 계수를 보였다.

한편 다각화에 따른 잠재적인 이득의 원천으로서 높은 부채조달능력과 이에 따른 세금절감효과는 유의적으로 크지 않는 것으로 나타났다. 또한 경영자 소유지분과 다각화수준 간에 유의적인 부(−)의 관계가 나타나 다각화전략은 대리인비용가설에 의해 어느 정도 설명되는 것으로 나타났다.

2.7. 구맹회 · 김병곤의 연구

구맹회 · 김병곤(1999)[64]의 연구는 LISREL모형을 이용하여 기업다각화와 기업가치 간에 서로 어떠한 영향을 미치고 있는가를 분석하고, 다각화 및 기업가치 결정요인을 분석하였다. 연구대상 기간은 1989년, 1993년, 1996년, 1997년으로 1997년 12월 말 현재 한국거래소

---

64) 구맹회 · 김병곤(1999), "한국기업의 다각화와 기업가치에 관한 실증연구: LISREL모형을 응용하여", 재무관리연구, 16(1), 1−31.

에 상장되어 있는 266개 기업을 대상으로 분석하였다.

분석결과 첫째, 다각화는 90년대 초반까지는 초과가치를 발생시키는 것으로 나타났지만, 90년대 중반 이후에는 기업가치의 저하를 가져오는 것으로 분석되었다. 둘째, 다각화와 기업의 시장가치 분석결과 1989년과 全기간 자료에서 다각화는 기업의 시장가치에 정(+)의 영향을 미치는 것으로 나타나, 시장에서는 다각화된 기업을 전문화된 기업보다 높게 평가하고 있는 것으로 나타났다. 셋째, 기업의 다각화 수준에 영향을 미치는 요인으로는 외부대주주지분율, 레버리지비율, 기업규모, 계열기업 여부 등으로 나타났다. 대체로 외부대주주지분율이 높고, 계열기업에 속해 있는 기업일수록 다각화수준은 낮으며, 레버리지비율이 높고, 기업연륜이 짧고, 기업규모가 클수록 다각화가 많이 이루어지는 것으로 나타났다. 한편, 1996년 분석에서는 내부지분율과 다각화수준 간에 부(−)의 관계가 발견되어 한국기업의 다각화 동기를 대리인비용 관점에서 찾을 수 있다고 하였다. 넷째, 다각화의 초과가치에 영향을 미치는 요인으로는 외부대주주지분율, 레버리지비율, 기업규모, 수익성, 계열기업 여부 등으로 분석하였다. 외부대주주지분율과 레버리지비율이 높을수록 다각화의 초과가치는 크게 나타나고, 기업규모가 크고, 계열기업에 속해 있는 기업의 경우 다각화의 초과가치는 낮아지는 것으로 분석되었다.

2.8. 구맹회 · 김병곤 · 박상현의 연구

구맹회 · 김병곤 · 박상현(2001)[65]은 한국기업의 다각화가 기업가치에 미치는 영향을 분산분석, 회귀분석, 전환선형회귀분석 등을 이용해 실증적으로 검증하였다. 연구대상기간은 1996년부터 1999년까지 4개년으로 1999년 12월 말 현재 한국거래소에 상장되어 있는 234개 기업을 대상으로 분석하였다.

다각화수준이 기업가치에 미치는 영향에 대한 분석결과에 의하면, 첫째, 다각화수준이 과도하게 높은 경우에는 기업에 가치손실을 가져와 기업가치가 감소하는 것으로 나타났다. 둘째, 다각화수준과 기업가치 간에는 비선형관계가 존재하고, 다각화수준에 따라 기업가치에 미치는 영향에 차이가 있는 것으로 나타났다. 즉, 다각화수준을 나타내는 베리-허핀달지수 0.25를 전환점으로 0~0.25 구간에서는 다각화수준이 증가하면 기업가치가 증가하고, 0.25이상인 구간에서는 다각화수준이 증가하면 기업가치가 감소하는 것으로 나타났다. 셋째, 관련다각화는 비관련다각화보다 기업가치에 더 큰 정(+)의 영향을 미치는 것은 아닌 것으로 나타났다.

2.9. 김병곤 · 김동욱의 연구

김병곤 · 김동욱(2005)[66]은 우리나라 외환위기 회복 이후 기간을 대상으로 기업의 다각화가 기업가치에 미치는 영향을 패널자료분석법을 이용해 실증적으로 검증하였다. 연구기간은 1999년부터 2003년으로 2003년 12월 말 현재 한국거래소에 상장되어 있는 390개 기업을 대상으로 횡단면-시계열자료인 균형패널자료를 사용하여 분석하였다.

---

65) 구맹회 · 김병곤 · 박상현(2001), "기업다각화는 기업가치를 감소시키는가?", 증권학회지, 29, 215-242.

66) 김병곤 · 김동욱(2005), "기업다각화가 기업가치에 미치는 영향: 외환위기 회복 이후 기간 패널자료분석", 경영학연구, 34(5), 1535-1554.

실증결과에 의하면 첫째, 다각화수준과 기업가치 간에는 2차형 비선형관계가 존재하는 것으로 나타났다. 기업다각화의 진전이 일정수준까지는 긍정적인 효과가 크게 나타나지만, 일정수준을 넘어서면 부정적인 효과가 커져서 기업가치의 감소를 가져오는 것으로 나타났다.

둘째, 분석자료가 가지고 있는 횡단면－시계열적 특성을 반영하지 않은 분석방법을 사용하는 경우에는 분석결과에 큰 차이를 가져오는 것으로 나타났다. 확률효과모형이나 OLS모형을 이용한 분석에서는 다각화와 기업가치 간에 의미 있는 영향관계를 발견할 수 없었다. 그러나 고정효과모형을 이용한 분석에서는 다각화와 기업가치 간에 2차형 비선형관계가 존재하는 것으로 나타났다. 따라서 향후 연구에 있어서 횡단면－시계열자료를 이용하여 분석하는 경우 자료의 특성에 맞게 방법론을 신중히 선택할 필요가 있음을 밝히고 있다.

2.10. 김병곤 · 김동욱의 연구

김병곤 · 김동욱(2008)[67]은 한국의 외환위기 회복 이후 기간인 1999년부터 2005년 7개년의 시계열을 갖는 377개 상장기업의 패널자료를 이용하여 기업지배구조와 사업다각화, 기업가치 간의 영향관계를 실증적으로 검증하였다.

실증분석결과에 의하면 첫째, 경영진지분율수준이 증가할수록 다각화수준이 증가하는 정(＋)의 영향관계가 존재하는 것으로 나타났다. 경영진은 다각화를 통해 경영자 자신의 인적자본의 가치를 방어

---

67) 김병곤 · 김동욱(2008), "한국기업의 지배구조, 사업다각화, 기업가치: 패널자료분석법을 응용한 영향 관계분석", 금융공학연구, 7(4), 101－132.

하고, 개인적 포트폴리오의 위험을 줄이고자 하는 것으로 분석되었다. 둘째, 패널 2SLS분석 결과에 의하면 다각화수준과 기업가치의 관계에서 다각화수준이 높을수록 기업가치가 증가하는 정(+)의 영향관계를 발견하였다. 한국기업의 경우 사업다각화를 통해 내부자본시장을 창출함으로써 효율적으로 자원 할당이 가능하게 되고, 이익창출 사업부문과 손실발생 사업부문 간의 손익흐름이 결합되어 세금절감 효과를 가져오며, 사업이 집중화된 기업에 비해 부채부담능력이 증가하여 부채에 따른 세금절감효과를 발생시킬 수 있어 기업가치의 증가를 가져올 개연성이 있음을 밝혔다. 넷째, 기관투자가지분율이 높을수록 기업가치는 증가하는 것으로 나타나서, 경영자의 대리인문제를 감소시키기 위해서는 기관투자가의 지분율을 지속적으로 확대시켜 나가는 정책이 바람직한 것으로 분석되었다.

이상의 사업다각화와 기업가치 간의 관계에 관한 선행연구를 요약하면 <표 Ⅲ-2>와 같다.

<table>
<tr><td colspan="4" align="center">〈표 Ⅲ-2〉 사업다각화와 기업가치 간의 관계에 관한 선행연구 요약</td></tr>
<tr>
<td>연구자</td>
<td>자료</td>
<td>연구방법 및 목적</td>
<td>연구결과</td>
</tr>
<tr>
<td>Berger and Ofek (1995)</td>
<td>• 1986년~1991년 동안 CIS DB와 Compustat data file 에 등록된 총매출액 2천만 달러 이상이고, 금융업을 영위하지 않는 3,659개 기업</td>
<td>• 다각화된 기업의 사업부문별 개별가치의 합과 기업전체의 가치를 비교
$I(V) =$
$\sum_{i=1}^{n} AI_i \times (ID_i(V/AI)_{mf})$
$EXVAL = \ln(V/I(V))$
I(V): 각 사업부문의 가치 합
AI_i: i사업부문 매출액
$IDi(V/AI)_{mf}$: i사업이 속한 산업 내에서 단일사업을 영위하고 있는 중간기업의 매출액 대비 기업가치비율
EXVAL: 초과가치
V: 기업의 총가치</td>
<td>• 1986년~1991년 기간 동안 다각화기업은 평균적으로 13~15%의 가치손실 발생→ 사업부문간 상호지원(cross- subsidization)이 기업가치 하락유발
• 관련다각화가 비관련다각화보다 가치하락을 완화시킴.
• 다각화의 세금효과(tax benefits)에 의해 기업가치 하락이 다소 감소되나 기업가치의 감소를 상쇄시킬 수준은 되지 못함.</td>
</tr>
<tr>
<td>Lang and Stulz (1994)</td>
<td>• 1978년~1990년까지 13년에 걸쳐 표본기업 1,449개 이용</td>
<td>• Tobin's Q를 이용하여 다각화수준과 기업가치 간의 관계분석
• 다각화수준은 허핀달지수, 영위사업 수를 이용하여 측정</td>
<td>• 다각화수준이 높은 기업의 Q비율은 단일사업을 영위하는 기업의 Q비율보다 유의적으로 낮음.
→여러 사업을 영위하는 다각화기업은 전문화된 기업보다 성과가 낮음.
• 다각화기업은 내부자본시장의 형성으로 단일사업을 영위하는 기업보다 상대적으로 낮은 비용으로 더 많은 자본을 조달할 수 있기 때문에 더 많이 투자를 하고자하는 유인을 갖게 됨.
→자본의 한계수익률이 낮아져 Q비율이 저하됨.</td>
</tr>
<tr>
<td>Servaes (1996)</td>
<td>• 1961년~1976년 기간 중 3년 주기로 Compustat와 D&B DB에 등록된 기업 중 Q비율을 구할 수 있는 비금융업종 기업(266개~518개)</td>
<td>• 다각화를 자본시장에서 어떻게 평가하는 가를 분석</td>
<td>• 60~70년대 사업다각화가 급속히 이루어짐.
• 다각화기업은 단일사업기업보다 더 높은 가치를 갖지 못함.
• 다각화가 본격화된 60년대에는 다각화가 시장에서 저평가 받아 다각화 할인(diversification discount) 발생
• 70년대 중반에는 다각화에 대한 저평가가 감소하여 0에 근접
→내부지분율이 높은 기업이 적극적으로 다각화에 나서 내부지분율과 다각화수준 간에는 정(+)의 관계</td>
</tr>
</table>

연구자	자료	연구방법 및 목적	연구결과
Comment and Jarrell (1995)	• 1978년~1989년 까지 NYSE와 ASE 에 상장되어 있고, Compustat로부터 사업부문 데이터 를 이용할 수 있는 약 2천 개 기업	• 기업 집중화와 기업 성과간의 관계분석 • 기업 집중화지표로 단일사업 영위기업 비율, 공시된 영위 사업 수, Compustat 에 의해 분류된 SIC4 기준 영위사업 수, 허핀달지수 사용	• 분석기간 동안 기업의 집중화(focusing) 추세가 지속 →범위의 비경제 때문에 핵심사업으로 집중화 • 투자자금 1달러의 시장가치 분석결과 집중화가 증가한 기업의 수익률이 가장 높았고, 집중화가 감소한 기업의 성과가 가장 낮게 나타남. • 주식수익률과 기업 집중화 지표 간에 는 正의 관계 존재
홍재범 · 황규승 (1997)	• 1993년 상반기 현 재 상장되어 있는 204개 기업	• LISREL을 이용하여 다각화가 기업의 성 과에 미치는 영향분석 • 다각화수준의 측정 을 위해 엔트로피 지수 사용 • 성과는 회계적지표 를 이용하여 성장 성, 수익성, 위험으 로 측정	• 다각화는 1986년 이후 확대되다가 1989 년을 정점으로 재집중 현상 발생 • 다각화는 기업성과와 유의한 관계가 있음. • 비관련다각화는 성장성, 수익성, 위험 등 기업성과 측면에서 효과적인 전략 으로 나타남.
윤영섭 · 김성표 (1999)	• 1996년도에 상장되 어 있는 기업 중 372개 기업	• 기업가치에 대한 다 각화효과 검증 • 다각화 동기로서 대 리인비용 가설 검증	• 사업다각화는 기업가치에 부정적인 영 향을 미침. →단일사업기업에 비해 복수사업기업 의 경우 평균 4.6%의 가치손실 발생 • 다각화에 따른 세금절감효과는 크지 않음. • 경영자 소유지분과 다각화수준 간에 負의 관계 존재 →대리인비용 가설과 일관성을 가짐.
구맹회 · 김병곤 (1999)	• 1989년 1993년 1996 년 1997년 기간의 한국증권거래소 266개 기업	• LISREL모형을 이용 하여 기업다각화와 기업가치 간 결정 요인을 분석하였음.	• 90년대 초반까지는 초과가치를 발생 시키는 것으로 나타났지만, 90년대 중 반 이후에는 기업가치의 저하를 가져 오는 것으로 분석 • 다각화된 기업이 전문화된 기업보다 시 장가치가 높게 평가됨. • 내부지분율과 다각화수준 간에 부(-) 의 관계가 나타나는 것으로 발견됨.

연구자	자료	연구방법 및 목적	연구결과
구맹회 · 김병곤 · 박상현 (2001)	• 1996년~1999년 까지 234개 기업 을 대상으로 분석	• 우리나라 기업의 다 각화가 기업가치에 미치는 영향을 분 산분석, 회귀분석, 전 환선형회귀분석 등 을 이용해 실증적으 로 검증	• 다각화수준이 과도하게 높은 경우에는 기업에 가치손실을 가져와 기업가치가 감소하는 것이 발견됨. • 다각화수준과 기업가치 간에는 비선형 관계가 존재하고 다각화수준에 따라 기업가치에 미치는 영향이 다르다는 것이 발견됨. • 관련다각화는 비관련다각화보다 기업 가치에 더 큰 정(+)의 영향을 미치지 못하는 것이 발견됨.
김병곤 · 김동욱 (2005)	• 1999년~2003년 까지 390개 기업 을 대상으로 횡단 면 – 시계열자료 인 균형패널자료 를 사용하여 분석	• 외환위기 회복 이후 기간을 대상으로 기 업의 다각화가 기 업가치에 미치는 영 향을 패널자료분석 법을 이용해 실증적 으로 검증	• 다각화수준과 기업가치 간에 2차형 비 선형관계가 존재하는 것으로 발견됨. • 기업다각화 진전이 일정수준까지는 긍 정적인 효과가 나타나지만, 일정수준을 넘어서면 부정적인 효과가 커져서 기업 가치가 감소를 가져오는 것으로 나타남. • 분석자료가 가지고 있는 횡단면–시계 열적 특성을 반영하지 않는 방법을 사 용하는 경우 분석결과에 큰 차이를 가 져올 수 있음을 알 수 있었음.
김병곤 · 김동욱 (2008)	• 1999년부터 2005 년 7개년의 시계 열을 갖는 377개 상장기업의 패널 자료	• 패널 2SLS분석을 이 용하여 기업지배구 조와 사업다각화, 기 업가치 간의 영향 관계를 분석	• 다각화수준이 높을수록 기업가치가 증 가하는 정(+)의 영향관계 • 경영진지분율이 증가할수록 다각화수 준이 증가하는 정(+)의 영향관계 존재 • 기관투자자지분율이 높을수록 기업가 치 증가

3. 기업지배구조가 기업가치에 미치는 영향에 관한 선행연구

Jensen and Meckling(1976)[68]은 소유구조와 기업가치 간의 관계를 선형관계로 보고, 특권적 소비로 인해 내부지분율이 낮으면 기업가치는

---

68) Michael C. Jensen and William H. Meckling(1976), "Theory of the Firm: Managerial Behavior, Agency Costs, and Ownership Structure", *Journal of Financial Economics*, 350 – 360.

감소하고, 내부지분율이 높으면 기업가치는 증가한다고 하였다. 그러나 Stulz(1988),[69] Morck, Shleifer, and Vishny(1988),[70] McConnell and Servaes(1990,[71] 1995[72]) 등의 연구는 내부지분율 수준에 따라 기업가치는 달리 나타나며, 비선형관계가 존재한다고 하였다.

한국기업을 대상으로 분석한 김주현(1992),[73] 김우택·장대홍·김경수(1993),[74] 구맹회·김병곤(1999),[75] 박기성(2002),[76] 신현한·이상철·장진호(2004)[77]의 연구에서도 내부지분율과 기업가치 간에는 비선형관계가 있음을 밝히고 있다. Pound(1988)[78]는 기관투자가가 경영자와 전략적으로 제휴하거나 개인투자자와 이해관계를 달리하는 의결권을 행사함으로써 경영을 효율적으로 감시하지 못하여 기관투자가의 지분율과 기업가치 간에는 부(-)의 관계가 존재한다고 하였다. Baek, Kang, and Park(2004)[79]는 한국기업의 기업가치가 기업지배구조

69) Rene M. Stulz(1988), "Managerial Control of Voting Rights: Financing Policies and the Market for Corporate Control", *Journal of Financial Economics*, 20, 25-54.

70) Randall Morck, Andrei Shleifer, and Robert W. Vishny(1988), "Management Ownership and Market Valuation: An Empirical Analysis", *Journal of Financial Economics*, 20, 293-315.

71) John J. McConnell and Henri Servaes(1990), "Additional Evidence on Equity Ownership and Corporate Value", *Journal of Financial Economics*, 27, 595-612.

72) John J. McConnell and Henri Servaes(1995), "Equity Ownership and the Two Faces of Debt", *Journal of Financial Economics*, 39, 131-157.

73) 김주현(1992), "기업의 소유구조와 기업가치의 연관성에 관한 연구", 재무연구, 제5호, 129-145.

74) 김우택·장대홍·김경수(1993), "기업가치와 소유경영구조에 관한 실증적 연구", 재무연구, 제6호, 55-75.

75) 구맹회·김병곤(1999), "대리인문제와 사업다각화가 기업가치에 미치는 영향에 관한 실증연구", 재무관리연구, 26(2), 1-26.

76) 박기성(2002), "소유구조와 기업의 회계적 성과 및 Tobin-Q의 관계에 관한 연구", 증권학회지, 제30권, 297-325.

77) 신현한·이상철·장진호(2004), "외부감시주체와 기업가치", 재무연구, 제17권 제1호, 41-72.

78) John Pound(1988), "Proxy Contests and the Efficiency of Shareholder Oversight", *Journal of Financial Economics*, 20, 237-265.

79) J. S. Baek, J. K. Kang, and K. S. Park(2004), "Corporate Governance and Firm Value: Evidence from the Korean Financial Crisis", *Journal of Financial Economics*, 71, 265-313.

와 관련이 있음을 밝혔다.

Rosenstein and Wyatt(1990)[80]는 사외이사의 임명이 주주반응에 긍정
적인 것으로 나타났으며, Byrd and Hickman(1992)[81]는 50% 이상의 사
외이사 구성이 비정상초과수익률을 갖는다고 하였다. Hermalin and
Weisbach(1991)[82]는 Tobin's Q와 이사회의 구성원인 전·현직 CEO의
지분율 간에 비선형관계가 있음을 밝혔다. Weisbach(1988)[83]는 사외이
사가 이사회를 지배하는 기업은 사내이사가 지배하는 기업보다 더
높은 성과를 보인다는 것을 밝혔다. Lipton and Lorsch(1992)[84]는 이사
회 규모의 증가가 대리인비용을 증가시키는 폐해가 있음을 밝혔다.
Eisenberg, Sundgren, and Well(1998)[85]은 중·소규모 기업에서 많은 수
의 이사를 선임해 구성한 기업이 실제로 기업가치가 감소된다는 근
거를 제시함으로써 이사회 규모가 기업가치에 부(−)의 영향을 미치
고 있음을 밝혔다. 김병곤·김동욱(2004)[86]은 다각화와 소유구조가
상호의존적으로 결정된다는 근거를 제시하였으며, 내부지분율이 기
업가치에 부(−)의 영향을 미치고 있음을 밝혔다.

80) S. Rosenstein and J. Wyatt(1990), "Outside Director, Board Independent and shareholder Wealth", *Journal of financial Economic*, 26, 175 – 191.

81) J. Byrd and A. Hickman(1992), "Do Outside Director Monitor Mangers Evidence from Tender Offer Bids", *Journal of Financial Economics*, 32, 195 – 221.

82) B. Hermalin and Michael Weisbach(1991), "The Effects of Board Composition and Direct Incentives on Firm Performance", *Financial Management*, 20, 101 – 112.

83) M. Weisbach(1988), "Outside Directors and Turnover", *Journal of Financial Economics*, 20, 431 – 460.

84) M. Lipton and J. W. Lorsch(1992), "A Modest Proposal for Improved Corporate Governance", *Business Lawyer*, 48(1), 59 – 77.

85) T. Eisenberg, S. Sundgren, and M. T. Wells(1998), "Larger Board Size and Decreasing Firm Value in Small Firms", *Journal of Financial Economics*, 48, 35 – 54.

86) 김병곤·김동욱(2004), "기업다각화와 소유구조의 상호관계가 기업가치에 미치는 영향", 대한경영학회지, 42호, 127 – 150.

3.1. Jensen and Meckling의 연구

Jensen and Meckling(1976)[87]은 주주를 배타적으로 경영권을 행사하는 내부주주와 의사결정권을 갖고 있지 않은 외부주주로 분류하였다. 내부주주는 배당뿐만 아니라 부가적인 특권적 소비에 의해 외부주주보다 더 많은 현금흐름을 향유할 가능성이 있다는 것을 지적하였다. 즉, 경영자는 자신에게 유리한 투자나 재무정책을 채택하고, 외부주주의 몫을 줄이고자 하는 유인을 가질 수 있다. 경영자의 소유지분비율이 낮을수록 이러한 유인이 증가하기 때문에 내부자의 지분율이 낮으면 기업가치가 작아지고, 내부지분율이 높으면 기업의 가치는 커지게 된다.

3.2. Stulz의 연구

Stulz(1988)[88]는 경영자의 행동을 통제하는 기업의 매수시장(takeover market)의 중요성에 초점을 맞추고 있다. 적대적 매수자는 매수대상 기업의 내부자 지분비율이 높으면 대상기업의 경영권을 확보하기 위해 더 많은 프리미엄을 지불하여야 하지만, 매수에 성공할 가능성은 상대적으로 작아진다. 경영자의 소유지분비율이 낮다면 프리미엄을 적게 지불하고도 기업매수에 성공할 가능성은 높아진다. 즉, 일정한 프리미엄 수준 하에서는 경영자의 지분율이 증가하면 적대적 매수의

---

87) Michael C. Jensen and William H. Meckling(1976), "Theory of the Firm: Managerial Behavior, Agency Costs, and Ownership Structure", *Journal of Financial Economics*, 350 – 360.

88) Rene M. Stulz(1988), "Managerial Control of Voting Rights: Financing Policies and the Market for Corporate Control", *Journal of Financial Economics*, 20, 25 – 54.

성공 가능성은 감소하게 되고, 경영자의 지분율이 50% 이상일 때 적대적 매수의 가능성은 0이 된다.

이러한 이유 때문에 경영자지분율과 기업가치 간에는 비선형관계가 나타나게 된다. 경영자지분율과 기업가치의 관계에서 경영자의 지분비율이 증가하면 처음에는 기업가치가 증가하나, 일정한 지분율을 넘어서면 기업가치는 감소하며, 경영자지분율이 50% 이상일 때 최소가 된다.

3.3. Morck, Shleifer, and Vishny의 연구

Morck, Shleifer, and Vishny(1988)[89]는 1980년 Fortune 선정 500대 기업 중 371개 기업을 대상으로 기업가치(Tobin's Q)와 경영자지분 간의 관계를 전환선형회귀모형(piecewise linear regression model)을 이용하여 분석하였다. 경영자지분율은 Corporate Data Exchange(CDE) 데이터베이스 자료를 이용하였는데, 이사회 구성원 중에서 0.2% 이하의 지분을 소유한 이사를 제외한 이사회 구성원의 지분율을 합한 것이다.

Tobin's Q는 Griliches R&D master file의 자료를 이용하여 측정하였다. 전환선형회귀분석을 위한 구조변화점으로는 경영자지분율 5%와 25%를 선정하였다. 지분율 5%는 경영의사결정에서 무시할 수 없는 지분율 수준이고, 증권거래소에서 의무적으로 공시하도록 하고 있는 수준이다. 지분율 25%는 Weston(1979)[90]이 제시한 것처럼 기업에 대

---

89) Randall Morck, Andrei Shleifer, and Robert W. Vishny(1988), "Management Ownership and Market Valuation: An Empirical Analysis", Journal of Financial Economics, 20, 293-315.

90) J. F. Weston(1979), "The Tender Takeover, Merger and Acquisition", Journal of Finance, 74-82.

한 적대적 매수가 성공할 수 없는 지분율(20~25%)수준에 해당한다.

분석결과, 경영자지분율 0~5%구간에서 경영자지분율이 1% 증가하면, Q비율은 평균 0.062(t=3.02)만큼 증가하는 반면, 경영자지분율 5~25% 구간에서는 경영자지분율이 1% 증가하면, Q비율은 0.016(t=−2.51)만큼 하락하고, 경영자지분율이 25%보다 높은 구간에서는 지분율 1% 증가할 때마다 0.008(t=1.96)씩 증가하는 것으로 나타났다.

0~5%구간에서 경영자지분율의 증가에 따라 Q비율이 증가하는 것은 경영자 자신의 지분이 증가함에 따라 기업가치를 최대화하고자 하는 유인을 갖게 된다는 것을 반영하는 것이다. 그러나 지분율이 5% 이상으로 증가하면 설립자로서의 지위, 의결권의 증가, 임기보장 증가, 전문경영인 채용 가능성의 감소, 사외이사에 대한 사내이사의 영향력 강화 등으로 경영자의 안주(entrenchment) 현상이 증가하게 되어 기업가치의 하락을 가져오게 된다. 이 범위에서도 기업가치를 최대화하고자 하는 유인효과는 여전히 존재하지만 안주효과(entrenchment effect)가 더 우세하게 나타나게 된다. 경영자지분율이 25%를 넘어서면 경영자의 안주현상은 지분율 25% 수준이었을 때와 비슷하지만, 경영자는 외부의 어떠한 도전도 효과적으로 차단할 수 있게 되고, 지분율이 상승함에 따라 외부주주와 이해관계가 일치하게 되어 기업가치의 증가를 가져오게 된다.

3.4. McConnell and Servaes의 연구

McConnell and Servaes(1990)[91]는 NYSE와 AMEX에 상장된 1976년 1,173개, 1986년 1,093개의 비금융기관 기업을 대상으로 Tobin's Q와

소유구조간의 관계를 회귀모형을 이용하여 분석하였다. Tobin's Q는 Compustat tapes의 자료를 이용하여 계산하였고, 소유구조관련 데이터는 Value Line Investment Survey를 이용하였다. 1976년 평균 내부자지분율은 13.9%(중앙치=6%)이고, 1986년 평균은 11.84%(중앙치=5%)였다.

Tobin's Q와 기업내부자(예: 경영자, 이사)의 보통주 지분율(equity ownership among corporate insiders) 간에는 유의한 비선형관계가 존재한다는 것을 발견하였다. 내부자의 소유지분이 약 40~50%에 이를 때까지는 정(+)의 관계(우상향)를 보이다가, 내부자의 소유지분율이 더 높아지면 부(-)의 관계(우하향)를 갖는 것으로 분석되었다. 1976년의 경우 내부지분율이 49.4%일 때 Q비율이 최대가 되고, 내부자지분율이 10% 증가하면 Q비율도 10% 증가하는 것으로 나타났다. 1986년의 경우에는 내부자지분율이 37.6%일 때 Q비율이 최고점에 도달하고, 내부자지분율이 10% 증가할 때 Q비율은 30% 증가하는 것으로 나타났다. 이러한 관계는 재무레버리지, 연구개발 집중도, 광고집중도, 자산의 대체가치 등의 통제변수를 포함시킨 경우에도 큰 변화가 없었다.

한편, 기관투자가 및 외부대주주지분율과 Q비율 간의 관계분석에서는 기관투자가지분율은 Q비율과 유의적인 정(+)의 관계가 존재하여 효율적 감시가설이 지지되는 것으로 나타났지만, 외부대주주지분율과 Q비율 간에는 유의적인 관계를 발견하지 못하였다.

1995년의 연구[92]에서는 1990년의 연구를 연장하여 1988년의 자료

---

91) John J. McConnell and Henri Servaes(1990), "Additional Evidence on Equity Ownership and Corporate Value", Journal of Financial Economics, 27, 595 – 612.

92) John J. McConnell and Henri Servaes(1995), "Equity Ownership and the Two Faces of Debt", Journal of Financial Economics, 39, 131 – 157.

를 추가하고, 저성장기회를 갖는 기업과 고성장기회를 갖는 기업을 PER를 기준으로 분류하여, 소유구조와 Q비율간의 관계를 회귀분석 하였다. 1988년의 자료에서도 내부자지분율과 Q비율 간에는 비선형 관계가 존재하고, 기관투자가지분율과 Q비율 간에는 정(+)의 관계가 존재하는 것으로 나타났다. 또한 소유구조와 관련된 변수(내부자지 분, 기관투자가지분, 외부대주주지분)의 계수가 일반적으로 저성장 기회 기업의 경우가 고성장 기회 기업의 경우보다 크게 나타나, 기업 의 소유구조는 투자기회가 상대적으로 적은 기업들에 더 많이 영향 을 미치는 것으로 분석되었다.

3.5. Pound의 연구

Pound(1988)[93]는 효율적 감시가설, 이해상충의 가설, 전략적 제휴가 설을 통해 기관투자가의 지분율과 기업가치 간에 나타날 수 있는 유 인을 분석하였다. 효율적 감시가설에 따르면 기관투자가의 지분율과 기업가치 간에는 정(+)의 관계가 나타나고, 이해갈등의 가설과 전략 적 제휴가설에 따르면 기관투자가가 기업을 감시함으로써 기대할 수 있는 유익한 효과가 감소되어 기관투자가의 소유비율과 기업가치 간 에는 부(-)의 관계가 나타난다.

또한 이해갈등의 가설과 전략적 제휴가설에 의하면 경영자는 상대 적으로 지분율이 낮더라도 경영권을 유지하거나 행사할 수 있기 때 문에 기관투자가의 지분율이 높아지면 내부지분율이 낮아지는 부(-)

---

93) John Pound(1988), "Proxy Contests and the Efficiency of Shareholder Oversight", *Journal of Financial Economics*, 20, 237-265.

의 관계가 나타나게 된다.

Pound는 1981년부터 1985년 기간 동안에 Wall Street Journal New Index에 공시된 대규모기업의 위임장 대결 100건을 표본으로 하여, 위임장 대결의 성공 여부와 소유구조간의 관계를 로짓분석[94]을 이용하여 위의 가설을 검증하였다. 종속변수는 더미변수를 이용(경영자가 승리한 경우 1을 부여, 반대집단(dissident)이 승리한 경우에는 0을 부여)하고, 독립변수로는 경영자지분율, 반대집단지분율, 기관투자가지분율, 5% 이상 소유 외부대주주지분율 등을 사용하였다.

분석결과는 기관투자가지분율과 외부대주주지분율이 높을수록 위임장 대결에 돌입할 가능성은 낮고, 위임장 대결에 들어가더라도 반대집단이 위임장 대결에 성공할 가능성은 낮아지는 것으로 나타났다. 따라서 위임장 대결에 있어서는 전략적제휴가설과 이해갈등의 가설이 지지되는 것으로 분석되었다.

3.6. Baek, Kang, and Park의 연구

Baek, Kang, and Park(2004)[95]은 1997년의 외환위기 동안 한국기업들의 기업가치변화(주로 하락)가 기업지배구조와 관계있는가를 조사

---

94) 로짓분석은 ① 두 집단사이의 표본에 대해 각 표본이 속하는 집단을 구분하거나, ② 집단을 구분하는 식에서 어느 변수가 중요한가를 찾아내는 데 유용한 회귀분석 방법으로, 종속변수가 범주형 척도나 명목척도이고, 독립변수가 명목척도, 서열척도, 등간척도 등이 섞여 있으면서 다변량 정규분포를 가정하기 어려운 경우에 사용한다.
로짓모형의 일반식은 다음과 같다.
$F(z) = 1/(1 + e^{e^{-z}})$
$Z = \alpha + \beta_1 X_1 + \beta_2 X_2 + ... + \beta_n X_n$
대입하여 정리하면 다음과 같은 선형회귀식 형태가 된다.
$\ln(F(z)/(1 - F(z))) = \alpha + \beta_1 X_1 + \beta_2 X_2 + ... + \beta_n X_n$

95) J. S. Baek, J. K. Kang, and K. S. Park(2004), "Corporate Governance and Firm Value: Evidence from the Korean Financial Crisis", *Journal of Financial Economics*, 71, 265–313.

하였다. Baek, Kang, and Park(2004)는 1997년 11월과 1998년 12월 사이에 상장되어 있는 금융업을 제외한 644개 기업을 분석대상으로 하였다. 30대 재벌 소속 기업은 148개, 비재벌기업은 496개였다. 기업지배구조 변수로서 재벌, 소유구조, 소유권과 지배권 괴리도, 주거래은행 연결, 기업분산도를 사용하고, 기타 통제변수로서는 부채비율과 해외부채, 유동성, 규모, 베타로 추정된 위험과 Tobin's Q로 측정된 과거성과를 사용하였다.

사건일을 외환위기 발생일(IMF 구제금융 요청일), 대우그룹 부도발표일, 해외채권단 채무연장 동의일을 사건일로 하여 (−5, 32), (−5, +5), (0, +5) 윈도우 매수보유수익률을 재벌기업과 비재벌기업을 비교하였다. 외환위기발생일과 대우그룹 부도일의 보유수익률은 재벌기업이 비재벌기업에 대하여 정(+)의 차이를 보였다. 외환위기 발생일을 사건일로 한 (−5, +32)윈도우 매수보유수익률을 종속변수로 하고 기업지배구조변수와 통제변수를 독립변수로 한 회귀분석에서 최대경영자지분율의 회귀계수는 유의적이지 않은 정(+)인데 비하여, 외국인 소유지분율의 회귀계수는 유의적인 정(+)을 나타내었다. 따라서 외국인투자자의 지분율이 높을수록 통제기업에 비하여 주식성과는 높게 나타난다고 하였다.

그리고 미국주식시장에서 거래되는 기업더미변수의 회귀계수는 유의적인 정(+)을 나타내었다. 이를 통해 기업공시 수준이 높고, 대체적인 외부자금에 접근이 용이한 기업이 다른 기업에 비하여 더 호의적인 주가반응을 가져올 수 있다고 하였다.

소유권과 지배권 괴리도를 의미하는 소유권 대비 지배권 비율의 더미변수는 유의적인 부(−)였다. 이는 소유권과 지배권 괴리도가 큰 기업일수록 시장반응이 더 부정적이라는 것을 나타낸다. 재벌더미변수와 관계회사보유지분과의 상호작용 회귀계수는 유의적인 부(−)를 나타내었다. 즉 재벌기업이 관계회사지분으로 소유집중도를 높이면 시장에서는 부정적인 반응이 나타난다는 것을 밝혔다. 또한 재벌더미변수와 최대소유경영자와 그 가족지분이 높을수록 주가반응은 더 부정적임을 밝혔다.

3.7. Rosenstein and Wyatt의 연구

Rosenstein and Wyatt(1990)[96]는 뉴욕증권거래소(NYSE)에 상장된 회사를 대상으로 1981년부터 1985년까지 사외이사의 선임과 선임 후의 주식가격의 변동관계를 분석하였다. 사외이사의 임명 시점을 분석한 결과에 의하면 독립적인 사외이사를 선임한다는 공시는 주가에 유의적인 정(+)의 관계로 나타났다. 사외이사가 추가로 선임되면 통계적으로 유의한 약 0.2%의 주가가 상승이 이루어지고, 평균적으로 주주의 부가 증가하는 것으로 나타났다.

사건분석(event study)을 통해 사외이사 추가 임명 공시에 따른 주가의 반응을 측정한 결과, 높은 정(+)의 긍정적인 주가의 반응이 관찰되었다. 이러한 결과로부터 사외이사 임명의 기대수익이 기대비용을 초과하며, 사외이사의 분야가 어떠한 분야인가에는 영향을 받지 않는 것을 제시하였다.

그러나 사외이사의 지명에 의한 긍정적인 영향이 사외이사가 사내

---

96) S. Rosenstein and J. Wyatt(1990), "Outside Director, Board Independent and shareholder Wealth", *Journal of financial Economic*, 26, 175−191.

이사보다 더 우위에 있다는 것을 의미하는 것은 아니라고 하였다. 만일 사내이사와 사외이사의 지명이 일반적으로 이사회로 하여금 특별한 상황에 적합한 이상적인 규모에 근접하게 하려는 의도라면 그 두 가지 유형의 이사 지명의 공시가 정(+)의 비정상초과수익률을 나타낸다고 하였다.

3.8. Byrd and Hickman의 연구

Byrd and Hickman(1992)[97]는 매수신청기업의 이사회의 구성이 주주의 부에 미치는 영향을 분석하였다. 이사회의 과반수, 50% 이상이 독립적인 사외이사로 구성된 기업이 그렇지 않은 기업보다 더 높은 비정상초과수익률을 갖는다고 주장하였다. 독립적인 사외이사의 비율과 매수신청기업의 비정상초과수익률은 비선형적으로 나타난다.

또한 이사회 내 사외이사의 비율이 50% 이상인 기업이 기업인수사실을 공시했을 때 사외이사의 비율이 50% 미만인 기업에 비해 주가평균초과수익률이 유의한 수준으로 덜 하락함을 보고하였다. 사외이사의 비율과 주주의 부와의 관계가 양(+)의 관계를 보였으나, 사외이사의 비율이 60% 이상을 넘어서면 음(-)의 결과를 보였다. 회귀분석의 결과는 경영자와 사외이사의 자기주식 소유지분이 어느 정도 이상일 때 주주들의 이익도 증가하는 것으로 나타나서 소유구조가 기업가치에 영향을 미친다는 기존의 가설을 지지하는 결과를 보였다.

또한 기업인수 사실을 공시할 때 이들 기업의 주가반응을 측정한

---

97) J. Byrd and A. Hickman(1992), "Do Outside Director Monitor Mangers Evidence from Tender Offer Bids", *Journal of Financial Economics*, 32, 195-221.

결과, 모든 기업에 걸쳐 인수공시일 주변 2일간 인수기업의 주가평균 초과수익률이 1.33% 낮아졌다. 이사회가 50% 이상 독립적인 사외이사로 구성되어 있는 경우에는 주가가 0.07% 소폭 하락하였지만, 독립 사외이사 구성이 50% 미만인 경우 주가가 1.86% 대폭 하락하는 것으로 나타났다.

3.9. Hermalin and Weisbach의 연구

Hermalin and Weisbach(1988)[98]는 뉴욕증권거래소(NYSE) 134개 상장 기업에 대해 Tobin's Q와 이사회의 구성원인 전·현직 CEO의 지분율 간의 관계가 비선형 관계임을 밝히고 있다. 실증결과를 살펴보면 Tobin's Q와 CEO의 주식소유가 0~1%일 때 통계적으로 유의한 양(+)의 영향관계를 나타내었다. 1~5%일 때 통계적으로 유의한 음(-)의 영향관계를, 그리고 5~20%일 때 통계적으로 유의한 양(+)을 가지고, 그 이후에는 통계적으로 유의한 음(-)의 영향관계를 가지는 것으로 분석하였다.

또한 통계적으로 이사회 변화와 관련하여 저조한 기업성과는 그 다음 기에 이사회로부터 사내이사를 축출하고 사외이사를 더 참여시키는 것으로 나타났다. 그렇지만 사외이사의 존재가 대리인문제의 해결에 있어서 별로 도움이 되지 않고, 실질적으로 강력한 사외이사에 의해 지배되는 이사회가 대리인문제를 어느 정도 줄일지라도 기업가치와 이사회 구성간의 관계가 통계적으로 유의한 결과를 찾을 수가

---

98) B. Hermalin and Michael Weisbach(1991), "The Effects of Board Composition and Direct Incentives on Firm Performance", *Financial Management*, 20, 101–112.

없었다.

그러나 CEO의 지분율과 기업가치와는 유의한 관계가 있음을 제시하였다. 최고경영자의 지분이 1% 미만으로 낮은 수준에 있다면 경영자의 이해와 주주의 이해가 일치하여 기업가치를 향상시키는 데 도움이 된다고 주장하였다.

3.10. Weisbach의 연구

Weisbach(1988)[99]는 사내이사와 사외이사에 의한 CEO의 감시·감독기능(monitoring)과 CEO의 퇴임(resignation) 간의 관계를 분석하였다. 실증분석결과 사외이사가 지배하는 이사회에서 기업성과가 낮은 CEO의 사임가능성이 더 높은 것으로 나타났다. 저조한 기업성과는 CEO의 교체 가능성을 높이고, 사외이사의 비중을 더욱 증가시키는 것으로 분석하였다.

즉, 사외이사가 이사회를 지배하는 기업은 사내이사가 지배하는 기업보다 기업성과가 더 높은 특성을 보였다. 따라서 사외이사가 지배하는 기업에서 CEO의 퇴임이 증권시장에 공시될 때 일별 비정상초과수익률은 무능한 경영자의 해임으로 인식하여 기업가치는 증가하는 것으로 분석되었다. 그러나 사내이사에 의해 지배되는 기업에서는 긍정적인 결과가 나타나지 않는다. 이러한 결과는 기업의 소유구조나 기업규모, 기업이 속한 산업과 상관없이 일관성 있게 나타나고 있어 사외이사의 긍정적인 역할을 지지한다고 하였다.

---

99) M. Weisbach(1988), "Outside Directors and Turnover", *Journal of Financial Economics*, 20, 431 – 460.

3.11. Lipton and Lorsch의 연구

Lipton and Lorsch(1992)[100]은 대규모 이사회는 소규모 이사회보다 대리인문제를 증가시켜 효율적이지 못하다고 하였다. 이사회의 효율성을 높이기 위해서는 이사회 규모를 축소해야 한다고 주장하였다. 무분별한 이사수의 증가는 기업 경영의 효율성을 저하시킨다는 것이다. 이사회 규모의 증가가 이사들의 CEO 감시활동을 약화시키고, 의사결정의 지연, 영업성과에 대한 솔직하지 못한 토론 개진, 위험부담의 편이현상에 따른 대리인비용을 증가시키는 폐해가 있음을 지적하였다.

그리고 기업경영에 있어서 이사회의 역할에 관한 이론적인 연구를 통해 이사회의 중요성과 효과적인 기업지배구조에 대한 대안을 제시하였다. 과거 기업의 경우 소유는 주로 개별투자자에 의존하고 있었으나 최근에는 기관투자가들이 대부분을 차지하여 소유자들의 위상이 강화되었으므로 효율적인 기업 경영을 위해서는 이사회의 역할을 강화하는 것이 중요하다고 하였다.

3.12. Eisenberg, Sundgren, and Well의 연구

Eisenberg, Sundgren, and Well(1998)[101]은 중·소규모기업에서 많은 수의 이사를 선임해 구성한 기업이 실제로 기업가치가 감소된다는

---

100) M. Lipton and J. W. Lorsch(1992), "A Modest Proposal for Improved Corporate Governance", *Business Lawyer*, 48(1), 59 – 77.

101) T. Eisenberg, S. Sundgren, and M. T. Wells(1998), "Larger Board Size and Decreasing Firm Value in Small Firms", *Journal of Financial Economics*, 48, 35 – 54.

근거를 제시하였다. 즉 이사회 규모와 기업가치는 통계적으로 유의한 음(-)의 영향관계가 있음을 밝혔다. 한편 이사회 규모 차이는 곧 기업성과의 차이로 이어지고, 이상적인 규모의 이사회가 존재한다면 그 규모는 기업규모에 따라 달라진다고 하였다. 이사회 규모 축소 효과는 산업에 따라 차이가 있다고 하였다.

3.13. 김주현의 연구

김주현(1992)[102]은 소유경영자지분과 기업가치를 나타내는 Tobin's Q의 관계를 분석하였다. 연구대상 기간은 1986년부터 1990년으로, 동기간 계속 상장되어 있는 비금융회사 267개 기업을 대상으로 분석하였다. 상장 경과기간, 기업규모, 부채규모, 매출액증가율, 제조업 혹은 서비스업 여부 등을 통제한 상황에서 대주주지분율과 Tobin's Q의 관계를 전환선형회귀모형을 이용하여 분석하였다.

분석결과 소유경영자지분과 기업가치 간에는 단순한 직선관계가 아니라 지분율 40%에서 구조변화점을 가지는 비선형관계인 것으로 나타났다. 소유경영자지분이 40% 이하 구간에서는 지분율이 증가하면 기업가치는 조금씩 감소하고, 지분율이 40% 이상 구간에서는 지분율이 증가하면 기업가치는 증가하는 것으로 나타났다. 그러나 지분율이 40% 이상의 구간에서는 통계적으로 유의도가 낮은 것으로 나타났다. 즉 대주주지분율 40% 이하 구간에서는 소유경영자의 지분율이 높을수록 경영자가 자신의 영향력을 이용하여 사적소비동기를 충족

---

102) 김주현(1992), "기업의 소유구조와 기업가치의 연관성에 관한 연구", 재무연구, 제5호, 129-145.

하고, 현실에 안주할 수 있는 가능성이 높아져 기업가치는 감소하는 것으로 나타났다.

한편, 대주주지분이 40% 이상인 구간에서는 경영자의 지분이 높아지면 경영자의 이해와 외부주주의 이해가 일치되어 기업가치가 증가하는 이해일치의 가설이 지지되는 결과를 나타내었다.

3.14. 김우택 · 장대홍 · 김경수의 연구

김우택 · 장대홍 · 김경수(1993)[103]는 두 개의 상이한 소유와 경영구조 하에서 Tobin's Q로 측정한 기업가치가 소유지분의 분산에 의해 어떤 영향을 받는가를 검증하였다. 표본기업은 1988년도 현재 상장기업 중에서 Tobin's Q를 추정할 수 있는 기업을 기준으로 141개를 선정하였다. 분석방법은 구조변화점을 지분율 20%, 25%로 선정하고, 통제변수로 연구개발비, 광고선전비, 부채총액, 주당 대체원가, 계열기업 여부 등을 사용하여 전환선형회귀분석을 실시하였다.

연구결과 대주주가 직접 경영에 참여하는 경우, 대주주지분율 20%까지는 대주주지분율의 증가에 따라 기업가치(Q비율)가 증가하고, 20~25% 구간에서는 그 반대로 기업가치가 감소하다가, 25% 이상 구간에서는 다시 반전되어 증가하는 비선형관계로 나타났다. 그러나 전문경영체제[104]인 경우에는 기업가치가 지분율과 함께 단조적으로 감소하는 것으로 나타났다. 연구결과는 부분적으로 Morck, Shleifer, and Vishny(1988)[105]와 유사한 구조변화점을 제시하고 있으나, 기업집단의

---

103) 김우택 · 장대홍 · 김경수(1993), "기업가치와 소유경영구조에 관한 실증적 연구", 재무연구, 제6호, 55-75.
104) 대표이사가 1% 미만의 지분율을 소유한 기업을 지칭하고 있다.

존재, 계열사 간 주식보유, 대기업 위주의 금융관행 등으로 인한 한국
기업의 소유구조 특성이 기업가치와 소유구조 관계에서 미국의 경우
와 다르게 영향을 주고 있는 것으로 분석되었다. 이러한 분석결과에
따라 연구자는 기업가치 측면에서 볼 때 소유의 분산이 기업의 경영
을 일방적으로 개선시킬 수 있을 것이라는 일반적인 통념이 성급한
결론일 수 있다는 것을 지적하였다.

3.15. 구맹회 · 김병곤의 연구

구맹회 · 김병곤(1999)[106]은 1997년 12월 말 현재 한국거래소에 상
장되어 있는 266개 기업을 대상으로 한국기업의 소유구조가 기업가
치에 어떻게 영향을 미치는가를 전환선형회귀분석, 분산분석 등을 이
용해 실증적으로 검증하였다.

실증분석결과에 의하면, 첫째, 내부지분율과 기업가치 간에는 비선
형관계가 존재하고, 내부지분율수준에 따라 기업가치에 미치는 영향
이 다르다고 하였다. 내부지분율 50%를 전환점으로 33.4~50% 구간
에서는 내부지분율이 증가하면 기업가치가 증가하여 이해일치의 가
설에 의해 설명될 수 있다고 하였다. 50% 이상의 구간에서는 내부지
분율의 증가에 따라 기업가치가 하락하는 것으로 분석하였다. 내부지
분율이 증가하면 경영자는 자신의 영향력을 이용하여 사적이익을 충
족시키고, 현실에 안주하고자 하는 유인을 갖게 되어 기업가치의 하

---

105) Randall Morck, Andrei Shleifer, and Robert W. Vishny(1988), "Management Ownership and Market
    Valuation: An Empirical Analysis", Journal of Financial Economics, 20, 293-315.
106) 구맹회 · 김병곤(1999), "한국기업의 소유구조가 기업가치에 미치는 영향에 관한 연구", 대한경영학회지,
    제22호, 427-449.

락을 유발할 수 있다고 하였다.

둘째, 외부대주주의 존재 여부는 기업가치에 큰 영향을 미치지 못하는 것으로 분석하였다. 즉, 한국의 기관투자가는 기업경영을 효율적으로 감시하고 있지 못하는 경향이 있다고 하였다.

3.16. 박기성의 연구

박기성(2002)[107]은 1994년에서 1996년까지를 연구기간으로 상장회사 252개를 대상으로, 대주주지분, 기관투자가지분, 최고경영자특성과 내부소유지분과의 상호작용효과, 내부소유지분과 기관투자가지분의 상호작용효과 등이 기업가치에 미치는 영향을 분석하였다. 박기성(2002)은 한국기업의 경우 경영자의 사적소비동기와 자본시장에 의한 통제기능의 취약으로 내부지분율이 일정수준에 달할 때까지는 경영자의 영향력이 상대적으로 강해 기업가치가 감소할 것으로 추정하였다. 그러나 내부지분율이 일정수준을 초과하게 되면 경영자의 이해와 기업의 이해가 일치하여 대리인비용이 감소하게 되고, 기업가치는 증가할 것이라고 예측하였다. 그리고 이러한 관계는 최고경영자가 설립자이거나 대주주인 기업의 경우에 더욱 강하게 나타날 것으로 추측하였다.

실증분석결과 대주주지분율과 회계적 성과 간에는 정(+)의 선형관계로 나타났다. 즉 대주주지분율이 높을수록 회계적 성과가 높아지는 관계를 밝혔다. 그러나 종속변수가 Tobin's Q인 경우에는 U字형 곡선

---

107) 박기성(2002), "소유 구조와 기업의 회계적 성과 및 Tobin's Q의 관계에 관한 연구", 증권학회지, 제30호, 297-325.

의 관계를 갖는다고 하였다. 그리고 경영자 특성과 대주주지분의 상호작용효과변수의 회귀계수는 유의적인 정(+)으로 나타나 대주주경영자가 설립자이거나 그 가족인 기업의 경우에는 대주주지분율이 높을수록 회계적 성과가 높아지는 것으로 분석되었다.

기관투자가지분율과 대주주지분율의 상호작용효과변수의 회귀계수는 유의적이지 않은 정(+)의 값을 나타내었다. 따라서 기관투자가지분율이 높은 기업에서 내부지분율이 높을수록 회계적 성과가 높을 것이라는 이론적 관계를 확인할 수 없었다. 그러나 종속변수가 Tobin's Q인 경우에는 유의적인 정(+)의 관계를 확인할 수 있었다.

3.17. 신현한 · 이상철 · 장진호의 연구

신현한 · 이상철 · 장진호(2004)[108]는 2001년 한국거래소에 상장된 기업 중 금융업, 관리종목, 전액 자본잠식된 기업을 제외한 484개 기업을 분석대상으로 분석하였다. 기업의 소유구조 중 1인대주주, 외국인 주주, 외국인 이사 등이 존재할 때 기업가치가 높은지를 조사하였다. 신현한 · 이상철 · 장진호(2004)는 한국기업의 경우 국내 외부대주주는 대부분이 관계회사이거나 우호적인 기관투자가여서 경영자의 의사결정에 대하여 견제 역할을 충실히 하기 어려운 반면에, 외국인 대주주(투자자)는 경영자의 의사결정에 대한 견제를 통하여 기업가치를 향상시키는 역할을 할 수 있다고 가정하였다.

종속변수인 기업가치 대용변수로서는 Tobin's Q와 자기자본의 시

---

108) 신현한 · 이상철 · 장진호(2004), "외부감시주체와 기업가치", 재무연구, 17(1), 41 – 72.

장가치 대 장부가치 비율을 사용하였다. Tobin's Q는 보통주의 시장가치와 우선주의 장부가액, 그리고 부채의 장부가액의 합을 총자산의 장부가액으로 나누어 산출하였다. 검정변수는 5% 이상 지분을 소유한 외국인투자자의 존재 여부 더미변수와 외국인 이사 존재 여부 더미변수를 사용하였다. 그리고 기업가치에 영향을 미칠 수 있는 통제변수로서는 대주주지분, 기관투자가지분, 사외이사비율, 30대 재벌여부, 기업규모, 기업연령, 영업이익률, 매출액성장률, 회계적 위험(β) 등을 사용하였다. 대주주지분율과 기업가치의 비선형관계를 통제하기 위하여 대주주지분율의 제곱을 통제변수에 추가하였다.

실증분석결과 Tobin's Q를 종속변수로 하고, 외국인 주요 주주만 독립변수로 한 경우, 외국인 주요 주주와 통제변수를 독립변수로 한 경우, 외국인 주요 주주와 다른 지분소유비율을 제외한 통제변수를 독립변수로 한 경우 등 세 가지 회귀모형에서 모두 외국인 주요 주주 여부 더미변수의 회귀계수가 유의적인 정(+)의 값을 나타내어 기업가치에 긍정적인 영향을 미치는 것으로 나타났다.

또한 독립변수로서 외국인 주요 주주 대신에 외국인 이사의 존재 여부 더미변수를 포함시켰을 때의 회귀모형에서도 3가지 회귀식 모두에서 외국인 이사 존재 여부 더미변수의 회귀계수는 유의적인 정(+)의 관계를 보였다. 이는 외국인 이사가 경영의사결정에 견제 기능을 함으로써 기업가치를 증가시킨다는 가설을 지지하는 결과라고 하였다.

3.18. 김병곤 · 김동욱의 연구

김병곤 · 김동욱(2004)[109]은 1997년부터 2000년까지 4개 연도 자료를 이용하여 한국기업의 다각화와 소유구조의 상호작용이 기업가치에 미치는 영향을 분석하였다. 표본기업은 228개의 상장기업으로 2SLS방법을 이용하여 분석하였다.

분석결과는 첫째, 다각화와 소유구조가 상호의존적으로 결정되는 것으로 분석되었다. 둘째, 외환위기기와 회복기로 나누어 분석한 결과에서는 외환위기기에는 다각화와 소유구조가 상호작용을 하는 것으로 나타났지만, 회복기에는 이러한 관계를 발견할 수 없었다. 셋째, 다각화방정식의 분석결과에 의하면 내부지분율이 낮을수록 다각화를 많이 추진하는 것으로 나타나 대리인비용가설이 지지되는 것으로 나타났다. 넷째, 소유구조방정식의 분석결과에서는 다각화수준이 높을수록 내부지분율이 낮은 것으로 나타났다. 레버리지비율은 내부지분율에 유의적인 부(-)의 영향을 미치는 것으로 나타나 기업의 재무위험이 커지면 한국기업의 내부자들은 자신의 재무위험 부담을 줄이기 위해서 지분율을 낮추는 것으로 분석되었다. 다섯째, 기업가치방정식의 분석결과에 의하면, 내부지분율은 기업가치에 부(-)의 영향을 미치는 것으로 나타났다. 기업의 지분이 분산되어 있을수록 내부자의 자의적인 경영이 억제되어 기업의 가치는 증가하는 것으로 나타났다.

이상의 기업지배구조와 기업가치 간의 관계에 관한 선행연구를 요약하면 <표 III-3>과 같다.

---

109) 김병곤 · 김동욱(2004), "기업다각화와 소유구조의 상호관계가 기업가치에 미치는 영향", 대한경영학회지, 42호, 127-150.

<표 Ⅲ-3> 기업지배구조와 기업가치 간의 관계에 관한 선행연구 요약

연구자	자료	연구방법 및 목적	연구결과
Jensen and Meckling (1976)	–	–	• 내부자의 지분율이 낮으면 대리인비용의 증가로 기업가치 하락
Stulz (1988)	–	• 경영자의 행동을 통제하는 기업매수시장에 초점을 두고 경영자 지분율과 적대적 매수의 성공 가능성을 분석	• 기업가치와 경영자 지분율 간에는 비선형관계 존재 • 경영자의 지분율이 증가하면 처음에는 기업가치가 증가하다, 일정지분율을 넘어서면 경영자지분율 증가에 따라 기업가치는 하락, 경영자 지분율이 50% 이상일 때 최소
Morck, Shleifer, and Vishny (1988)	• 1980년Fortune 선정 500대 기업 중 371개 기업 대상	• 경영자 지분과 Tobin's Q간의 관계를 전환선형 회귀모형을 이용하여 분석 →전환점: 5%, 25%	• 경영자 지분율 0~5% 구간에서는 경영자 지분이 1% 증가하면, Q비율은 평균 0.062만큼 상승하는 반면, 5~25% 구간에서는 0.016만큼 하락, 25%보다 높아지면 0.008씩 상승
McConnell and Servaes (1990)	• NYSE와 AMEX에 상장된 1976년 1,173개 1986년 1,093개 비금융회사	• 내부자 지분율과 Tobin's Q간 전환 선형회귀분석, 기관투자가, 외부대주주 지분율과 Q비율 간의 관계분석	• Q비율과 기업내부자(경영자, 이사 등) 지분율 간에 비선형관계 존재 • 내부지분 40~50%까지는 내부지분율 증가에 따라 Q비율이 상승하다가, 내부지분율이 더 높은 수준에서는 내부지분율 증가에 따라 Q비율이 하락 • 기관투자가 지분율과 Q비율 간에는 유의적인 正의 관계 존재 • 외부대주주지분율과 Q비율 간에는 유의적인 관계를 발견하지 못함.
McConnell and Servaes (1995)	• 1990년의 연구를 연장하여 1988년 자료 추가	• PER를 기준으로 低성장 기회기업과 高성장 기회기업을 구분하여 Q비율과 소유구조간의 관계를 분석	• 내부지분율과 Q비율 간에 비선형관계 존재 • 기관투자가 지분율과 Q비율 간에는 정(+)의 관계 존재 • 소유구조와 관련된 변수(내부자지분, 기관투자가지분, 외부대주주지분)의 계수가 低성장 기회기업의 경우가 高성장 기회기업의 경우보다 크게 나타남. →소유구조가 기업가치에 미치는 영향은 低성장 기회기업의 경우가 더 큼.

연구자	자료	연구방법 및 목적	연구결과
Pound (1988)	•1981년~1985년 동안 Wall Street Journal New Index 에 공시된 대규모 기업의 위임장 대결 100건을 대상	•위임장대결의 성공 여부와 소유구조와 의 관계를 로짓분 석 실시	•기관투자가지분율과 외부대주주지분 율이 높을수록 위임장대결의 성공가능 성은 낮음. →전략적 제휴가설과 이해갈등의 가설 을지지
Baek, Kang, and Park (2004)	•1997년 11월~1998 년 12월 상장되어 있는 644개 기업	•외환위기 동안 한 국기업들의 기업가 치변화가 기업지배 구조와 관련이 있 는가를 분석	•외국인소유지분율 회귀계수가 유의적 인 정(+)의 영향을 미치는 것으로 나 타나 외국인투자자의 지분율이 높을수 록 통제기업에 비하여 주식성과는 높 게 나타났음. •소유권 대비 지배권 비율의 더미변수 는 유의적인 부(−)의 영향을 미치는 것으로 나타나 소유권과 지배권 괴리 도가 큰 기업일수록 시장반응이 더 부 정적이라는 것을 나타냄.
Rosenstein and Wyatt (1990)	•1981년부터 1985 년까지 NYSE에 상 장된 회사	•사외이사의 선임과 선임수의 주식가격 과의 변동 간의 관 계를 분석	•Event study를 통해 사외이사 추가 임 명 공시에 따른 주가의 반응이 높은 양(+)의 반응을 보여 사외이사의 임명 이 기대수익이 기대비용을 초과함을 의미하며 사외이사의 분야가 어떠한 분야인가에 영향을 받지 않는 것으로 나타남.
Byrd and Hickman (1992)	−	•기업인수 사실이 공 시되었을 때 매수 신청기업의 이사회 의 구성이 주주부에 미치는 영향을 분석	•경영자와 사외이사의 자기주식 소유지 분이 어느 정도 이상일 때 주주들의 이 익도 증가한다는 것을 보여줌으로써 소 유구조가 기업가치에 영향을 미친다는 기존의 가설을 지지하는 결과가 나타남.
Hermalin and Weisbach (1988)	•뉴욕증권거래소 134개 상장기업	•Tobin's Q값과 현 이사회의 구성원이 전·현직 CEO의 지 분율 간의 관계를 분석	•CEO의 지분율과 기업가치와의 유의한 관계가 있음을 제시하고 있으며, 최고 경영자의 지분이 1% 미만으로 낮은 수준에 있다면 경영자의 이해와 주주 의 이해가 일치하여 기업가치를 향상 시킨다는 결과가 나타남.
Weisbach (1988)	−	•사내이사와 사외이 사에 의한 CEO의 감시·감독기능과 CEO의 퇴임 간의 관계를 분석	•저조한 기업성과는 CEO의 교체 가능 성을 높이고 사외이사의 비중은 더욱 증가시킴. •사외이사가 이사회를 지배하는 기업은 사내이사가 지배하는 기업보다 측정된 기업의 성과가 더 높은 상관관계가 있 다는 결과가 나타남.

연구자	자료	연구방법 및 목적	연구결과
Lipton and Lorsch (1992)	—	•대규모 이사회가 소규모 이사회보다 대리인문제를 증가시켜 효율적이지 못하다고 하여 이사회의 비효율성의 원인을 찾고자 분석	•이사회의 규모의 증가가 이사들의 경영자 감시활동을 약화시키고 의사결정의 지연, 영업성과에 대한 솔직하지 못한 토론 개진, 위험부담의 편이현상에 따른 대리인비용을 증가시키는 폐해가 있음을 지적
Eisenberg, Sundgren, and Well (1999)	—	•중·소규모기업에서 많은 수의 이사 선임이 기업가치에 미치는 영향을 분석	•많은 수의 이사를 선임한 기업의 이사회 규모와 기업가치가 통계적으로 유의한 부(−)의 영향 관계가 있음을 밝힘. •기업의 수익성이 변화함에 따라 이사회 규모변수에 영향을 미치고 있음을 밝힘.
김주현 (1992)	•1986년~1990년 기간 동안 계속 상장된 비금융회사 267개 기업	•Tobin'Q와 대주주 지분율 간의 전환선형회귀분석 실시하여 분석	•소유경영자지분과 Q비율 간에는 지분율 40%에서 구조변화점을 가진 비선형관계 •40% 이하 구간에서는 지분율 상승에 따라 기업가치 하락, 40% 이상 구간에서는 지분율 상승시 기업가치 상승
김우택 · 장대홍 · 김경수 (1993)	•1988년 현재 상장 기업 중 Tobin's Q를 추정할 수 있는 141개 기업	•소유지분과 Tobin's Q간의 전환선형회귀분석 실시	•대주주가 직접 경영에 참여할 경우, 대주주지분율이 증가하면, 지분율 0~20% 구간에서는 Q비율 증가, 20~25% 구간에서는 감소, 25% 이상 구간에서는 증가하는 비선형관계 •전문경영인 체제인 경우는 Q비율이 지분율과 함께 단조적으로 감소
구맹회 · 김병곤 (1999)	•1997년 말 현재 한국증권거래소에 상장되어 있는 266개 기업	•기업의 소유구조가 기업가치에 어떻게 영향을 미치는가를 전환선형회귀모형, 분산분석 등을 이용해 실증적으로 검증	•내부지분율과 기업가치 간에는 비선형관계가 존재하고, 내부지분율의 수준에 따라 기업가치에 미치는 영향이 다르다고 나타남. •외부대주주의 존재 여부는 기업가치에 큰 영향을 미치지 못하는 것으로 나타남.
박기성 (2002)	•1994년~1996년 기간 동안 계속 상장회사 252개 기업	•대주주지분이나 기관투자자지분외에 최고 경영자특성과 내부소유지분과의 상호작용효과와, 내부소유지분과 기관투자자지분과의 상호작용효과가 기업가치에 미치는 영향 분석	•대주주지분율이 높을수록 회계적 성과가 높은 것으로 나타났음. •기관투자자지분율과 대주주지분율과의 상호작용효과는 통계적으로 유의한 영향이 없는 것으로 나타나 기관투자자지분율이 높은 기업에서 내부지분율이 높을수록 회계적 성과가 높아진다는 이론은 지지하지 않았음.

연구자	자료	연구방법 및 목적	연구결과
신현한 · 이상철 · 장진호 (2004)	• 2001년 증권거래소에 상장된 기업 중 금융업, 관리종목, 전액자본잠식된 기업을 제외한 484개 기업	• 내부지배구조 메커니즘 외에 외국 주요주주와 외국인 이사가 기업의 감시주체로 보고 이들이 존재할 때 기업가치가 높은지를 분석	• 외국인주요주주가 기업가치에 정(+)의 영향을 미치는 것으로 나타났음. • 외국인이사 존재가 기업가치에 정(+)의 영향을 미치는 것으로 나타나 외국인 이사의 경영의사결정에 대한 견제를 통하여 기업가치를 증가시킨다는 가설을 지지하는 것으로 나타남.
김병곤 · 김동욱 (2004)	• 1997년~2000년 기간 동안 계속 상장회사 228개 기업	• 우리나라 기업들의 다각화와 소유구조의 상호작용이 기업가치에 미치는 영향을 2SLS방법을 이용하여 분석	• 내부지분율이 낮을수록 다각화를 많이 추진하는 것으로 나타나 대리인비용가설이 지지되는 것으로 나타남. • 다각화수준이 높을수록 내부지분율이 낮은 것으로 나타남. • 내부지분율이 기업가치에 부(-)의 영향을 미치는 것으로 나타나 내부자의 지분이 분산되어 있을수록 내부자의 자의적인 경영이 억제되어 기업의 가치가 증가함.

Ⅳ. 실증연구의 설계

본 장에서는 한국거래소에 상장되어 있는 기업 중에서 377개 표본 기업을 선정하고 이론적 배경에서 제시한 내용을 바탕으로 가설을 설정한다. 또한 가설을 검증하기 위한 모형을 제시하고, 분석대상 변수의 측정방법과 이들 변수간의 영향관계를 제시한다.

1. 실증연구방법

1.1. 패널자료분석법

본 연구에 사용되는 자료는 횡단면 자료(cross-section data)를 시간적으로 연결한 자료이기 때문에 횡단면 자료에서 나타날 수 있는 이분산(heteroscedasticity)의 문제와 시계열 자료의 계열상관의 문제가 동시에 나타날 수 있다. 따라서 이러한 문제를 해결하기 위하여 시계열·횡단면자료를 통합한 패널자료(panel data)를 형성하여 분석하는 방법을 사용한다.

패널자료분석은 Baltagi(1995), Hsiao(1986), Matyas and Sevestre(1992) 등이 지적한 것처럼 순수한 횡단면이나 시계열분석에서 간단하게 찾을 수 없는 랜덤효과들을 측정하고 확인할 수 있는 장점이 있다.[110] 이를 통해 시간에 따른 개체특성의 변동효과(individual specific effect)와 개체에 따른 시간특성의 변동효과(time specific effect)를 복합적으로 반영하여 신뢰할 수 있는 모수들의 추정과 예측이 가능할 수 있다.

패널자료분석을 위한 선형회귀모형은 (4-1)식과 같이 나타낼 수 있다.

$$\boldsymbol{y} = \boldsymbol{X}\beta + \boldsymbol{\mu} \qquad\qquad (4-1)$$

단, $\boldsymbol{y} = (y_{11}, y_{12}, \ldots, y_{1T}, \ldots, y_{N1}, \ldots, y_{NT})$

$\boldsymbol{X} = (\boldsymbol{x}_{11}, \boldsymbol{x}_{12}, \ldots, \boldsymbol{x}_{1T}, \ldots, \boldsymbol{x}_{N1}, \ldots, \boldsymbol{x}_{NT})'$

$\boldsymbol{x}_{it}$: $p \times 1$인 설명변수 벡터

β: $p \times 1$인 회귀계수 벡터

$\boldsymbol{\mu} = (\mu_{11}, \mu_{12}, \ldots, \mu_{1T}, \ldots, \mu_{N1}, \ldots, \mu_{NT})'$

이때 오차항 μ_{it}가 이원오차성분모형(two way error components model)을 갖는다고 하면 오차항은 (4-2)식과 같이 나타낼 수 있다.

$$\mu_{it} = \eta_i + \lambda_t + e_{it} \qquad\qquad (4-2)$$

---

110) B. H. Baltagi and Q. Li(1995), "Testing AR(1) against MA(1) Distribances in an Error Component Model", *Journal of Econometrics*, 68, 133-151.; C. Hsiao(1986), *Analysis of Panel Data*, Cambridge, Cambridge University Press, Econometric Society Monograph 11, 128-153.; L. Matyas and P. Sevestre(1992), *The Econometrics of Panel Data: Handbook of Theory and Applications*, Kluwer Academic Publishers, Dordrecht.

여기서 η_i는 관측할 수 없는 개체효과를 나타내고, λ_t는 시간효과를 나타낸다. $e_{i\,t}$는 나머지 오차를 나타낸다. (4−2)식에서 η_i와 λ_t가 고정되어 있고, $e_{i\,t} \sim i.i.d.(0, \sigma_e^2)$인 경우 고정효과모형이라고 한다. 이때 오차항의 공분산행렬(covariance matrix)은 (4−3)식과 같이 된다(Wallace and Hussian, 1969).[111]

$$\Omega = (I_N \otimes I_T) - (I_N \otimes \widehat{J_T}) - (\widehat{J_N} \otimes I_T) + (\widehat{J_N} \otimes \widehat{J_T}) \qquad (4-3)$$

여기서 I_N과 I_T는 각각 차원이 N과 T인 단위행렬이고, J_N과 J_T는 모든 원소가 1인 $N{\times}N$과 $T{\times}T$행렬이다. $\widehat{J_T} = \dfrac{J_T}{T}$이고, $\widehat{J_N} = \dfrac{J_N}{N}$이다. 이때, (4−1)식의 가변수 최소자승 추정량(least-square-with-dummy -variables estimator, LSDV estimator)은 (4−4)식과 같이 구할 수 있다.

$$\hat{\beta} = (X' \Omega X)^{-1} X' \Omega y \qquad (4-4)$$

(4−2)식에서 η_i와 λ_t가 확률변수이고 $\eta_i \sim i.i.d.(0, \sigma_\eta^2)$, $\lambda_t \sim i.i.d.(0, \sigma_\eta^2)$, $e_{i\,t} \sim i.i.d.(0, \sigma_e^2)$인 경우 확률효과모형이라고 한다. 이때 오차항의 분산−공분산행렬(variance-covariance matrix)은 (4−5)식과 같이 된다.

$$\Omega = \sigma_{\eta_i}^2(I_N \otimes J_T) + \sigma_\lambda^2(J_N \otimes I_T) + \sigma_e^2(I_N \otimes I_T) \qquad (4-5)$$

111) T. D. Wallace and A. Hussian(1969), "The Use of Error Components Model in Combining Time-series with Cross-section Data", *Econometrica*, 37, 55−72.

이때 $\Omega^{-1} = \sum_{i=1}^{4} \dfrac{1}{\lambda_i} Q_i$ 이다. 여기서 $Q_1 = (E_N \otimes E_T)$, $Q_2 = (E_N \otimes \hat{J}_T)$, $Q_3 = (\hat{J}_N \otimes E_T)$, $Q_4 = (\hat{J}_N \otimes \hat{J}_T)$ 이고, $E_N = I_N - \hat{J}_N$, $E_T = I_T - \hat{J}_T$ 이다.

따라서 (4-1)식 확률효과모형의 GLS추정량은 (4-6)식과 같다.

$$\tilde{\beta}_{GLS} = (X'\Omega^{-1}X)^{-1}X'\Omega^{-1}y \tag{4-6}$$

1.2. 패널분석모형의 적합성 검증방법

패널자료분석법은 추정모형의 상수항이 횡단면 또는 시계열에 따라 동일한지의 여부와 오차항의 구조에 대한 가정에 따라 다양하다. 모형의 적합성을 추정하는 첫 번째 단계는 모형 내에 기업특성효과 (η_i)와 시간특성효과(λ_t)가 존재하는가의 여부를 검정하는 것이다. 즉, 귀무가설(H$_0$)$\sigma_\eta^2 = \sigma_\lambda^2 = 0$을 설정하고, 귀무가설이 채택되는 경우에는 기업특성효과와 시간특성효과가 존재하지 않으므로 일반최소자승법(OLS)으로 효율적인 추정량을 구할 수 있다. 그러나 귀무가설이 기각되는 경우에는 오차항은 $\eta_i + \lambda_t + e_{i\,t}$와 같이 되고, η_i와 λ_t의 존재 때문에 일반최소자승법(OLS)으로 효율적인 추정량을 구할 수 없게 된다. 이러한 경우 가설검정은 Breusch and Pagan(1980)이 제시한 라그랑지 승수 검정(Lagrange Multiplier Test)에 의할 수 있는데,[112] (4-7)식의 통계량 g는 점근적으로 $\chi^2(2)$분포를 하게 된다.

---

112) T. S. Breusch and A. R. Pagan(1980), "The Lagrange Multiplier Test and Its Applications to Model Specification in Econometrics", *Review of Economic Studies*, 47, 239-254.

$$g = \frac{NT}{2(T-1)}\left[\frac{\sum\limits_{i=1}^{N}(\sum\limits_{t=1}^{T}\mu_{it})^2}{\sum\limits_{i=1}^{N}\sum\limits_{t=1}^{T}\mu_{it}^2}-1\right]^2 + \frac{NT}{2(N-1)}\left[\frac{\sum\limits_{t=1}^{T}(\sum\limits_{i=1}^{N}\mu_{it})^2}{\sum\limits_{t=1}^{T}\sum\limits_{i=1}^{N}\mu_{it}^2}-1\right]^2 \sim \chi^2(2) \quad (4-7)$$

단, N: 기업수

T: 분석연도수

μ_{it}: 최소자승잔차

(4-7)식의 g통계량을 두 항으로 분리하여 사용하면 $\sigma_\eta^2 = 0$과 $\sigma_\lambda^2 = 0$의 귀무가설을 각각 $\chi^2(1)$으로 검정할 수 있다.

모형에서 η_i와 λ_t의 존재가 확인되는 경우 두 번째 단계는 η_i와 λ_t를 고정효과모형(fixed effect model 또는 dummy variable model)으로 추정할 것인가 또는 확률효과모형(random effect model 또는 variance components model)으로 추정할 것인가를 검정하여야 한다. 고정효과모형은 η_i와 λ_t가 고정되어 있다고 가정하고 가변수최소자승법(least squares dummy variable: LSDV)을 모수추정방법으로 활용하는 모형이다. 확률효과모형은 η_i와 λ_t를 확률변수로 가정하고 일반화최소자승법(generalized least squares: GLS)을 모수추정방법으로 활용하는 모형이다.

두 모형의 적합성을 비교하기 위해서는 개별효과를 나타내는 기업 특성변수(η_i)와 시간특성효과(λ_t)가 독립변수(X_{it})와 상관관계가 없다는 귀무가설(H₀: $E(\eta_i/X_{it}) = 0$, $E(\lambda_t/X_{it}) = 0$)을 설정하고, 하우즈만 검정(Hausman Test)을 실시한다.[113] 만약 $E(\eta_i/X_{it}) = 0$, $E(\lambda_t/X_{it}) = 0$ 이라는 귀무가설이 채택될 경우에는 확률효과모형에 의한 GLS추정 량이 일치성과 효율성을 가지게 되어 확률효과모형으로 추정하는 것

---

113) J. A. Hausman(1978), "Specification Tests in Econometrics", *Econometrica*, 46, 1251-1272.

이 바람직하다. 그러나 귀무가설이 기각된다면 GLS추정량은 불일치성을 가지게 되므로 고정효과모형에 의한 추정이 바람직하게 된다(Hausman, 1978).[114]

고정효과모형의 적합성을 확인하기 위해서는 귀무가설(H_0): $\eta_1 = \eta_2 = \cdots = \eta_{N-1} = 0$와 $\lambda_1 = \lambda_2 = \cdots = \lambda_{T-1} = 0$을 설정하고 F −검정을 실시할 수 있다. 이때 귀무가설이 기각되는 경우 고정효과가 존재하는 것으로 해석할 수 있다.

2. 표본기업의 선정

2.1. 표본기업

본 연구에서는 2005년 말 현재 한국거래소 유가증권시장에 상장된 702개 기업 중에서 다음과 같은 기준에 의해 377개 기업을 선정하였다.

① 2005년 말 현재 한국거래소 유가증권시장에 상장되어 있는 비 금융업종 기업
② 1999년 이후 계속하여 결산자료를 공표하여 회계자료를 입수할 수 있는 12월 결산법인으로 표본기간동안 결산기를 변경하지 않은 기업

---

114) 고정효과모형은 누락변수와 독립변수 사이에 상관성이 존재하여도 추정결과에 편의가 발생하지 않는 장점을 가진다(Chamberlain and Griliches, 1984).

표본대상에서 은행·보험·증권업종의 금융기업을 제외시킨 것은 우리나라에 있어 은행·보험·증권산업은 규제산업으로 기업지배구조나 사업구조, 경영형태 등에서 비금융업종의 기업과 매우 다르기 때문이다.

2.2. 분석기간

본 연구는 국내 상장기업을 대상으로 외환위기를 겪으면서 기업들이 강도 높게 행한 구조조정의 결과가 반영되는 1999년 이후 기간 (1999년부터 2005년까지의 7개년)을 분석대상으로 하고 있다.

연구에 사용되는 자료는 횡단면자료(cross-section data)를 시간적으로 연결한 것이기 때문에 횡단면 자료에서 나타날 수 있는 이분산의 문제와 시계열 자료가 갖는 계열상관의 문제가 동시에 나타날 수 있다. 따라서 본 연구에서는 시계열·횡단면 자료를 통합한 패널자료 (panel data)를 형성하여 분석하는 방법을 사용한다. 본 연구에서 사용되는 패널자료는 1999년에서 2005년까지의 7개년이고, 377개의 개별 기업이 횡단면단위를 구성하고, 각 기업이 7개년간의 시계열을 갖는 균형패널자료이다.

3. 분석대상 변수

3.1. 사업다각화 변수

사업다각화($DIVER$)를 파악하기 위해 베리-허핀달지수를 대용치로 사용한다. 베리-허핀달지수는 1에서 허핀달지수를 차감한 것으로, 허핀달지수는 기업 내 모든 사업의 매출액 비중을 자승하여 합계한 값이다.[115] 따라서 베리-허핀달지수는 (4-8)식과 같이 나타낼 수 있다.

$$DIVER = 1 - \sum_{i=1}^{n}(S_i / \sum_{i=1}^{n}S_i)^2 \qquad (4-8)$$

단, Si: i사업부문의 매출액

n: 영위사업수

(4-7)식에서 영위사업수는 기업이 영위하고 있는 사업부문을 표준산업분류표 세분류(SIC 4 digit) 기준에 따라 분류하였을 때 당해 기업이 영위하고 있는 사업의 수를 의미한다. 사업다각화가 많이 이루어진 기업은 베리-허핀달지수가 1에 근접하고, 집중화가 많이 이루어진 기업은 0에 수렴하게 된다.

---

[115] 사업부문이란 기업의 하위단위인 보고실체(reporting entity)를 말하며, 다각화기업의 한 부문, 또는 사업부, 제품단위, 지역단위 등이 될 수 있다. 각 부문에서 얻어지는 수익이 전체 기업에서 중요한 부문을 차지하여야 하는데, 미국 회계기준에서는 기업전체 매출의 10% 이상을 창출하거나 전체 자산의 10% 이상을 사용할 때, 그리고 사업부문의 영업이익(영업손실)이 전체 영업이익 절대치의 10% 이상일 때 사업부문으로 간주하고 부문별보고서를 외부용으로 작성하도록 하고 있다.
우리나라에서는 1996년 8월 재정경제부가 발표한 「증권제도개선 및 기업경영 투명성 제고방안」에 따라 매출, 수주액이 전체의 10% 이상인 사업부문에 대해 사업부문별 경영정보를 공시하도록 하고 있다. 그러나 우리나라 기업은 아직까지 영위사업 수와 사업부문별 매출액, 자산 등에 관한 정보를 표준산업분류기준에 따라 공시하고 있지 않기 때문에, 본 연구에서는 각 기업이 공시하고 있는 사업구성과 매출액구성을 기준으로 하여 연구자가 표준산업분류표에 따라 사업부문을 분류하여 영위사업 수를 계산하였다. 한편, 기업의 매출액 중에서 기타로 처리되어 사업부문 매출액 계산에 할당되지 않는 부분이 있는 경우에는 총매출액에서 각 사업부문이 차지하는 비율만큼 할당하여 계산하였고, 매출액 비중이 전체 매출액에서 10% 미만인 경우에도 표준산업분류기준으로 다른 사업으로 판단되는 경우 모두 분류하여 영위사업 수 계산에 포함시켰다. 개별 기업이 영위하고 있는 사업에 대한 자료는 사업보고서 상의 사업구성과 매출구성을 참조하였는데, 한국신용평가정보의 KIS-VALUE, 상장회사 협의회의 TS-2000 및 각 기업의 사업보고서를 이용하였다. 사업구성이나 매출구성 자료가 표준산업분류기준에 따라 구분되어 있지 않은 경우에는 표준산업분류표를 참조하여 재분류하여 계산하였다.
허핀달지수계산에 있어서는 매출액기준 허핀달지수를 사용하였다. 한국기업의 경우 개별기업의 사업부문별 매출액규모는 공시된 자료를 통해 어느 정도 파악할 수 있지만 사업부문별 자산규모는 파악하기 어렵기 때문이다.

3.2. 기업가치 변수

기업가치의 대용변수로 시장가치 대 장부가치(M/B: market-to-book value) 비율을 사용하였다. 이 M/B비율은 기업의 시가총액을 장부가치(book value of firm)로 나눈 비율로서, 기업의 시장가치는 자기자본의 시장가치와 부채의 장부가치이며, 기업의 장부가치는 총자산의 장부가치로 계산한다. 식으로 표현하면 다음과 같다.

$$\frac{M}{B} = \frac{ME + D}{TA} \tag{4-9}$$

단, M: 기업의 시장가치
B: 자산의 장부가치
ME: 자기자본의 시장가치(=발행주식수×주가)
D: 부채의 장부가치
TA: 총자산의 장부가치

M/B비율이 1보다 큰 경우는 기업의 시장가치가 장부가치보다 높다는 것을 의미하고, 1보다 작은 경우에는 기업의 시장가치가 장부가치에 미달하여 기업가치가 낮음을 의미한다.

3.3. 기업지배구조 변수

3.3.1. 경영진지분율

경영진지분율($MANE$)은 경영활동에 참여하고 있는 경영자 및 이사(등기이사+비등기이사)의 지분율의 합으로 측정한다. 경영진지분율은 한국신용평가정보(주)의 KIS-value와 상장회사협의회의 TS-2000, 금융감독원의 기업공시자료(http://dart.fss.or.kr/) 등을 이용하여 구하였다.

3.3.2 이사회 규모

이사회는 회사의 업무집행에 관한 의사결정을 수행하는 기구이고, 대표이사는 이사회의 결정사항을 집행하는 기능을 담당하고 있다. 이사회를 구성하는 이사는 주주총회에서 선출되며, 이사회가 대표이사를 선출한다. 이사회는 대표이사의 업무집행을 감독하며, 대표이사가 업무집행을 불성실하게 하거나 부정직하게 한 경우에는 해임할 수 있다. 이사회 규모가 클수록 우수한 경영자원을 활용할 가능성이 높아지기 때문에 이사회 규모가 클수록 경영진을 효율적으로 감시·통제하여 경영진에 의한 대리인문제를 축소시킬 수 있다. 따라서 기업지배구조의 중요한 변수인 이사회 규모($BDSIZE$)는 이사회의 등기이사 총수로 구하였다.

3.3.3. 사외이사비율

이사회는 업무집행에 관한 의사결정과 경영감시기능을 하는 것으로 되어 있다. 그러나 지배주주 또는 대표이사로부터 독립성을 확보하지 못하고 업무집행에 관한 의사결정과 경영감시라는 본연의 기능을 수행하지 못할 수 있다. 이러한 문제를 보완하기 위하여 사외이사제도를 도입하여 경영자에 대한 견제기능을 강화하고 있다. 사외이사비율이 높아지면 경영자에 의한 대리인문제가 축소되는 경향이 있다. 사외이사비율($OUTDIR$)은 경영진에서 사외이사가 차지하는 비중(=사외이사수/경영진수)으로 구하였다.

3.3.4. 기관투자가지분율

기관투자가와 같은 외부 주요 주주는 자금운영의 규모가 크고 상대적으로 높은 지분율을 보유하고 있기 때문에 기업경영을 감시할 유인을 가진다. 효율적 감시가설에 따르면 기관투자가의 지분율이 높을수록 경영자의 대리인문제가 축소되지만, 이해상충의 가설이나 전략적 제휴가설에 따른다면 경영진의 대리인문제를 축소시키지 못하게 된다. 기관투자가지분율($INST$)은 외국인지분율과 국내기관투자가[116]지분율의 합으로 계산하였다.

3.4. 통제변수

사업다각화와 기업가치에 영향을 미치는 변수로는 기업지배구조 관련변수뿐만 아니라 다른 여러 변수들이 존재할 수 있다. 따라서 본 연구에서는 레버리지비율, 총자산영업이익률, 영업위험, 부가가치율, 유동비율 등을 통제변수로 사용하였다.

3.4.1. 레버리지비율

한국기업들은 주로 차입금에 의해 다각화를 추진하였다면 레버리지비율이 높은 기업은 다각화를 많이 이루어졌을 것으로 예상할 수 있다. 한편, 레버리지비율은 부채의 통제효과를 발생시키고, 부채사용에 따른 세금절감효과(tax shield effect)와 재무레버리지효과를 가져올 수 있어 기업가치에 정(+)의 영향을 미칠 수 있다. 레버리지비율

---

116) 국내기관투자가는 증권회사, 보험회사, 투자신탁회사, 은행(특수은행, 국책은행, 농·수협 중앙회 포함), 종합금융회사, 저축은행, 정부관리기금, 민간기금 및 각종 공제회를 포함한다.

(LEV)의 측정변수는 총자산에서 부채가 차지하는 비중(=부채/총자산)으로 측정하였다.

3.4.2. 총자산영업이익률

수익성의 측정변수로는 총자산영업이익률(ROA)을 사용하였다. 수익성은 사업다각화에 정(+)의 영향을 미칠 것으로 예상된다. 수익성이 높은 기업은 투자자금 확보가 용이할 수 있기 때문에 다각화가 많이 진전될 수 있다. 기업가치 측면에서 살펴보면, 수익성은 기업가치에 정(+)의 영향을 미칠 것으로 예상된다. Servaes(1996)가 지적한 것처럼 수익성이 낮은 기업은 수익성이 높은 유사기업에 비해 시장에서 할인되어 거래되는 경향이 있기 때문에 수익성과 기업가치 간에는 정(+)의 영향관계가 나타날 수 있다. 수익성의 측정변수는 총자산에서 영업이익이 차지하는 비중(=영업이익/총자산)으로 측정하였다.

3.4.3. 영업위험

영업위험($RISK$)의 측정변수로는 분석 당해 연도를 포함한 과거 10년간 총자산영업이익률(ROA)의 표준편차를 사용하였다. 한국기업의 경우 영업위험이 증가하면 기업위험을 분산시키기 위해 다각화를 추진하는 경우가 많다.

3.4.4. 부가가치율

기업의 부가가치율은 부가가치액을 매출액으로 나눈 비율로서 소득률이라고도 하며, 매출액 중에서 생산활동에 참여한 생산요소에 귀속되는 소득의 비율을 나타낸다. 부가가치율이 높을수록 생산과정에서 통합도 및 능률이 높다는 것을 의미한다. 사업다각화와 관련해서 부가가치율이 높은 사업을 영위하고 있는 기업은 사업다각화로 인해 저부가가치 사업으로 확장될 가능성을 회피하기 위하여 사업다각화를 추진하지 않으려는 경향이 나타날 수 있다. 이 경우 부가가치율과 다각화지수 간에는 부(−)의 영향관계가 나타나게 된다. 부가가치율($ADVALUE$)의 측정변수로는 매출액에서 부가가치액이 차지하는 비중(=부가가치액/매출액)으로 계산하였다.

3.4.5. 유동비율

기업의 유동비율은 유동자산을 유동부채로 나눈 비율로서 1년 이내에 현금화하여 단기채무 지급에 충당할 수 있는 유동자산이 단기채무의 몇 배가 되는가를 나타내는 지표이다. 사업다각화와 관련해서는 유동비율이 높은 기업은 유동성보유로 사업다각화를 추진하는 데 정(+)의 영향관계가 나타날 것으로 예상된다. 유동비율($CURR$)의 측정변수로는 유동자산을 유동부채로 나눈 비율(=유동자산/유동부채)로 계산하였다.

4. 가설 설정 및 검증모형

4.1. 기업지배구조가 사업다각화에 미치는 영향에 대한 분석

4.1.1. 가설설정

기업지배구조의 대용변수로 사용되고 있는 경영진지분율, 이사회 규모, 사외이사비율, 기관투자가지분율 등과 사업다각화의 관계를 살펴보면 다음과 같다.

경영진의 지분율이 높아짐에 따라 경영진은 다양화되지 않은 재무자산이나 인적자본이 증가하게 되므로 기업의 위험을 축소시키고자 하는 유인을 갖게 된다(경영자 위험회피가설). 따라서 경영진은 사업다각화를 통해 기업의 위험을 낮추고자 하므로 다각화가 기업위험을 축소한다는 가정 하에서 경영진지분율과 다각화수준 간에는 정(+)의 영향관계가 나타나게 된다. 특히, 한국 기업에서는 사업다각화를 통해 사업위험을 축소시키고자 하는 경향이 강하기 때문에 이러한 관계가 더욱 뚜렷이 나타날 수 있다.

한편, 경영진의 지분율이 증가하면 경영진은 자신의 지분가치를 최대화하기 위해 기업위험을 증가시킬 수 있다. 기업의 위험이 증가하면 부(wealth)는 채권자에게서 주주에게로 이전되는 현상이 발생하게 된다(부이전가설). 이러한 가설이 성립한다면 경영진지분율과 사업다각화수준 간에는 부(-)의 영향관계가 나타나게 된다. 경영진에서 사업다각화를 통해 기업의 위험을 축소시키고자 하는 유인과 채권자로부터 주주로 부를 이전시키고자 하는 유인이 동시에 작용한다면 경영진지분율과 기업의 다각화 간에는 뚜렷한 관계가 나타나지 않을 수도 있다.

이사회의 규모는 특정 전략의 선택과 성과에 영향을 줄 수 있다. 이사회 규모가 클수록 우수한 경영자원을 활용할 가능성이 높아지기 때문에 타당한 전략을 선택할 가능성이 높다고 하였다. 따라서 사업다각화가 기업가치의 하락요인이라고 한다면 이사회 규모가 클수록 효율적으로 경영진을 감시(효율적 감시가설)할 수 있게 되어 사업다각화수준은 낮아지게 된다. 한편, CEO에 의해 이사회가 장악되거나 이사회 규모가 커짐으로 인해 운영이 비효율화되거나 감시기능이 약화된다면 차선의 의사결정을 선택할 수 있다. 이 경우에는 대리인문제로 인한 다각화가 많이 이루어질 수도 있다.

사외이사들은 인수·합병 같은 전략적 의사결정에 대한 평가를 통해, 혹은 비효율적이며 성과가 미진한 경영진의 교체를 위한 역할을 통해 기업의 가치 증대에 기여할 수 있다고 하였다. 그러므로 사외이사의 존재는 효율적 감시가설(efficient monitoring hypothesis)에 의해 다각화 의사결정과 관련된 경영자의 대리인문제를 축소시킬 수 있기 때문에 사외이사의 존재와 다각화수준 간에는 부(-)의 관계가 나타나게 된다.

기관투자가는 외부주주로서 경영진의 경영활동을 감시하는 주요한 주체가 될 수 있다. 효율적 감시가설에 따른다면 기관투자가의 지분율이 높을수록 다각화와 관련된 경영자의 대리인문제를 축소시킬 수 있어 기관투자가지분율과 사업다각화수준 간에는 부(-)의 영향 관계가 나타나게 된다. 그러나 이해상충의 가설이나 전략적 제휴가설에 따른다면 기관투자가는 경영진의 의사결정에 동조하기 때문에 대리인문제로 인한 다각화를 축소시키지 못할 수도 있다.

앞의 이론적 배경에서 제시된 내용을 바탕으로 기업지배구조가 사업다각화에 미치는 영향을 분석하기 위하여 다음의 [가설 1]을 설정하였다.

[가설 1] 기업지배구조는 사업다각화에 영향을 미친다.

[가설 1]에 대한 하위가설로서는 지배구조의 대용변수로 사용되고

있는 각 변수들의 관계에서 4가지 가설을 설정하였다.

[가설 1a] 경영진지분율은 기업의 다각화수준에 영향을 미친다.
[가설 1b] 이사회 규모가 기업의 다각화수준에 영향을 미친다.
[가설 1c] 사외이사비율이 기업의 다각화수준에 영향을 미친다.
[가설 1d] 기관투자가지분율은 기업의 다각화수준에 영향을 미친다.

4.1.2. 가설검증모형

본 연구에 사용되는 자료는 횡단면자료(cross-section data)를 시간적
으로 연결한 것이기 때문에 횡단면 자료에서 나타날 수 있는 이분산
(heteroscedasticity)의 문제와 시계열 자료가 갖는 계열상관의 문제가 동
시에 나타날 수 있다. 따라서 본 연구에서는 시계열·횡단면 자료를
통합한 패널자료(panel data)를 형성하여 분석하는 방법을 사용하였다.

앞에서 제시된 가설을 검증하기 위해서는 종속변수에 다각화수준
변수를 두고, 독립변수에 기업지배구조 변수와 통제변수를 사용한다.
기업지배구조 변수는 경영진지분율, 이사회 규모, 사외이사비율, 기
관투자가지분율로 두고 통제변수는 레버리지비율, 총자산영업이익
률, 영업위험, 부가가치율, 유동비율 등을 포함한다.[117]

---

117) 본 논문에서는 사업다각화방정식이라고 명명하여 사용한다.

[모형 1]

$$DIVER_{i\,t} = \alpha + \beta_1 MANE_{i\,t} + \beta_2 MANE^2_{i\,t} + \beta_3 MANE^3_{i\,t} + \beta_4 BDSIZE_{i\,t}$$
$$+ \beta_5 OUTDIR_{i\,t} + \beta_6 INST_{i\,t} + \beta_7 LEV_{i\,t} + \beta_8 ROA_{i\,t} + \beta_9 RISK_{i\,t}$$
$$+ \beta_{10} ADVALUE_{i\,t} + \beta_{11} CURR_{i\,t} + \eta_i + \lambda_t + e_{i\,t}$$

$$(4-10)$$

단, $DIVER_{i\,t}$: i기업의 t기 다각화수준(=베리-허핀달지수)

$MANE_{i\,t}$: i기업의 t기 경영진지분율(=경영자지분율+이사지분율)

$MANE^2_{i\,t}$: i기업의 t기 경영진지분율의 제곱

$MANE^3_{i\,t}$: i기업의 t기 경영진지분율의 세제곱

$BDSIZE_{i\,t}$: i기업의 t기 이사회 규모(=등기이사 수)

$OUTDIR_{i\,t}$: i기업의 t기 사외이사비율(=사외이사수/경영진수)

$INST_{i\,t}$: i기업의 t기 기관투자가지분율(=외국인지분율+국내기관
투자가지분율)

$LEV_{i\,t}$: i기업의 t기 레버리지비율(=총부채/총자산)

$ROA_{i\,t}$: i기업의 t기 총자산영업이익률(=영업이익/총자산)

$RISK_{i\,t}$: i기업의 t기 영업위험(=과거 10년간 ROA의 표준편차)

$ADVALUE_{i\,t}$: i기업의 t기 부가가치율(=부가가치액/매출액)

$CURR_{i\,t}$: i기업의 t기 유동비율(=유동자산/유동부채)

η_i: i기업특성효과

λ_t: t기의 시간특성효과

$e_{i\,t}$: 나머지 오차

[모형 1]은 패널자료를 이용하여 레버리지비율, 총자산영업이익률, 영업위험, 부가가치율, 유동비율 등을 통제한 상황에서 기업지배구조 변수(경영진지분율, 이사회 규모, 사외이사비율, 기관투자가지분율)가 사업다각화에 미치는 영향관계를 분석하기 위한 모형이다. 이때 i기 업의 t기 오차항은 시간에 따른 기업특성효과(individual specific effect) 와 기업에 따른 시간특성효과(time specific effect)를 복합적으로 반영할

수 있도록 기업효과(η_i), 시간효과(λ_t), 나머지 오차($e_{i\,t}$)로 나누어 모형에 포함시켰다.

[모형 1]에서 경영진지분율의 1차항을 포함하여 경영진지분율과 사업다각화의 선형관계를 분석하기 위하여 [모형 1-1]을 설정한다. 경영진지분율의 1차항, 2차항을 포함하여 경영진지분율과 사업다각화의 비선형관계를 분석하기 위하여 [모형 1-2]를 설정한다. 경영진지분율의 1차항과 2차항, 3차항을 포함하여 경영진지분율과 사업다각화 간의 3차형 비선형관계를 분석하기 위해 [모형 1-3]을 설정한다.

[모형 1-1]에서 경영진지분율을 나타내는 $MANE$변수의 회귀계수가 유의적으로 정(+)의 값을 가진다면, [가설 1a]에 제시된 경영자 위험회피가설이 지지되는 것으로 해석할 수 있고, 부(-)의 값을 가진다면 부이전가설이 지지되는 것으로 해석할 수 있다. 이사회 규모변수($BDSIZE$)의 회귀계수가 부(-)의 값을 가진다면 [가설 1b]의 효율적 감시가설이 지지되는 것으로 해석할 수 있다. 사외이사비율($OUTDIR$)이 부(-)의 값을 가진다면 [가설 1c]의 효율적 감시가설을 지지하는 것으로 해석할 수 있다. 기관투자가지분율($INST$)의 회귀계수가 부(-)의 값을 가진다면 [가설 1d]에 제시된 효율적 감시가설이, 정(+)의 값을 갖는다면 이해상충의 가설이나 전략적 제휴가설이 지지되는 것으로 해석할 수 있다.

[모형 1-2]는 [모형 1-1]에 경영진지분율의 2차항을 포함하여 경영진지분율과 사업다각화 간의 비선형관계 가능성을 분석하기 위한 모형이다. 예를 들어 $MANE$변수의 회귀계수 값이 부(-)이고, $MANE^2$항의 회귀계수 값이 정(+)이라면, 경영진지분율과 사업다각화 간에는 U字형 관계로 이해되고, 경영진지분율이 증가함에 따라 경영진지

분율이 낮은 수준에서는 부이전가설, 경영진지분율이 높은 수준에서는 경영자 위험회피가설이 지지되는 것으로 해석할 수 있다.

[모형 1-3]은 [모형 1-1]에 경영진지분율의 2차항, 3차항을 포함하여 경영진지분율과 사업다각화 간의 3차형 비선형관계를 분석하기 위한 모형이다.

[모형 2]는 기업지배구조가 사업집중화기업과 사업다각화기업에 미치는 영향을 분석하기 위해 설정한 LOGIT모형이다. 즉, [모형 2]는 종속변수에 다각화 더미변수(다각화기업의 경우 더미변수에 1, 집중화기업의 경우 더미변수 0을 부여)를 독립변수에 기업지배구조관련 변수(경영진지분율, 이사회 규모, 사외이사비율, 기관투자가지분율)와 통제변수(레버리지비율, 총자산영업이익률, 영업위험, 부가가치율, 유동비율)를 포함하여 고정효과모형으로 LOGIT분석을 하기 위한 모형이다.

[모형 2]

$$DIVERDE_{i\,t} = \alpha + \beta_1 MANE_{i\,t} + \beta_2 BDSIZE_{i\,t} + \beta_3 OUTDIR_{i\,t} + \beta_4 INST_{i\,t} + \beta_5 LEV_{i\,t}$$
$$+ \beta_6 ROA_{i\,t} + \beta_7 RISK_{i\,t} + \beta_8 ADVALUE_{i\,t} + \beta_9 CURR_{i\,t} + \eta_i + \lambda_t + e_{i\,t}$$

$$(4-11)$$

단, $DIVERDE_{i\,t}$: i기업의 t기 다각화더미변수(다각화기업=1, 집중화

기업=0)

$MANE_{i\,t}$: i기업의 t기 경영진지분율(=경영자지분율+이사지분율)

$BDSIZE_{i\,t}$: i기업의 t기 이사회 규모(=등기이사수)

$OUTDIR_{i\,t}$: i기업의 t기 사외이사비율(=사외이사수/경영진수)

$INST_{i\,t}$: i기업의 t기 기관투자가지분율(=외국인지분율+국내기관

투자가지분율)

$LEV_{i\,t}$: i기업의 t기 레버리지비율(=총부채/총자산)

$ROA_{i\,t}$: i기업의 t기 총자산영업이익률(=영업이익/총자산)

$RISK_{i\,t}$: i기업의 t기 영업위험(=과거 10년간 ROA의 표준편차)

$ADVALUE_{i\,t}$: i기업의 t기 부가가치율(=부가가치액/매출액)

$CURR_{i\,t}$: i기업의 t기 유동비율(=유동자산/유동부채)

η_i: i기업특성효과

λ_t: t기의 시간특성효과

$e_{i\,t}$: 나머지 오차

[모형 3]은 기업지배구조가 관련다각화기업과 비관련다각화기업에 미치는 영향을 분석하기 위해 설정한 LOGIT모형이다. 즉, [모형 3]은 종속변수에 다각화 더미변수(관련다각화기업의 경우 더미변수 1, 비관련다각화기업의 경우 0을 부여)를 독립변수에 기업지배구조관련변수(경영진지분율, 이사회 규모, 사외이사비율, 기관투자가지분율)와 통제변수(레버리지비율, 총자산영업이익률, 영업위험, 부가가치율, 유동비율)를 포함하여 고정효과모형으로 LOGIT분석을 하기 위한 모형이다.

[모형 3]

$$REDIVERDE_{it} = \alpha + \beta_1 MANE_{it} + \beta_2 BDSIZE_{it} + \beta_3 OUTDIR_{it} + \beta_4 INST_{it}$$
$$+ \beta_5 LEV_{it} + \beta_6 ROA_{it} + \beta_7 RISK_{it} + \beta_8 ADVALUE_{it}$$
$$+ \beta_9 CURR_{it} + \eta_i + \lambda_t + e_{it}$$

$$(4-12)$$

단, $REDIVERDE_{it}$: i기업의 t기 다각화더미변수(관련다각화기업=1,
비관련다각화기업=0)

$MANE_{it}$: i기업의 t기 경영진지분율(=경영자지분율+이사지분율)

$BDSIZE_{it}$: i기업의 t기 이사회 규모(=등기이사수)

$OUTDIR_{it}$: i기업의 t기 사외이사비율(=사외이사수/경영진수)

$INST_{it}$: i기업의 t기 기관투자가지분율(=외국인지분율+국내기관
투자가지분율)

LEV_{it}: i기업의 t기 레버리지비율(=총부채/총자산)

ROA_{it}: i기업의 t기 총자산영업이익률(=영업이익/총자산)

$RISK_{it}$: i기업의 t기 영업위험(=과거 10년간 ROA의 표준편차)

$ADVALUE_{it}$: i기업의 t기 부가가치율(=부가가치액/매출액)

$CURR_{it}$: i기업의 t기 유동비율(=유동자산/유동부채)

η_i: i기업특성효과

λ_t: t기의 시간특성효과

e_{it}: 나머지 오차

4.2. 사업다각화와 기업지배구조가 기업가치에 미치는 영향에 대한 분석

4.2.1. 가설설정

사업다각화와 기업지배구조가 기업가치에 미치는 영향을 분석하기 위하여 앞의 이론적 배경에서 제시된 내용을 바탕으로 다음의 가설을 설정하였다.

4.2.1.1. 사업다각화가 기업가치에 미치는 영향에 관한 가설

사업다각화수준과 기업가치 간의 관계에 의하면, 기업의 다각화는 주주에게 이익(benefit)과 비용(cost)을 유발시키는 양면적 성격이 있다고 하였다. 영업효율성의 향상, 부채부담능력의 증가, 낮은 세금부담, 수익성이 있는 투자안의 포기유인 감소 등은 이익요인이다. 기업가치를 저하시킬 수 있는 투자안을 수행하기 위한 임의적인 자원할당 (discretionary resources), 사업성이 불량한 사업부문의 지원(cross-subsides), 중앙과 사업부문 관리자간에 조화로운 경영이 이루어지지 않는 경우 등에 있어서는 비용을 유발시키게 된다고 하였다. Khanna and Paleau(2000), Line and Servaes(2002), 구맹회·김병곤·박상현(2001), 김병곤·김동욱 (2005) 등의 연구결과에 의하면 사업다각화의 수준에 따라 기업가치에 미치는 영향은 달리 나타나는 것으로 분석되고 있다. 즉, 다각화수준에 따라 기업가치가 증가할 수도 있고 감소할 수도 있으나, 그 정도에는 차이가 있을 수 있기 때문에 사업다각화수준과 기업가치 간에는 비선형관계가 나타날 수 있다. 이와 같은 관계를 검증하기 위하여 다음과 같은 [가설 2]를 설정하였다.

[가설 2] 사업다각화는 다각화수준에 따라 기업가치에 미치는 영향은 다르게 나타난다.

4.2.1.2. 기업지배구조가 기업가치에 미치는 영향에 관한 가설

기업지배구조의 대용변수로 사용되고 있는 경영진지분율, 이사회규모, 사외이사비율, 기관투자가지분율 등과 기업가치 간의 관계를 살펴보면 다음과 같다.

경영진지분율과 기업가치 간에는 정(+) 또는 부(−)의 관계로 나타날 수 있다고 하였다. 대리인이론과 신호이론에 의하면 경영진지분율이 높을수록 자기자본의 대리인비용이 감소하고 기업이 양호하다는 신호로 받아들여져 기업가치가 상승한다고 하였다. 그러나 경영자 안주가설에 따르면 일정수준 이상의 지분율이 확보되면 경영자가 사적 소비동기를 충족시킬 가능성이 증가하여 기업가치가 감소한다고 하였다.

일반적으로 이사회 규모가 크면 우수한 경영자원을 보다 더 잘 활용할 수 있기 때문에 기업가치는 높아지게 된다. 그러나 Yermeck(1996)이 주장하는 것처럼 이사회의 감시기능에 있어서도, 규모가 크다고 항상 더 효과적인 것은 아닐 수 있다. Yermeck(1996)의 연구 결과에서는 이사회 규모가 작은 기업일수록 더 좋은 재무적 성과와 더 높은 Tobin's Q 효과를 거두고, 대리인문제를 더욱 효율적으로 완화시키는 것으로 나타났다.

Fama(1980)와 Fama and Jensen(1983)이 사외이사들은 전문지식과 감시기능을 제공함으로써 회사의 가치를 증대시킨다고 주장하였다. 사내이사는 중요한 경영과 전략방침을 결정하지만, 사외이사는 감시 기능을 통해 이해관계자를 보호하는 역할을 함으로써 효과적인 감시자이며 경영진에 대한 중요한 규제장치가 될 수 있다고 하였다. Weisbach(1988)는 경영성과가 미흡할수록 사외이사의 비율이 증가한다고 보고하였다. 그러나 한국에서와 같이 사외이사가 경영진에 독립적이지 못하고 효율적인 감시기능을 수행하지 못한다면 사외이사비율은 기업가치와 무관할 수도 있다.

효율적 감시가설에 따르면 기관투자가의 지분율이 증가할수록 경영자의 대리인문제를 축소시켜 기업가치는 증가하게 된다. 이 경우 기관투자가지분율과 기업가치 간에는 정(+)의 영향 관계로 나타날수 있다. 그러나 이해상충의 가설과 전략적 제휴가설이 성립하게 된다면 기관투자가는 기업경영에 영향을 미치지 못하거나 경영자의 경영권을 강화시켜 주게 되어 대리인문제를 축소시키지 못하고, 기업을 감시함으로써 기대할 수 있는 유익한 효과를 기대할 수 없게 되기 때문에 기관투자가의 지분율과 기업가치 간의 부(-)의 관계가 나타날수 있다.

앞의 이론적 배경에 근거하여 기업지배구조가 기업가치에 미치는영향을 분석하기 위하여 다음의 [가설 3]을 설정하였다.

[가설 3] 기업지배구조는 기업가치에 영향을 미친다.

[가설 3]에 대한 하위가설로서는 지배구조의 대용변수로 사용되고있는 각 변수들의 관계에서 다음과 같은 4가지 가설을 설정하였다.

[가설 3a] 경영진지분율은 기업가치에 영향을 미친다.
[가설 3b] 이사회 규모는 기업가치에 영향을 미친다.
[가설 3c] 사외이사비율은 기업가치에 영향을 미친다.
[가설 3d] 기관투자자 지분율은 기업가치에 영향을 미친다.

4.2.2. 가설검증모형

[가설 2]~[가설 3]을 테스트하기 위하여 종속변수에 기업가치 변수($VALUE$)를 독립변수에 사업다각화 변수($DIVER$) 및 기업지배구조 변수(경영진지분율, 이사회 규모, 사외이사비율, 기관투자가지분

율)와 통제변수(레버리지비율, 총자산영업이익률)를 포함하는 분석모형을 설정하였다.[118]

[모형 4]는 패널자료를 이용하여 레버리지비율, 총자산영업이익률 등을 통제한 상황에서 사업다각화와 기업지배구조(경영진지분율, 이사회 규모, 사외이사비율, 기관투자가지분율)가 기업가치에 미치는 영향을 분석하기 위한 모형이다. 이때 i기업의 t기 오차항은 시간에 따른 기업특성효과(individual specific effect)와 기업에 따른 시간특성효과(time specific effect)를 복합적으로 반영할 수 있도록 기업효과(η_i), 시간효과(λ_t), 나머지 오차($e_{i,t}$)로 나누어 모형에 포함시켰다.

[모형 4]에서 다각화수준의 1차항을 포함하여 사업다각화 변수와 기업가치 간의 선형관계를 분석하기 위하여 [모형 4-1]을 설정하고, 사업다각화 변수의 1차항과 2차항을 포함하여 사업다각화와 기업가치 간의 비선형관계를 분석하기 위하여 [모형 4-2]를 설정한다. 사업다각화 변수의 1차항, 2차항, 3차항을 포함하여 사업다각화와 기업가치 간의 3차형 비선형관계를 분석하기 위하여 [모형 4-3]을 설정한다. [모형 4-1]에서 경영진지분율의 2차항을 추가하여 경영진지분율과 기업가치 간의 비선형관계를 분석하기 위하여 [모형 4-4]를 설정한다. 경영진지분율의 2차항, 3차항을 포함하여 경영진지분율과 사업다각화 간의 3차형 비선형관계를 분석하기 위해 [모형 4-5]를 설정한다.

---

118) 본 논문에서는 기업가치방정식이라고 명명하여 사용한다.

[모형 4]

$$VALUE_{i\,t} = \alpha + \beta_1 DIVER_{i\,t} + \beta_2 DIVER_{i\,t}^2 + \beta_3 DIVER_{i\,t}^3 + \beta_4 MANE_{i\,t} + \beta_5 MANE_{i\,t}^2$$
$$+ \beta_6 MANE_{i\,t}^3 + \beta_7 BDSIZE_{i\,t} + \beta_8 OUTDIR_{i\,t} + \beta_9 INST_{i\,t} + \beta_{10} LEV_{i\,t}$$
$$+ \beta_{11} ROA_{i\,t} + \eta_i + \lambda_t + e_{i\,t}$$

$$(4-13)$$

단, $VALUE_{i\,t}$: i기업의 t기 기업가치(=M/B비율)

$DIVER_{i\,t}$: i기업의 t기 다각화수준(=베리-허핀달지수)

$DIVER_{i\,t}^2$: i기업의 t기 다각화수준의 제곱

$DIVER_{i\,t}^3$: i기업의 t기 다각화수준의 세제곱

$MANE_{i\,t}$: i기업의 t기 경영진지분율(=경영자지분율+이사지분율)

$MANE_{i\,t}^2$: i기업의 t기 경영진지분율의 제곱

$MANE_{i\,t}^3$: i기업의 t기 경영진지분율의 세제곱

$BDSIZE_{i\,t}$: i기업의 t기 이사회 규모(=등기이사수)

$OUTDIR_{i\,t}$: i기업의 t기 사외이사비율(=사외이사수/경영진수)

$INST_{i\,t}$: i기업의 t기 기관투자가지분율(=외국인지분율+국내기관
투자가지분율)

$LEV_{i\,t}$: i기업의 t기 레버리지비율(=총부채/총자산)

$ROA_{i\,t}$: i기업의 t기 총자산영업이익률(=영업이익/총자산)

η_i: i기업특성효과

λ_t: t기의 시간특성효과

$e_{i\,t}$: 나머지 오차

재벌·비재벌기업의 더미변수를 포함하여 재벌·비재벌기업의 특성에 따라 기업가치에 미치는 영향을 분석하기 위하여 다음과 같은 [모형 5]를 설정하였다. [모형 5]는 패널자료를 이용하여 재벌·비재벌기업의 더미변수를 포함하고 레버리지비율, 총자산영업이익률 등을 통제한 상황에서 사업다각화와 기업지배구조(경영진지분율, 이사회 규모, 사외이사비율, 기관투자가지분율)가 기업가치에 미치는 영향을 분석하기 위한 모형이다.

[모형 5]

$$VALUE_{i\,t} = \alpha + \beta_1 DIVER_{i\,t} + \beta_2 DIVER_{i\,t}^2 + \beta_3 DIVER_{i\,t}^3 + \beta_4 MANE_{i\,t} + \beta_5 MANE_{i\,t}^2$$
$$+ \beta_6 MANE_{i\,t}^3 + \beta_7 BDSIZE_{i\,t} + \beta_8 OUTDIR_{i\,t} + \beta_9 INST_{i\,t} + \beta_{10} LEV_{i\,t}$$
$$+ \beta_{11} ROA_{i\,t} + \beta_{12} DC_{i\,t} + \eta_i + \lambda_t + e_{i\,t}$$

$$(4-14)$$

단, $VALUE_{i\,t}$: i기업의 t기 기업가치(=M/B비율)

$DIVER_{i\,t}$: i기업의 t기 다각화수준(=베리-허핀달지수)

$DIVER_{i\,t}^2$: i기업의 t기 다각화수준의 제곱

$DIVER_{i\,t}^3$: i기업의 t기 다각화수준의 세제곱

$MANE_{i\,t}$: i기업의 t기 경영진지분율(=경영자지분율+이사지분율)

$MANE_{i\,t}^2$: i기업의 t기 경영진지분율의 제곱

$MANE_{i\,t}^3$: i기업의 t기 경영진지분율의 세제곱

$BDSIZE_{i\,t}$: i기업의 t기 이사회 규모(=등기이사수)

$OUTDIR_{i\,t}$: i기업의 t기 사외이사비율(=사외이사수/경영진수)

$INST_{i\,t}$: i기업의 t기 기관투자가지분율(=외국인지분율+국내기관투자가지분율)

$LEV_{i\,t}$: i기업의 t기 레버리지비율(=총부채/총자산)

$ROA_{i\,t}$: i기업의 t기 총자산영업이익률(=영업이익/총자산)

$DC_{i\,t}$: i기업의 t기 재벌·비재벌기업 더미변수(재벌기업=1, 비재벌기업=0)

η_i: i기업특성효과

λ_t: t기의 시간특성효과

$e_{i\,t}$: 나머지 오차

전체표본기업을 사업집중화기업과 사업다각화기업, 관련다각화기업과 비관련다각화기업을 나누어 다각화 특성에 따라 기업가치에 미치는 영향을 분석하기 위하여 다음과 같은 [모형 6]을 설정하였다. [모형 6]은 패널자료를 이용하여 레버리지비율, 총자산영업이익률 등을 통제한 상황에서 기업지배구조 변수(경영진지분율, 이사회 규모,

사외이사비율, 기관투자가지분율)가 기업가치에 미치는 영향관계를 분석하기 위한 모형이다.

[모형 6]에서 경영진지분율 1차항을 포함하여 경영진지분율과 기업 가치 간의 선형관계를 분석하기 위하여 [모형 6-1]을 설정한다. [모형 6-1]에서 경영진지분율의 2차항을 포함하여 경영진지분율과 기업가 치 간의 비선형관계를 분석하기 위하여 [모형 6-2]를 설정한다. 경영 진지분율의 2차항, 3차항을 포함하여 경영진지분율과 사업다각화 간 의 3차형 비선형관계를 분석하기 위해 [모형 6-3]을 설정한다.

[모형 6]

$$VALUE_{i\,t} = \alpha + \beta_1 MANE_{i\,t} + \beta_2 MANE_{i\,t}^2 + \beta_3 MANE_{i\,t}^3 + \beta_4 BDSIZE_{i\,t} + \beta_5 OUTDIR_{i\,t} + \beta_6 INST_{i\,t} + \beta_7 LEV_{i\,t} + \beta_8 ROA_{i\,t} + \eta_i + \lambda_t + e_{i\,t}$$

$$(4-15)$$

단, $VALUE_{i\,t}$: i기업의 t기 기업가치(=M/B비율)

$MANE_{i\,t}$: i기업의 t기 경영진지분율(=경영자지분율+이사지분율)

$MANE_{i\,t}^2$: i기업의 t기 경영진지분율의 제곱

$MANE_{i\,t}^3$: i기업의 t기 경영진지분율의 세제곱

$BDSIZE_{i\,t}$: i기업의 t기 이사회 규모(=등기이사수)

$OUTDIR_{i\,t}$: i기업의 t기 사외이사비율(=사외이사수/경영진수)

$INST_{i\,t}$: i기업의 t기 기관투자가지분율(=외국인지분율+국내기관투 자가지분율)

$LEV_{i\,t}$: i기업의 t기 레버리지비율(=총부채/총자산)

$ROA_{i\,t}$: i기업의 t기 총자산영업이익률(=영업이익/총자산)

η_i: i기업특성효과

λ_t: t기의 시간특성효과

$e_{i\,t}$: 나머지 오차

사업집중화기업과 사업다각화기업 더미변수를 포함시켜 다각화 특성에 따라 기업가치에 미치는 영향을 분석하기 위하여 다음과 같은 [모형 7]을 설정하였다. [모형 7]은 패널자료를 이용하여 사업집중화기업과 사업다각화기업 더미변수를 포함하고 레버리지비율, 총자산영업이익률 등을 통제한 상황에서 기업지배구조 변수(경영진지분율, 이사회 규모, 사외이사비율, 기관투자가지분율)가 기업가치에 미치는 영향 관계를 분석하기 위한 모형이다.

[모형 7]에서 경영진지분율 1차항을 포함하여 경영진지분율과 기업가치 간의 선형관계를 분석하기 위하여 [모형 7-1]을 설정하고, [모형 7-1]에서 경영진지분율의 2차항을 포함하여 경영진지분율과 기업가치 간의 비선형관계를 분석하기 위하여 [모형 7-2]를 설정한다. 경영진지분율의 2차항, 3차항을 포함하여 경영진지분율과 사업다각화 간의 3차형 비선형관계를 분석하기 위해 [모형 7-3]을 설정하였다.

[모형 7]

$$VALUE_{i\,t} = \alpha + \beta_1 MANE_{i\,t} + \beta_2 MANE_{i\,t}^2 + \beta_3 MANE_{i\,t}^3 + \beta_4 BDSIZE_{i\,t}$$
$$+ \beta_5 OUTDIR_{i\,t} + \beta_6 INST_{i\,t} + \beta_7 LEV_{i\,t} + \beta_8 ROA_{i\,t} + \beta_9 DIVERDE_{i\,t}$$
$$+ \eta_i + \lambda_t + e_{i\,t}$$

$$(4-16)$$

단, $VALUE_{i\,t}$: i기업의 t기 기업가치(=M/B비율)

$MANE_{i\,t}$: i기업의 t기 경영진지분율(=경영자지분율+이사지분율)

$MANE_{i\,t}^2$: i기업의 t기 경영진지분율의 제곱

$MANE_{i\,t}^3$: i기업의 t기 경영진지분율의 세제곱

$BDSIZE_{i\,t}$: i기업의 t기 이사회 규모(=등기이사수)

$OUTDIR_{i\,t}$: i기업의 t기 사외이사비율(=사외이사수/경영진수)

$INST_{i\,t}$: i기업의 t기 기관투자가지분율(=외국인지분율+국내기관투

　　　　자가지분율)

$LEV_{i\,t}$: i기업의 t기 레버리지비율(=총부채/총자산)

$ROA_{i\,t}$: i기업의 t기 총자산영업이익률(=영업이익/총자산)

$DIVERDE_{i\,t}$: i기업의 t기 다각화더미변수(다각화기업=1, 집중화기

　　　　업=0)

η_i: i기업특성효과

λ_t: t기의 시간특성효과

$e_{i\,t}$: 나머지 오차

　관련다각화기업과 비관련다각화기업 더미변수를 포함하여 다각화 특성에 따라 기업가치에 미치는 영향을 분석하기 위하여 다음과 같은 [모형 8]을 설정하였다. [모형 8]은 패널자료를 이용하여 관련다각화기업과 비관련다각화기업 더미변수를 포함하고 레버리지비율, 총자산영업이익률 등을 통제한 상황에서 기업지배구조 변수(경영진지분율, 이사회 규모, 사외이사비율, 기관투자가지분율)가 기업가치에 미치는 영향관계를 분석하기 위한 모형이다.

[모형 8]에서 경영진지분율 1차항을 포함하여 경영진지분율과 기업가치 간의 선형관계를 분석하기 위하여 [모형 8-1]을 설정하고, [모형 8-1]에서 경영진지분율의 2차항을 포함하여 경영진지분율과 기업가치 간의 비선형관계를 분석하기 위하여 [모형 8-2]를 설정한다. 경영진지분율의 2차항, 3차항을 포함하여 경영진지분율과 사업다각화 간의 3차형 비선형관계를 분석하기 위해 [모형 8-3]을 설정한다.

[모형 8]

$$VALUE_{i\,t} = \alpha + \beta_1 MANE_{i\,t} + \beta_2 MANE_{i\,t}^2 + \beta_3 MANE_{i\,t}^3 + \beta_4 BDSIZE_{i\,t}$$
$$+ \beta_5 OUTDIR_{i\,t} + \beta_6 INST_{i\,t} + \beta_7 LEV_{i\,t} + \beta_8 ROA_{i\,t} + \beta_9 REDIVERDE_{i\,t}$$
$$+ \eta_i + \lambda_t + e_{i\,t}$$

$$(4-17)$$

단, $VALUE_{i\,t}$: i기업의 t기 기업가치(=M/B비율)

$MANE_{i\,t}$: i기업의 t기 경영진지분율(=경영자지분율+이사지분율)

$MANE_{i\,t}^2$: i기업의 t기 경영진지분율의 제곱

$MANE_{i\,t}^3$: i기업의 t기 경영진지분율의 세제곱

$BDSIZE_{i\,t}$: i기업의 t기 이사회 규모(=등기이사수)

$OUTDIR_{i\,t}$: i기업의 t기 사외이사비율(=사외이사수/경영진수)

$INST_{i\,t}$: i기업의 t기 기관투자가지분율(=외국인지분율+국내기관투자가지분율)

$LEV_{i\,t}$: i기업의 t기 레버리지비율(=총부채/총자산)

$ROA_{i\,t}$: i기업의 t기 총자산영업이익률(=영업이익/총자산)

$REDIVERDE_{i\,t}$: i기업의 t기 다각화더미변수(관련다각화기업=1, 비관련기업=0)

η_i: i기업특성효과

λ_t: t기의 시간특성효과

$e_{i\,t}$: 나머지 오차

V. 실증분석 결과

1. 각 변수의 기술적 통계값

1.1. 전체기업의 기술통계량

본 연구에서 이용되고 있는 전체표본에 대한 각 변수의 기술적 통계량을 요약하면 <표 V-1>과 같다.

<표 V-1>에서 기업가치($VALUE$)는 최소 0.1390에서 최대 6.0537이고, 평균 0.8751이다. 다각화지수($DIVER$)는 최소 0에서 최대 0.8429이고, 평균 0.1831이다. 경영진지분율($MANE$)은 최소 0%에서 최대 77.50%이고, 평균 14.58%이다. 이사회 규모($BDSIZE$)는 평균 6.5498명이고, 사외이사비율($OUTDIR$)은 평균 26.30%이다. 기관투자가지분율($INST$)은 평균 27.56%이다. 레버리지비율(LEV)은 평균 50.25%이고, 총자산영업이익률(ROA)은 평균 4.94%로 나타났다. 영업위험($RISK$)은 평균 0.0509이고, 부가가치율($ADVALUE$)은 22.28%

〈표 Ⅴ-1〉 전체기업의 기술통계량

표본은 2005년 말 현재 한국거래소 유가증권시장에 상장되어 있는 비금융업종 기업 377개임. 총 관측치는 연간 377개 기업의 7개년 자료인 2,639개임. 기업가치($VALUE$)=(자기자본의 시장가치+부채의 장부가치)/총자산의 장부가치, 다각화지수($DIVER$)=베리-허핀달지수, 경영진지분율($MANE$)=경영진보유주식수/총발행주식수, 이사회 규모($BDSIZE$)=등기이사수, 사외이사비율($OUTDIR$)=사외이사수/경영진수, 기관투자가지분율($INST$)=외국인지분율+국내기관투자가지분율, 레버리지비율(LEV)=총부채/총자산, 총자산영업이익률(ROA)=영업이익/총자산, 영업위험($RISK$)=과거 10년간 ROA의 표준편차, 부가가치율($ADVALUE$)=부가가치액/매출액, 유동비율($CURR$)=유동자산/유동부채. 이사회 규모가 최소 1명으로 구성된 기업(세양선박(1999), 아남전자(1999), 아이에이치큐(2000))은 법정관리대상에 포함되어 있기 때문에 나타난 현상임. 사외이사비율이 0%로 구성된 기업은 법정관리대상에 포함되어 있기 때문에 나타난 현상임. 기관투자가지분율이 0%로 구성된 기업은 대동(2003), 성안(2004), 세원이앤티(2004) 등임.

구 분	관측치수(개)	평균	표준편차	최소	최대
기업가치($VALUE$)	2,639	0.8751	0.4548	0.1390	6.0537
다각화지수($DIVER$)	2,639	0.1831	0.2366	0.0000	0.8429
경영진지분율($MANE$)	2,639	0.1458	0.1384	0.0000	0.7750
이사회 규모($BDSIZE$)	2,639	6.5498	2.6729	1.0000	22.000
사외이사비율($OUTDIR$)	2,639	0.2630	0.1190	0.0000	0.8750
기관투자가지분율($INST$)	2,639	0.2756	0.2331	0.0000	0.9977
레버리지비율(LEV)	2,639	0.5025	0.2523	0.0576	4.7341
총자산영업이익률(ROA)	2,639	0.0494	0.0817	-0.9397	0.5497
영업위험($RISK$)	2,639	0.0509	0.0788	0.0049	1.7535
부가가치율($ADVALUE$)	2,639	0.2228	0.2428	-4.2997	3.9389
유동비율($CURR$)	2,639	0.0166	0.0135	0.0006	0.1644

이다. 유동비율($CURR$)은 평균 1.66%이다.

1.2. 재벌기업과 비재벌기업의 기술통계량

재벌기업[119]과 비재벌기업에 대한 각 변수의 기술통계량을 요약하

---

119) 공정거래위원회에서 매년 4월에 발표되는 출자총액제한집단에 소속된 회사를 재벌기업에 포함시켰고, 나머지 기업을 비재벌기업으로 구분하였다.

〈표 Ⅴ-2〉 재벌기업과 비재벌기업의 기술통계량

총 관측치는 재벌기업 610개, 비재벌기업 2,029개인 총 2,639개임. 기업가치($VALUE$)=(자기자본의 시장가치+부채의 장부가치)/총자산의 장부가치, 다각화지수($DIVER$)=베리-허핀달지수, 경영진지분율($MANE$)=경영진보유주식수/총발행주식수, 이사회 규모($BDSIZE$)=등기이사수, 사외이사비율($OUTDIR$)=사외이사수/경영진 수, 기관투자가지분율($INST$)=외국인지분율+국내기관투자가지분율, 레버리지비율(LEV)=총부채/총자산, 총자산영업이익률(ROA)=영업이익/총자산, 영업위험($RISK$)=과거 10년간 ROA의 표준편차, 부가가치율($ADVALUE$)=부가가치액/매출액, 유동비율($CURR$)=유동자산/유동부채

구 분	관측치수(개)		평균		표준편차		최소		최대	
	재벌	비재벌	재벌	비재벌	재벌	비재벌	재벌	비재벌	재벌	비재벌
$VALUE$	610	2,029	0.939	0.856	0.398	0.469	0.216	0.139	4.449	6.054
$DIVER$	610	2,029	0.298	0.148	0.273	0.213	0.000	0.000	0.843	0.772
$MANE$	610	2,029	0.061	0.171	0.092	0.140	0.000	0.000	0.468	0.775
$BDSIZE$	610	2,029	7.708	6.202	3.012	2.458	1.000	1.000	22.00	21.00
$OUTDIR$	610	2,029	0.334	0.242	0.168	0.089	0.000	0.000	0.875	0.727
$INST$	610	2,029	0.416	0.233	0.254	0.209	0.002	0.000	0.994	0.998
LEV	610	2,029	0.567	0.483	0.199	0.263	0.111	0.058	2.355	4.734
ROA	610	2,029	0.062	0.046	0.065	0.086	−0.464	−0.940	0.458	0.550
$RISK$	610	2,029	0.036	0.055	0.024	0.088	0.007	0.005	0.147	1.753
$ADVALUE$	610	2,029	0.230	0.221	0.248	0.241	−1.877	−4.300	3.939	3.172
$CURR$	610	2,029	0.010	0.019	0.005	0.014	0.001	0.001	0.064	0.164

면 <표 Ⅴ-2>와 같다.

<표 Ⅴ-2>에서 재벌기업과 비재벌기업의 기업가치($VALUE$)는 각각 평균 0.939배, 0.856배이며 표준편차는 각각 0.398, 0.469이다. 다각화지수($DIVER$)는 재벌기업은 최소 0에서 최대 0.843이고, 평균 0.298이다. 비재벌기업은 최소 0에서 최대 0.772이고, 평균은 0.148이다. 재벌기업의 다각화지수가 비재벌기업보다 높게 나타나고 있다. 경영진지분율($MANE$)의 평균은 각각 6.1%, 17.1%이다. 비재벌기업의 경영진지분율이 재벌기업의 경영진지분율보다 상당히 높은 특징을 보이고 있다.

이사회 규모($BDSIZE$)의 평균은 각각 7.708명, 6.202명이고, 사외이사비율($OUTDIR$)의 평균은 각각 33.4%, 24.2%이다. 기관투자가지분율($INST$)은 각각 41.6%, 23.3%로 재벌기업의 비중이 비재벌기업의 경우보다 매우 높게 나타나고 있다. 레버리지비율(LEV)의 평균은 각각 56.7%, 48.3%이고, 총자산영업이익률(ROA)의 평균은 각각 6.2%, 4.6%이다. 영업위험($RISK$)은 각각 0.036과 0.055이고 부가가치율($ADVALUE$)은 각각 23.0%, 22.1%로 나타났다. 유동비율($CURR$)의 평균은 각각 1.0%, 1.9%이다.

1.3. 사업집중화기업과 사업다각화기업의 기술통계량

사업집중화기업과 사업다각화기업[120]에 대한 각 변수의 기술통계량을 요약하면 <표 V-3>과 같다.

<표 V-3>에서 사업집중화기업과 사업다각화기업의 기업가치($VALUE$)는 각각 평균 0.863배, 0.888배이며, 표준편차는 0.460, 0.449이다. 다각화지수($DIVER$)는 사업집중화기업은 0이고, 사업다각화기업은 평균 0.383이다. 경영진지분율($MANE$)의 평균은 각각 15.9%, 13.1%이다. 이사회 규모($BDSIZE$)의 평균은 각각 6.077명과 7.065명이다. 사외이사비율($OUTDIR$)의 평균은 각각 24.2%와 28.4%이고, 기관투자가지분율($INST$)은 각각 26.1%와 29.2%이다. 레버리지비율(LEV)의 평균은 각각 47.4%와 53.4%이고, 총자산영업이익률(ROA)

---

120) 기업이 영위하고 있는 사업을 표준산업분류 세분류기준(SIC 4 digit)으로 분류하였을 때 2개 이상의 사업을 영위하고 있는 기업을 사업다각화기업으로 분류하였고, 1개 사업을 영위하고 있는 기업을 사업집중화기업으로 분류하였다.

〈표 Ⅴ-3〉 사업집중화기업과 사업다각화기업의 기술통계량

총 관측치는 사업집중화기업 1,376개, 사업다각화기업 1,263개인 총 2,639개임. 기업가치
($VALUE$)=(자기자본의 시장가치+부채의 장부가치)/총자산의 장부가치, 다각화지수($DIVER$)
=베리-허핀달지수, 경영진지분율($MANE$)=경영진보유주식수/총발행주식수, 이사회 규모
($BDSIZE$)=등기이사수, 사외이사비율($OUTDIR$)=사외이사수/경영진수, 기관투자가지분율
($INST$)=외국인지분율+국내기관투자가지분율, 레버리지비율(LEV)=총부채/총자산, 총자산
영업이익률(ROA)=영업이익/총자산, 영업위험($RISK$)=과거 10년간 ROA의 표준편차, 부가
가치율($ADVALUE$)=부가가치액/매출액, 유동비율($CURR$)=유동자산/유동부채

구 분	관측치수(개)		평균		표준편차		최소		최대	
	집중화	다각화	집중화	다각화	집중화	다각화	집중화	다각화	집중화	다각화
$VALUE$	1,376	1,263	0.863	0.888	0.460	0.449	0.139	0.212	6.054	6.052
$DIVER$	1,376	1,263	0.000	0.383	0.000	0.202	0.000	0.00001	0.000	0.843
$MANE$	1,376	1,263	0.159	0.131	0.141	0.134	0.000	0.000	0.721	0.775
$BDSIZE$	1,376	1,263	6.077	7.065	2.353	2.896	1.000	1.000	19.00	22.00
$OUTDIR$	1,376	1,263	0.242	0.284	0.099	0.134	0.000	0.000	0.875	0.833
$INST$	1,376	1,263	0.261	0.292	0.216	0.250	0.000	0.000	0.998	0.962
LEV	1,376	1,263	0.474	0.534	0.253	0.248	0.061	0.058	2.708	4.734
ROA	1,376	1,263	0.051	0.047	0.081	0.082	−0.630	−0.940	0.458	0.550
$RISK$	1,376	1,263	0.053	0.049	0.048	0.102	0.007	0.005	0.615	1.753
$ADVALUE$	1,376	1,263	0.224	0.221	0.210	0.274	−1.335	−4.300	3.172	3.939
$CURR$	1,376	1,263	0.018	0.015	0.015	0.012	0.001	0.001	0.122	0.164

의 평균은 각각 5.1%와 4.7%이다. 영업위험($RISK$)은 각각 0.053과
0.049이고, 부가가치율($ADVALUE$)은 22.4%, 22.1%로 나타났다. 유
동비율($CURR$)의 평균은 각각 1.8%, 1.5%이다.

본 연구에 포함된 각 변수의 전체표본기간(1999년~2005년)의 자료
를 이용하여 계산한 변수들 간의 상관관계는 <표 Ⅴ-4>와 같다.

〈표 V-4〉 전체표본기간(1999년~2005년)을 이용한 변수간의 상관계수

1999년~2005년의 전체표본기간을 대상으로 계산한 변수들 간의 상관계수 표임. *, **는 각각 5%, 1%의 유의수준에서 유의함을 나타냄. 유의성 검정은 Pearson상관관계 검정임. 기업가치 ($VALUE$)=(자기자본의 시장가치+부채의 장부가치)/총자산의 장부가치, 다각화지수($DIVER$) =베리-허핀달지수, 경영진지분율($MANE$)=경영진보유주식수/총발행주식수, 이사회 규모 ($BDSIZE$)=등기이사수, 사외이사비율($OUTDIR$)=사외이사수/경영진수, 기관투자가지분율 ($INST$)=외국인지분율+국내기관투자가지분율, 레버리지비율(LEV)=총부채/총자산, 총자산영업이익률(ROA)=영업이익/총자산, 영업위험($RISK$)=과거 10년간 ROA의 표준편차, 부가가치율($ADVALUE$)=부가가치액/매출액, 유동비율($CURR$)=유동자산/유동부채

	$VALUE$	$MANE$	$DIVER$	$BDSIZE$	$OUTDIR$	$INST$	LEV
$VALUE$	1.0000						
$MANE$	-0.1643^{**}	1.0000					
$DIVER$	0.0291	-0.0795^{**}	1.0000				
$BDSIZE$	0.0134	-0.0621^{**}	0.2184^{**}	1.0000			
$OUTDIR$	0.0991^{**}	-0.1810^{**}	0.1711^{**}	0.2176^{**}	1.0000		
$INST$	0.1493^{**}	-0.2170^{**}	0.0564^{**}	0.3393^{**}	0.2790^{**}	1.0000	
LEV	0.2878^{**}	-0.2455^{**}	0.1332^{**}	-0.0377^{*}	0.0535^{**}	-0.1103^{**}	1.0000
ROA	-0.0634^{**}	0.0695^{**}	-0.0227	0.1377^{**}	0.0253	0.2539^{**}	-0.2032^{**}
$RISK$	0.1131^{**}	-0.0463^{**}	-0.0343^{*}	-0.0496^{**}	-0.0106	-0.0919^{**}	0.0406^{*}
$ADVALUE$	-0.0918^{**}	0.0424^{*}	-0.0298	0.0835^{**}	-0.0062	0.1357^{**}	-0.2251^{**}
$CURR$	-0.0585^{**}	0.1743^{**}	-0.1582^{**}	-0.1145^{**}	-0.1467^{**}	0.0124	-0.4597^{**}

	ROA	$RISK$	$ADVALUE$	$CURR$
ROA	1.0000			
$RISK$	-0.1889^{**}	1.0000		
$ADVALUE$	0.3249^{**}	-0.1185^{**}	1.0000	
$CURR$	0.0794^{**}	0.0768^{**}	0.0655^{**}	1.0000

2. 기업지배구조가 사업다각화에 미치는 영향에 대한 분석결과

2.1. 모형적합성 검정결과

<표 V - 5>는 전체기간(1999년~2005년) 자료를 이용하여 [모형 1 - 1] ~[모형 1-3]의 적합성을 검정한 결과이다. 먼저, 기업특성효과 (η_i)와 시간특성효과(λ_t)의 존재 여부를 검정($H_0: \sigma_\eta^2 = 0$, $\sigma_\lambda^2 = 0$)한 라그랑지 승수 검정결과를 보면, [모형 1-1], [모형 1-2], [모형 1-3] 의 g통계량이 각각 5,385.63, 5,387.12, 5,369.76로 모두 귀무가설을 기각하는 결과를 보이고 있다. 이는 기업특성효과와 시간특성효과가 본 연구의 모형에 존재한다는 의미로 하우즈만 검정에 의해 고정효과모형과 확률효과모형의 적합성을 검정할 필요가 있음을 보여주고 있다.

<표 V - 5>의 두 번째 란은 $E(\eta_i / X_{i\,t}) = 0$, $E(\lambda_t / X_{i\,t}) = 0$이라는 귀무가설하에 각 모형에 대해 하우즈만 검정을 실시한 결과이다. 하우즈만 검정결과를 보면, 각 모형의 m값이 각각 51.30, 52.33, 55.91로 귀무가설을 기각하는 결과를 보이고 있다. 따라서 기업특성 및 시간특성효과와 독립변수 간에는 유의한 상관관계를 가진다고 할 수 있으므로 고정효과모형에 의한 계수 추정이 적합함을 알 수 있다.

<표 V - 5>의 세 번째란 즉, 고정효과모형의 적합성을 확인하기 위해 귀무가설 $\eta_i = 0$, $\lambda_t = 0$을 설정하고 $F-$검정을 실시한 결과를 보면, 각 모형의 F값이 각각 39.91, 39.91, 39.81로 귀무가설이 기각되는 결과를 보여 본 연구의 모형으로 고정효과모형이 적합함을 확인할 수 있다.

〈표 V-5〉 사업다각화방정식에 대한 모형적합성 검정결과

[모형 1]에서 경영진지분율 1차항을 포함한 모형을 [모형 1-1]로 설정하였으며, 경영진지분율 1차항, 2차항을 포함한 모형을 [모형 1-2]로 설정함. 경영진지분율 1차항과 2차항, 3차항을 포함한 모형을 [모형 1-3]으로 설정함.

전체기간(1999년~2005년)을 대상으로 [모형 1-1], [모형 1-2], [모형 1-3]에 대한 적합성을 검정하기 위해 라그랑지 승수 검정($H_0:\sigma_\eta^2=0,\ \sigma_\lambda^2=0$), 하우즈만 검정($H_0:E(\eta_i/X_{i\,t})=0,$ $E(\lambda_t/X_{i\,t})=0$), F-검정($H_0:\ \eta_i=0,\ \lambda_t=0$)을 실시한 결과임. 라그랑지 승수 검정은 기업특성효과(η_i)와 시간특성효과(λ_t)의 존재 여부를 검정하는 것임. 귀무가설이 기각되는 경우 오차항은 $\eta_i+\lambda_t+e_{i\,t}$와 같이 되고, η_i와 λ_t의 존재 때문에 일반최소자승법(OLS)으로 효율적인 추정량을 구할 수 없음을 의미함. 하우즈만 검정은 η_i와 λ_t를 고정효과모형으로 추정할 것인가, 혹은 확률효과모형으로 추정할 것인가를 검정하는 것임. 만약 $E(\eta_i/X_{i\,t})=0,\ E(\lambda_t/X_{i\,t})=0$이라는 귀무가설이 채택될 경우에는 확률효과모형에 의한 GLS추정량이 일치성과 효율성을 가지게 되어 확률효과모형으로 추정하는 것이 바람직함. 만약 귀무가설이 기각된다면 GLS추정량은 불일치성을 가지게 되므로 고정효과모형에 의한 추정이 바람직하게 됨. F-검정은 고정효과모형의 적합성을 확인하기 위한 검정. 귀무가설이 기각되는 경우 고정효과가 존재하는 것으로 해석함.

[모형 1]

$$DIVER_{i\,t}=\alpha+\beta_1MANE_{i\,t}+\beta_2MANE^2{}_{i\,t}+\beta_3MANE^3{}_{i\,t}+\beta_4BDSIZE_{i\,t}$$
$$+\beta_5OUTDIR_{i\,t}+\beta_6INST_{i\,t}+\beta_7LEV_{i\,t}+\beta_8ROA_{i\,t}+\beta_9RISK_{i\,t}$$
$$+\beta_{10}ADVALUE_{i\,t}+\beta_{11}CURR_{i\,t}+\eta_i+\lambda_t+e_{i\,t}$$

구 분	라그랑지 승수 검정 ($H_0:\sigma_\eta^2=0,\ \sigma_\lambda^2=0$)		하우즈만 검정 ($H_0:E(\eta_i/X_{i\,t})=0,$ $E(\lambda_t/X_{i\,t})=0$)		F-검정 ($H_0:\eta_i=0,\ \lambda_t=0$)	
	g통계량	p값	m통계량	p값	F값	p값
[모형 1-1]	5,385.63	0.0000	51.30	0.0000	39.91	0.0000
[모형 1-2]	5,387.12	0.0000	52.33	0.0000	39.91	0.0000
[모형 1-3]	5,369.76	0.0000	55.91	0.0000	39.81	0.0000

2.2. 고정효과모형에 의한 실증분석 결과

<표 V-6>은 전체기간(1999년~2005년)을 대상으로 고정효과모형에 의해 기업지배구조와 사업다각화 간의 관계를 분석한 결과이다. <표 V-6>을 보면, 먼저 [모형 1-1]에 있어 경영진지분율변수($MANE$)의 회귀계수는 0.0615(t=2.03)로 통계적으로 유의하게 나타

났다. 이는 경영진지분율과 다각화지수 간에 선형관계가 존재한다는 것을 의미하는 결과이다. [모형 1-2]에 의한 분석결과에서는 경영진지분율의 1차항($MANE$), 2차항($MANE^2$)의 회귀계수가 각각 0.1238(t=1.96)과 -0.1376(t=-1.12)으로 통계적으로 비유의적인 것으로 나타났다. [모형 1-3]에 의한 분석결과를 보면, 경영진지분율($MANE$)의 1차항($MANE$), 2차항($MANE^2$), 3차항($MANE^3$)의 회귀계수가 각각 0.1432(t=1.28), -0.2396(t=-0.48), 0.1185(t=0.21)로 3차식에서도 통계적으로 유의한 관계를 발견할 수 없었다. 이는 경영진지분율과 다각화수준 간에는 비선형관계가 존재하지 않는 것으로 이해할 수 있다.

[모형 1-1]의 분석결과에 의하면 경영진지분율과 다각화지수의 관계를 1차형 정(+)의 선형관계로 설명이 가능한 것으로 해석할 수 있다. 즉, 경영진지분율수준이 증가할수록 다각화수준이 증가하는 선형관계가 존재한다는 것을 알 수 있다. 이러한 결과는 경영진의 지분율이 증가할수록 경영자 자신의 인적자본(human capital)의 가치를 방어하고, 투자자와 달리 분산 불가능한 개인적 포트폴리오(undiversified personal portfolios)의 위험을 줄이기 위해 다각화를 추진하고자 하는 유인이 증가한다는 것을 의미하는 것으로 [가설 1a]의 경영자 위험회피가설을 지지하는 결과이다.

다른 지배구조 변수의 경우 다각화수준에 유의하게 영향을 미치는 변수는 이사회 규모변수($BDSIZE$)이다. [모형 1-1]에서 이사회 규모($BDSIZE$)의 회귀계수는 0.0021(t=1.70)로 유의수준 10%에서 다각화수준과 정(+)의 영향관계를 갖는 것으로 나타났다. 이는 이사회 규모가 큰 기업이 다각화를 더 많이 추진한다는 것을 의미하는 것이다. 이러한 결과는 한국기업의 이사회가 소유경영자의 지배로부터 독립적이지 못하여 경영감시기능이 취약한 것과 연관이 있는 것으로 보인다.

통제변수 중에서 사업다각화에 유의적으로 영향을 미치는 변수는 총자산영업이익률(ROA), 영업위험($RISK$)인 것으로 나타났다. 총자산영업이익률(ROA)의 회귀계수는 [모형 1-1], [모형 1-2], [모형 1-3]에서 각각 $-0.0877(t=-2.60)$, $-0.0868(t=-2.57)$, $-0.0869(t=-2.57)$로 유의수준 5%에서 다각화수준과 부($-$)의 영향관계를 갖는 것으로 나타났다. 수익성이 높으면 다각화에 정($+$)의 영향이 미칠 것이라는 예상과는 다른 결과이다. 영업위험($RISK$)의 회귀계수는 [모형 1-1], [모형 1-2], [모형 1-3]에서 각각 $0.0626(t=1.68)$, $0.0625(t=1.68)$, $0.0624(t=1.68)$로 유의수준 10%에서 다각화수준과 정($+$)의 영향관계를 갖는 것으로 나타났다. 이는 한국기업의 경우 영업위험이 증가하면 기업의 위험을 분산시키기 위해 다각화를 많이 추진하는 것으로 이해할 수 있다.

〈표 Ⅴ-6〉 고정효과모형을 이용한 기업지배구조와 다각화수준 간의 패널분석 결과

[모형 1]에서 경영진지분율 1차항만 포함한 모형을 [모형 1-1]로 설정하였으며, 경영진지분율 1차항, 2차항을 포함한 모형을 [모형 1-2]로 설정. 경영진지분율 1차항과 2차항, 3차항을 포함한 모형을 [모형 1-3]으로 설정함.

베리-허핀달지수로 측정된 다각화지수($DIVER$)를 기업지배구조 변수($MANE$, $BDSIZE$, $OUTDIR$, $INST$)와 통제변수(LEV, ROA, $RISK$, $ADVALUE$, $CURR$)를 이용하여 고정효과모형으로 패널분석한 결과임. $MANE^2$과 $MANE^3$은 $MANE$의 제곱과 세제곱을 나타내고, 기타 변수는 〈표 Ⅴ-1〉의 주)를 참조하기 바람. 패널자료는 377개의 개별기업이 횡단면 단위를 구성하고, 각 기업이 7개년(1999년~2005년)의 시계열을 갖는 균형패널자료임. 회귀계수 옆의 ( ) 안의 숫자는 t값임. *, **는 각각 유의수준 10%, 5%에서 유의적임을 나타냄.

[모형 1]

$$DIVER_{i\ t} = \alpha + \beta_1 MANE_{i\ t} + \beta_2 MANE^2_{i\ t} + \beta_3 MANE^3_{i\ t} + \beta_4 BDSIZE_{i\ t}$$
$$+ \beta_5 OUTDIR_{i\ t} + \beta_6 INST_{i\ t} + \beta_7 LEV_{i\ t} + \beta_8 ROA_{i\ t} + \beta_9 RISK_{i\ t}$$
$$+ \beta_{10} ADVALUE_{i\ t} + \beta_{11} CURR_{i\ t} + \eta_i + \lambda_t + e_{i\ t}$$

구 분	[모형 1-1]	[모형 1-2]	[모형 1-3]
상수항	0.1538(9.86**)	0.1509(9.53**)	0.1505(9.45**)
$MANE$	0.0615(2.03**)	0.1238(1.96*)	0.1432(1.28)
$MANE^2$	–	−0.1376(−1.12)	−0.2396(−0.48)
$MANE^3$	–	–	0.1185(0.21)
$BDSIZE$	0.0021(1.70*)	0.0020(1.59)	0.0020(1.59)
$OUTDIR$	0.0204(0.88)	0.0198(0.85)	0.0198(0.85)
$INST$	−0.0041(−0.29)	−0.0042(−0.30)	−0.0041(−0.29)
LEV	0.0051(0.44)	0.0056(0.49)	0.0057(0.49)
ROA	−0.0877(−2.60**)	−0.0868(−2.57**)	−0.0869(−2.57**)
$RISK$	0.0626(1.68*)	0.0625(1.68*)	0.0624(1.68*)
$ADVALUE$	−0.0101(−1.04)	−0.0102(−1.05)	−0.0102(−1.06)
$CURR$	0.1874(0.81)	0.1981(0.86)	0.1991(0.86)
F값	39.91**	39.91*	39.81**
R^2	0.0105	0.0110	0.0110

〈표 Ⅴ-7〉은 통제변수(LEV, ROA, $RISK$, $ADVALUE$, $CURR$)을 통제한 상황에서 [모형 1-1]에 기업지배구조를 나타내는 각 변수들을 별개로 포함시켰을 때 사업다각화에 미치는 영향을 분석한 결과이다. [모형 1-1a]는 [모형 1-1]에 기업지배구조관련 변수 중에서 경영

진지분율변수만을 포함시킨 모형이다. 경영진지분율($MANE$)의 회귀계수가 0.0667(t=2.22)로 유의수준 5%에서 통계적으로 유의한 것으로 나타났다. 이는 경영진지분율과 다각화수준 간에 선형관계가 존재한다는 것을 지지하는 결과이다. 통제변수 중에서 사업다각화에 유의적으로 영향을 미치는 변수는 총자산영업이익률(ROA), 영업위험($RISK$)인 것으로 나타났다. 이는 [모형 1-1]의 결과와 동일한 것으로 수익성이 낮을수록 다각화를 많이 추진하는 것으로 나타났다. 영업위험이 증가할수록 기업의 위험을 분산시키기 위해 다각화를 많이 추진하는 것으로 이해할 수 있다.

[모형 1-1b]는 [모형 1-1]에 기업지배구조관련 변수 중에서 이사회 규모변수($BDSIZE$)만을 포함시킨 것이다. 이사회 규모변수($BDSIZE$)의 회귀계수는 0.0022(t=1.77)로 유의수준 10%에서 다각화수준과 정(+)의 영향관계를 갖는 것으로 나타났다. 이는 이사회 규모가 큰 기업이 다각화를 더 많이 추진한다는 것을 의미하는 것으로 [모형 1-1]의 결과와 동일하다. 통제변수 중에서 사업다각화에 유의적으로 영향을 미치는 변수는 총자산영업이익률(ROA), 영업위험($RISK$)인 것으로 나타났다.

[모형 1-1c]와 [모형 1-1d]는 기업지배구조관련 변수 중에서 각각 사외이사비율($OUTDIR$)과 기관투자가지분율변수($INST$)만을 포함시킨 모형으로 각 모형에서 사외이사비율($OUTDIR$)과 기관투자가지분율($INST$)변수는 다각화수준에 유의하게 영향을 미치지 않는 것으로 나타났다. 통제변수 중에서 총자산영업이익률(ROA), 영업위험($RISK$)이 사업다각화에 유의한 영향을 미치는 것으로 나타났다.

이러한 결과를 종합해 보면 기업지배구조 관련변수 중에서 경영진지분율과 이사회 규모가 사업다각화에 정(+)의 영향을 미친다는 것을 알 수 있으며, 통제변수 가운데 기업의 영업위험이 사업다각화에 정(+)의 영향, 기업의 수익성이 사업다각화에 부(-)의 영향을 미친다는 것을 알 수 있다.

<**표 V-7**> 기업지배구조 개별변수가 사업다각화에 미치는 영향에 관한 패널분석 결과

베리-허핀달지수로 측정된 다각화지수($DIVER$)를 기업지배구조 변수($MANE$, $BDSIZE$, $OUTDIR$, $INST$)와 통제변수(LEV, ROA, $RISK$, $ADVALUE$, $CURR$)를 이용하여 고정효과모형으로 패널분석한 결과임. 변수는 <표 V-1>의 주)를 참조하기 바람. 패널자료는 377개의 개별기업이 횡단면 단위를 구성하고, 각 기업이 7개년(1999년~2005년)의 시계열을 갖는 균형패널자료임. 회귀계수 옆의 ( ) 안의 숫자는 t값임. *, **는 각각 유의수준 10%, 5%에서 유의적임을 나타냄.

[모형 1-1]

$$DIVER_{i\ t} = \alpha + \beta_1 MANE_{i\ t} + \beta_2 BDSIZE_{i\ t} + \beta_3 OUTDIR_{i\ t} + \beta_4 INST_{i\ t} + \beta_5 LEV_{i\ t}$$
$$+ \beta_6 ROA_{i\ t} + \beta_7 RISK_{i\ t} + \beta_8 ADVALUE_{i\ t} + \beta_9 CURR_{i\ t} + \eta_i + \lambda_t + e_{i\ t}$$

구 분	[모형 1-1]	[모형 1-1a]	[모형 1-1b]	[모형 1-1c]	[모형 1-1d]
상수항	0.1538 (9.86**)	0.1718 (16.80**)	0.1691 (14.20**)	0.1792 (16.03**)	0.1846 (19.19**)
$MANE$	0.0615 (2.03**)	0.0667 (2.22**)	—	—	—
$BDSIZE$	0.0021 (1.70*)	—	0.0022 (1.77*)	—	—
$OUTDIR$	0.0204 (0.88)	—	—	0.0138 (0.60)	—
$INST$	−0.0041 (−0.29)	—	—	—	−0.0047 (−0.33)
LEV	0.0051 (0.44)	0.0040 (0.35)	0.0012 (0.10)	0.0019 (0.16)	0.0008 (0.07)
ROA	−0.0877 (−2.60**)	−0.0887 (−2.64**)	−0.0910 (−2.70**)	−0.0903 (−2.68**)	−0.0900 (−2.67**)
$RISK$	0.0626 (1.68*)	0.0651 (1.75*)	0.0644 (1.73*)	0.0662 (1.78*)	0.0664 (1.78*)
$ADVALUE$	−0.0101 (−1.04)	−0.0101 (−1.05)	−0.0111 (−1.15)	−0.0099 (−1.03)	−0.0102 (−1.06)
$CURR$	0.1874 (0.81)	0.1717 (0.75)	0.1761 (0.77)	0.1552 (0.67)	0.1605 (0.70)
F값	39.91**	42.72**	40.52**	41.57**	42.48**
R^2	0.0105	0.0090	0.0082	0.0070	0.0069

2.3. 재벌기업과 비재벌기업의 고정효과모형 실증분석 결과

한국에서 재벌기업과 비재벌기업의 경영형태가 차이가 있다는 것은 여러 연구에서 제시되고 있다. 그래서 재벌기업과 비재벌기업을 구분하여 기업지배구조가 사업다각화에 미치는 영향을 분석하여 보았다. 분석결과는 <표 Ⅴ-8>과 같다.

먼저 재벌기업의 경우를 보면, [모형 1-1], [모형 1-2], [모형 1-3]에 있어 경영진지분율($MANE$)과 다각화수준 간에는 통계적으로 비유의적인 것으로 나타나 전체 기업의 분석결과와 상이한 결과를 보여주고 있다. 다각화에 유의하게 영향을 미치는 다른 지배구조변수도 발견할 수 없다. 통제변수의 경우 다각화수준에 유의하게 영향을 미치는 변수는 총자산영업이익률(ROA)인 것으로 나타났다. [모형 1-1], [모형 1-2], [모형 1-3]에서 총자산영업이익률 변수의 회귀계수는 각각 $-0.1580(t=-1.65)$, $-0.1622 (t=-1.69)$, $-0.1624(t=-1.69)$로 다각화수준과 부(-)의 영향관계를 갖는 것으로 나타나 전체기업 분석결과와 상이한 결과를 보였다.

한편, 비재벌기업의 경우를 보면, [모형 1-1]에 있어 경영진지분율($MANE$)의 회귀계수가 $0.0674(t=2.15)$로 통계적으로 유의적인 것으로 나타났다. 이는 경영진지분율과 다각화지수 간에 선형관계가 존재한다는 것을 의미하는 것으로 전체기업의 분석결과와 동일한 것이다. [모형 1-2]에 의한 분석결과에서는 경영진지분율의 1차항($MANE$), 2차항($MANE^2$)의 회귀계수가 각각 $0.1359(t=2.03)$과 $-0.1432(t=-1.16)$로 통계적으로 비유의적인 것으로 나타났다. [모형 1-3]에 의한 분석결과를 보면, 경영진지분율($MANE$)의 1차항($MANE$), 2차항

($MANE^2$), 3차항($MANE^3$)의 회귀계수가 각각 0.1796(t=1.49), −0.3647(t=−0.70), 0.2508(t=0.44)로 3차식에서도 통계적으로 유의한 관계를 발견할 수 없었다.

다각화에 유의하게 영향을 미치는 다른 지배구조변수는 발견할 수 없다. 통제변수의 경우 다각화수준에 유의하게 영향을 미치는 변수는 총자산영업이익률(ROA), 영업위험($RISK$)인 것으로 나타났다. [모형 1−1], [모형 1−2], [모형 1−3]에서 총자산영업이익률의 회귀계수는 각각 −0.0775 (t=−2.17), −0.0769(t=−2.15), −0.0770(t=−2.16)로 다각화수준과 부(−)의 영향관계를 갖는 것으로 나타나 전체기업 분석결과와 동일한 결과를 보였다. [모형 1−1], [모형 1−2], [모형 1−3]에서 영업위험의 회귀계수는 각각 0.0761(t=2.16), 0.0719(t=2.05), 0.0718(t=2.04)로 다각화수준과 정(+)의 영향관계를 갖는 것으로 나타나 전체기업 분석결과와 동일한 결과를 보였다.

⟨표 Ⅴ-8⟩ 재벌기업과 비재벌기업에 따른 고정효과모형 분석결과

[모형 1]에서 경영진지분율 1차항을 포함한 모형을 [모형 1-1]로 설정하였으며, 경영진지분율 1차항, 2차항을 포함한 모형을 [모형 1-2]로 설정함. 경영진지분율 1차항과 2차항, 3차항을 포함한 모형을 [모형 1-3]으로 설정함.

전체표본을 재벌기업집단과 비재벌기업집단으로 나누어 베리-허핀달지수로 측정된 다각화지수($DIVER$)를 기업지배구조 변수($MANE, BDSIZE, OUTDIR, INST$)와 통제변수($LEV, ROA$, $RISK, ADVALUE, CURR$)를 이용하여 고정효과모형으로 패널분석한 결과임. $MANE^2$과 $MANE^3$은 $MANE$의 제곱과 세제곱을 나타내고, 기타 변수는 <표 Ⅴ-1>의 주)를 참조하기 바람. 패널자료는 재벌기업과 비재벌기업의 개별기업이 횡단면 단위를 구성하고, 각 기업이 7개년(1999년~2005년)의 시계열을 갖는 불균형패널자료임. 회귀계수 옆의 ( ) 안의 숫자는 t값임. *, **는 각각 유의수준 10%, 5%에서 유의적임을 나타냄.

[모형 1]

$$DIVER_{i\,t} = \alpha + \beta_1 MANE_{i\,t} + \beta_2 MANE^2_{i\,t} + \beta_3 MANE^3_{i\,t} + \beta_4 BDSIZE_{i\,t}$$
$$+ \beta_5 OUTDIR_{i\,t} + \beta_6 INST_{i\,t} + \beta_7 LEV_{i\,t} + \beta_8 ROA_{i\,t} + \beta_9 RISK_{i\,t}$$
$$+ \beta_{10} ADVALUE_{i\,t} + \beta_{11} CURR_{i\,t} + \eta_i + \lambda_t + e_{i\,t}$$

구분	[모형 1-1] 재벌	[모형 1-1] 비재벌	[모형 1-2] 재벌	[모형 1-2] 비재벌	[모형 1-3] 재벌	[모형 1-3] 비재벌
상수항	0.2995 (4.81**)	0.1096 (6.09**)	0.3048 (4.87**)	0.1057 (5.77**)	0.3039 (4.84**)	0.1047 (5.67**)
$MANE$	−0.0211 (−0.19)	0.0674 (2.15**)	−0.1971 (−0.80)	0.1359 (2.03**)	−0.0973 (−0.22)	0.1796 (1.49)
$MANE^2$	−	−	0.6506 (0.80)	−0.1432 (−1.16)	−0.2972 (−0.08)	−0.3647 (−0.70)
$MANE^3$	−	−	−	−	1.9344 (0.26)	0.2508 (0.44)
$BDSIZE$	0.0041 (1.60)	0.0013 (0.92)	0.0044 (1.69)	0.0012 (0.79)	0.0043 (1.66)	0.0011 (0.78)
$OUTDIR$	0.0212 (0.58)	0.0498 (1.48)	0.0240 (0.65)	0.0488 (1.45)	0.0236 (0.64)	0.0491 (1.46)
$INST$	0.0155 (0.48)	−0.0002 (−0.01)	0.0155 (0.48)	−0.0004 (−0.03)	0.0155 (0.48)	−0.0001 (−0.01)
LEV	0.0125 (0.18)	0.0058 (0.49)	0.0056 (0.08)	0.0065 (0.55)	0.0065 (0.09)	0.0065 (0.55)
ROA	−0.1580 (−1.65*)	−0.0775 (−2.17**)	−0.1622 (−1.69*)	−0.0769 (−2.15**)	−0.1624 (−1.69*)	−0.0770 (−2.16**)
$RISK$	−0.8241 (−1.58)	0.0761 (2.16**)	−0.8548 (−1.64)	0.0719 (2.05**)	−0.8463 (−1.62)	0.0718 (2.04**)
$ADVALUE$	−0.0228 (−1.06)	−0.0050 (−0.46)	−0.0226 (−1.05)	−0.0050 (−0.46)	−0.0229 (−1.06)	−0.0051 (−0.47)
$CURR$	−0.6845 (−0.43)	0.2584 (1.15)	−0.7107 (−0.45)	0.2702 (1.20)	−0.7233 (−0.45)	0.2730 (1.22)
F값	32.39**	35.03**	32.28**	35.04**	32.06**	35.00**
R^2	0.0198	0.0125	0.0211	0.0133	0.0212	0.0134

2.4. 집중화기업과 다각화기업에 대한 LOGIT 모형에 의한 실증분석 결과

　　<표 Ⅴ-9>는 전체표본을 집중화기업과 다각화기업으로 나누었을 때 기업지배구조가 사업다각화에 미치는 영향을 패널 LOGIT모형으로 분석한 결과이다. 다각화기업에 해당하는 경우에는 더미변수에 1을 부여하고 집중화기업에 해당하는 경우에는 더미변수에 0을 부여하여 기업지배구조 관련 변수가 다각화기업의 특성에 미치는 영향을 분석하였다.

　　<표 Ⅴ-9>를 보면, 기업지배구조관련변수와 통제변수 중에서 경영진지분율변수($MANE$)와 유동비율($CURR$)이 유의하게 영향을 미치는 것으로 나타났다. 경영진지분율($MANE$)의 회귀계수는 6.2516(t =3.08)으로 5% 유의수준에서 통계적으로 유의하게 나타났다. 이는 경영진지분율이 높을수록 다각화기업이 되려는 경향이 높다는 것을

〈**표 Ⅴ-9**〉 집중화기업과 다각화기업에 대한 LOGIT모형을 이용한 패널분석 결과

종속변수에 다각화더미($DIVERDE$: 다각화기업의 경우 더미변수에 1, 집중화기업의 경우 더미변수에 0을 부여)를 독립변수에 기업지배구조 변수($MANE$, $BDSIZE$, $OUTDIR$, $INST$)와 통제변수(LEV, ROA, $RISK$, $ADVALUE$, $CURR$)를 이용하여 고정효과모형으로 LOGIT 분석한 결과임. 기타 변수는 <표 Ⅴ-1>의 주)를 참조하기 바람. 패널자료는 377개의 개별기업이 횡단면 단위를 구성하고, 각 기업이 7개년(1999년~2005년)의 시계열을 갖는 균형패널자료임. *, **는 각각 유의수준 10%, 5%에서 유의적임을 나타냄.

[모형 2] $DIVERDE_{it} = \alpha + \beta_1 MANE_{it} + \beta_2 BDSIZE_{it} + \beta_3 OUTDIR_{it} + \beta_4 INST_{it} + \beta_5 LEV_{it} + \beta_6 ROA_{it} + \beta_7 RISK_{it} + \beta_8 ADVALUE_{it} + \beta_9 CURR_{it} + \eta_i + \lambda_t + e_{it}$								
회귀계수	6.2516	0.0025	1.1299	−1.2664	0.3680	1.7626	−1.8702	0.0854	17.624
z값	3.08**	0.03	0.92	−1.62	0.75	1.16	−0.54	0.16	1.67*
	Log Likeliwood $= -193.33$			$LR\ \chi2(8) = 18.78^{**}$					

의미한다. 즉, 경영진지분율이 높으면 기업의 위험을 낮추기 위해 사업다각화를 추진한다는 경영자 위험회피가설을 지지하는 결과로 이해할 수 있다. 유동비율($CURR$)의 회귀계수는 17.624(t=1.67)로 10% 유의수준에서 통계적으로 유의한 것으로 나타났다. 이는 유동비율이 높을수록 다각화기업이 되려는 경향이 높다는 것을 의미한다. 즉, 유동비율이 높은 기업은 유동성 보유로 사업다각화를 하고자 하는 유인이 증가하는 결과로 이해할 수 있다.

2.5. 관련다각화기업과 비관련다각화기업에 대한 LOGIT 모형에 의한 실증분석 결과

<표 Ⅴ-10>은 다각화기업을 관련다각화기업과 비관련다각화기업으로 나누었을 때[121] 기업지배구조가 다각화 특성에 미치는 영향을 분석하기 위해 패널 LOGIT모형으로 분석한 결과이다. 관련다각화기업에 해당하는 경우에는 더미변수 1을 부여하고 비관련다각화기업에 해당하는 경우에는 더미변수 0을 부여하여 기업지배구조 관련 변수가 관련다각화기업의 특성에 어떤 영향을 미치는가를 분석하였다.

---

[121] 사업다각화기업 중에서 표준산업분류표 중분류기준(SIC 2 digit)에 따라 사업을 분류하였을 때 2개 이상의 사업을 영위하고 있는 기업을 비관련다각화기업으로 분류하고, 1개 사업을 영위하고 있는 기업을 관련다각화기업으로 분류하였다.

<표 V-10> 관련다각화기업과 비관련다각화기업에 대한 LOGIT모형을
이용한 패널분석 결과

종속변수에 관련다각화더미($REDIVERRE$: 관련다각화기업의 경우 더미변수에 1, 비관련다
각화기업의 경우 더미변수에 0을 부여)를 독립변수에 기업지배구조 변수($MANE$, $BDSIZE$,
$OUTDIR$, $INST$)와 통제변수(LEV, ROA, $RISK$, $ADVALUE$, $CURR$)를 이용하여 고
정효과모형으로 LOGIT 분석한 결과임. 기타 변수는 <표 V-1>의 주를 참조하기 바람. 패
널자료는 377개의 개별기업이 횡단면 단위를 구성하고, 각 기업이 7개년(1999년~2005년)의
시계열을 갖는 균형패널자료임. *, **는 각각 유의수준 10%, 5%에서 유의적임을 나타냄.

[모형 3]

$REDIVERDE_{i,t} = \alpha + \beta_1 MANE_{i,t} + \beta_2 BDSIZE_{i,t} + \beta_3 OUTDIR_{i,t} + \beta_4 INST_{i,t} + \beta_5 LEV_{i,t} + \beta_6 ROA_{i,t} + \beta_7 RISK_{i,t} + \beta_8 ADVALUE_{i,t} + \beta_9 CURR_{i,t}$
$+ \eta_i + \lambda_t + e_{i,t}$

회귀계수	2.6875	−0.2527	1.7104	0.9261	0.6046	−0.7268	43.223	0.4362	−61.309
z값	0.83	−1.71*	0.66	0.64	0.42	−0.22	2.23**	0.76	−1.28

Log Likeliwood = −52.13 LR $\chi2(8)$ = 15.54*

<표 V-10>을 보면, 기업지배구조관련 변수 중에서 이사회 규모
($BDSIZE$)변수가 통계적으로 유의한 영향을 미치는 것으로 나타났
다. 이사회 규모($BDSIZE$)의 회귀계수는 −0.2527(t=−1.71)로 10%
유의수준에서 통계적으로 유의하게 나타났다. 이는 이사회 규모가 클
수록 비관련다각화기업이 되는 경향이 높다는 것을 의미한다. 통제변
수에서는 영업위험($RISK$)의 회귀계수가 43.223(t=2.23)으로 통계적
으로 유의한 것으로 나타났다. 이는 기업의 영업위험이 높을수록 관
련다각화를 추진하려는 경향이 강하다는 것을 의미한다.

2.6. 확률효과모형과 OLS모형에 의한 분석결과 비교

본 연구에 사용된 자료의 특성을 반영하지 못하는 확률효과모형과
OLS방식에 의해 분석하는 경우, 앞에서 살펴보았던 고정효과모형에
의한 분석결과와 어떤 차이가 있는가를 살펴보았다.

<표 V-11>은 확률효과모형에 의해 기업지배구조와 사업다각화 수준 간의 관계를 분석한 결과이다. <표 V-11>을 보면, [모형 1-1], [모형 1-2], [모형 1-3]에서 경영진지분율과 다각화수준 간의 관계가 통계적으로 유의하게 나타나지 않는다. 이러한 결과는 [표 V-6]에서 고정효과모형으로 분석했을 때 1차형 정(+)의 선형관계로 나타난 결과와 다른 결과이다. 기업특성효과와 시계열특성효과를 확률변수로 인식하는 확률효과모형으로 분석하는 경우에는 분석결과가 달라질 수 있음을 알 수 있다.

다른 지배구조변수와 통제변수에 있어서도 사업다각화에 유의하게 영향을 미치는 변수로 이사회 규모($BDSIZE$), 사외이사비율($OUTDIR$), 총자산영업이익률(ROA) 등으로 나타나고 있다. 이는 고정효과모형에서 이사회 규모와 총자산영업이익률, 영업위험이 유의하게 나타났던 것과 다른 결과이다.

〈표 Ⅴ-11〉 확률효과모형을 이용한 기업지배구조와 다각화수준 간의 패널분석 결과

[모형 1]에서 경영진지분율 1차항만 포함한 모형을 [모형 1-1]로 설정하였으며, 경영진지분율 1차항, 2차항을 포함한 모형을 [모형 1-2]로 설정함. 경영진지분율 1차항과 2차항, 3차항을 포함한 모형을 [모형 1-3]으로 설정함.

베리-허핀달지수로 측정된 다각화지수($DIVER$)를 기업지배구조 변수($MANE$, $BDSIZE$, $OUTDIR$, $INST$)와 통제변수(LEV, ROA, $RISK$, $ADVALUE$, $CURR$)를 이용하여 확률효과모형으로 패널분석한 결과임. $MANE^2$과 $MANE^3$은 $MANE$의 제곱과 세제곱을 나타내고, 기타 변수는 〈표 Ⅴ-1〉의 주)를 참조하기 바람. 패널자료는 377개의 개별기업이 횡단면 단위를 구성하고, 각 기업이 7개년(1999년~2005년)의 시계열을 갖는 균형패널자료임. 회귀계수 옆의 ( ) 안의 숫자는 z값임. *, **는 각각 유의수준 10%, 5%에서 유의적임을 나타냄.

[모형 1]

$$DIVER_{i\,t} = \alpha + \beta_1 MANE_{i\,t} + \beta_2 MANE^2_{i\,t} + \beta_3 MANE^3_{i\,t} + \beta_4 BDSIZE_{i\,t}$$
$$+ \beta_5 OUTDIR_{i\,t} + \beta_6 INST_{i\,t} + \beta_7 LEV_{i\,t} + \beta_8 ROA_{i\,t}$$
$$+ \beta_9 RISK_{i\,t} + \beta_{10} ADVALUE_{i\,t} + \beta_{11} CURR_{i\,t} + \eta_i + \lambda_t + e_{i\,t}$$

구 분	[모형 1-1]	[모형 1-2]	[모형 1-3]
상수항	0.1379(7.39**)	0.1363(7.22**)	0.1361(7.18**)
$MANE$	0.0369(1.28)	0.0702(1.15)	0.0774(0.71)
$MANE^2$	−	−0.0743(−0.62)	−0.1121(−0.23)
$MANE^3$	−	−	0.0441(0.08)
$BDSIZE$	0.0038(3.20**)	0.0038(3.13**)	0.0038(3.13**)
$OUTDIR$	0.0467(2.04**)	0.0465(2.03**)	0.0465(2.03**)
$INST$	0.0007(0.05)	0.0006(0.05)	0.0007(0.05)
LEV	0.0115(1.00)	0.0118(1.03)	0.0118(1.03)
ROA	−0.0875(−2.61**)	−0.0870(−2.60**)	−0.0870(−2.60**)
$RISK$	0.0490(1.34)	0.0491(1.34)	0.0490(1.34)
$ADVALUE$	−0.0089(−0.92)	−0.0089(−0.92)	−0.0089(−0.93)
$CURR$	0.0076(0.03)	0.0130(0.06)	0.0132(0.06)
R^2	0.0088	0.0091	0.0091

<표 Ⅴ-12>는 OLS모형에 의해 기업지배구조와 사업다각화수준 간의 관계를 분석한 결과이다. <표 Ⅴ-12>를 보면, [모형 1-1], [모형 1-2]에서 경영진지분율과 다각화수준 간의 관계가 통계적으로 유의한 결과를 나타내지 않는 데 비해 [모형 1-3]에서 경영진지분율과 다각화수준 간의 관계가 통계적으로 유의하게 나타나고 있다. 이러한 결과는 <표 Ⅴ-6>에서 고정효과모형으로 분석했을 때 1차형 정(+)의 선형관계로 나타난 결과와는 달리 逆 N字형 비선형관계로 분석될 수 있음을 보여주는 것이다. 횡단면-시계열자료의 특성을 반영하지 못하는 경우 분석결과가 상당히 달라질 수 있음을 알 수 있다.

다른 지배구조변수와 통제변수에 있어서도 사업다각화에 유의하게 영향을 미치는 변수로 이사회 규모($BDSIZE$), 사외이사비율($OUTDIR$), 기관투자가지분율($INST$), 레버리지비율(LEV), 영업위험($RISK$), 유동비율($CURR$) 등으로 나타나고 있다. 이는 고정효과모형에서 이사회 규모변수와 총자산영업이익률변수, 영업위험이 유의하게 나타났던 결과와 상당히 다른 결과이다.

〈표 V-12〉 OLS모형을 이용한 기업지배구조와 다각화수준 간의 회귀분석결과

[모형 1]에서 경영진지분율 1차항만 포함한 모형을 [모형 1-1]로 설정하였으며, 경영진지분율 1차항, 2차항을 포함한 모형을 [모형 1-2]로 설정함. 경영진지분율 1차항과 2차항, 3차항을 포함한 모형을 [모형 1-3]으로 설정함.

베리-허핀달지수로 측정된 다각화지수($DIVER$)를 기업지배구조 변수($MANE$, $BDSIZE$, $OUTDIR$I, $INST$)와 통제변수(LEV, ROA, $RISK$, $ADVALUE$, $CURR$)를 이용하여 OLS모형으로 회귀분석한 결과임. $MANE^2$과 $MANE^3$은 $MANE$의 제곱과 세제곱을 나타내고, 기타 변수는 <표 V-1>의 주를 참조하기 바람. 분석결과는 1999년~2005년 자료를 풀링(pooling)하여 분석한 결과임. 회귀계수 옆의 ( ) 안의 숫자는 t값임. *, **는 각각 유의수준 10%, 5%에서 유의적임을 나타냄.

[모형 1]
$$DIVER_i = \alpha + \beta_1 MANE_i + \beta_2 MANE^2{}_i + \beta_3 MANE^3{}_i + \beta_4 BDSIZE_i + \beta_5 OUTDIR_i$$
$$+ \beta_6 INST_i + \beta_7 LEV_i + \beta_8 ROA_i + \beta_9 RISK_i + \beta_{10} ADVALUE_i$$
$$+ \beta_{11} CURR_i + e_i$$

구 분	[모형 1-1]	[모형 1-2]	[모형 1-3]
상수항	0.0073(0.31)	0.0124(0.50)	0.0200(0.81)
$MANE$	−0.0318(−0.93)	−0.0967(−1.19)	−0.3785(−2.44**)
$MANE^2$	−	0.1528(0.88)	1.6144(2.29**)
$MANE^3$	−	−	−1.7421(−2.14**)
$BDSIZE$	0.0178(9.95**)	0.0178(9.98**)	0.0181(10.10**)
$OUTDIR$	0.2363(5.97**)	0.2322(5.82**)	0.2267(5.68**)
$INST$	−0.0345(−1.58)	−0.0344(−1.57)	−0.0344(−1.57**)
LEV	0.0831(3.99**)	0.0812(3.87**)	0.0803(3.83**)
ROA	−0.0632(−1.06)	−0.0646(−1.08)	0.0688(1.15)
$RISK$	−0.0931(−1.62)	−0.0945(−1.64)	−0.0967(−1.68*)
$ADVALUE$	−0.0122(−0.63)	−0.0119(−0.61)	−0.0114(−0.58)
$CURR$	−1.2047(−3.18**)	−1.2117(−3.20**)	−1.2620(−3.30**)
F값	28.31**	25.55**	23.68**
R^2	0.0884	0.0886	0.0902

분석모형에 따라 유의적으로 나타난 변수들을 요약해 보면 <표 Ⅴ-13>과 같다. 이러한 결과에서 기업지배구조와 사업다각화수준 간의 관계를 분석하는데 있어서는 분석모형의 설정이 매우 중요함을 알 수 있다.

자료의 특성에 적합한 고정효과모형에 의해 분석한 결과에 의하면 지배구조변수 가운데 경영진지분율과 이사회 규모가 사업다각화에 유의하게 영향을 미치는 것으로 나타났지만, 기업특성효과와 시간특성효과를 확률변수로 인식하는 확률효과모형에서는 이사회 규모와 사외이사비율이 유의하게 영향을 미치는 것으로 나타나고 있다. 또한 횡단면-시계열 자료의 특성을 반영하지 못하는 OLS방법을 이용하여 분석하는 경우에는 경영진지분율과 다각화수준 간의 관계가 고정효과모형에서의 선형관계와 달리 3차형 비선형관계로 나타났다.

다른 지배구조변수에서도 이사회 규모와 사외이사비율, 기관투자가지분율이 사업다각화에 유의하게 영향을 미치는 것으로 나타나 고정효과모형에 의한 분석결과와 다르게 나타나고 있다.

〈표 Ⅴ-13〉 고정효과모형, 확률효과모형, OLS모형에 의한 분석결과 비교

베리-허핀달지수로 측정된 다각화지수($DIVER$)를 기업지배구조 변수($MANE$, $BDSIZE$, $OUTDIR$, $INST$)와 통제변수(LEV, ROA, $RISK$, $ADVALUE$, $CURR$)를 이용하여 각 모형에 의해 분석을 실시한 결과를 요약한 것임. $MANE^2$과 $MANE^3$은 $MANE$의 제곱과 세제곱을 나타내고, 기타 변수는 <표 Ⅴ-1>의 주)를 참조하기 바람. 고정효과모형과 확률효과모형의 분석을 위한 패널자료는 377개의 개별기업이 횡단면 단위를 구성하고, 각 기업이 7개년(1999년~2005년)의 시계열을 갖는 균형패널자료임. OLS모형은 1999년~2005년 자료를 풀링(pooling)하여 분석하였음. 표에 제시된 부호는 각 모형으로 분석한 결과 중에서 10%, 5%에서 유의한 영향을 미치는 것으로 판정된 회귀계수의 부호를 나타낸 것임. 고정효과모형란에 제시된 결과는 [모형 1-1]의 결과를 정리한 것임. 확률효과모형에 의한 분석은 [모형 1-1], [모형 1-2], [모형 1-3] 모두에서 기업지배구조관련변수 중의 경영진지분율이 다각화수준에 유의적인 회귀계수를 발견할 수 없었음. OLS모형에서는 [모형 1-3]에서 기업지배구조 변수 중의 경영진지분율이 다각화수준에 유의한 결과를 보였음. *, **는 각각 유의수준 10%, 5%에서 유의적임을 나타냄.

구 분	고정효과모형	확률효과모형	OLS모형
$MANE$	$+^{**}$		$-^{**}$
$MANE^2$			$+^{**}$
$MANE^3$			$-^{**}$
$BDSIZE$	$+^{*}$	$+^{**}$	$+^{**}$
$OUTDIR$		$+^{**}$	$+^{**}$
$INST$			$-^{**}$
LEV			$+^{**}$
ROA	$-^{**}$	$-^{**}$	
$RISK$	$+^{*}$		$-^{*}$
$ADVALUE$			
$CURR$			$-^{**}$

3. 사업다각화와 기업지배구조가 기업가치에 미치는 영향에 대한 분석결과

3.1. 모형적합성 검정결과

<표 V-14>는 전체기간(1999년~2005년)에 대해 [모형 4-1]~[모형 4-5]의 적합성을 검정한 결과이다. 먼저, 기업특성효과(η_i)와 시간특성효과(λ_t)의 존재 여부를 검정($H_0 : \sigma_\eta^2 = 0,\ \sigma_\lambda^2 = 0$)한 라그랑지 승수 검정결과를 보면, [모형 4-1], [모형 4-2], [모형 4-3], [모형 4-4], [모형 4-5]의 g통계량이 각각 857.48, 854.76, 856.51, 852.02, 834.81로 모두 귀무가설을 기각하는 결과를 보이고 있다. 이는 기업특성효과와 시간특성효과가 본 연구의 모형에 존재한다는 의미로 하우즈만 검정에 의해 고정효과모형과 확률효과모형의 적합성을 검정할 필요가 있음을 보여주고 있다.

<표 V-14>의 두 번째 란에서 $E(\eta_i / X_{i\ t}) = 0,\ E(\lambda_t / X_{i\ t}) = 0$이라는 귀무가설에 대해 하우즈만 검정결과를 보면, 각 모형의 m값이 각각 21.72, 22.70, 23.08, 25.78, 28.95로 귀무가설을 기각하는 결과를 보이고 있다. 따라서 기업특성 및 시간특성효과와 독립변수 간에는 유의한 상관관계를 가진다고 할 수 있으므로 고정효과모형에 의한 계수 추정이 적합함을 알 수 있다.

<표 V-14>의 세 번째란 즉, 고정효과모형의 적합성을 확인하기 위해 귀무가설 $\eta_i = 0,\ \lambda_t = 0$을 설정하고 $F-$검정을 실시한 결과를 보면, 각 모형의 F값이 각각 4.57, 4.56, 4.57, 4.58, 4.54로 귀무가설이 기각되는 결과를 보여 본 연구의 모형으로 고정효과모형이 적합함을

확인할 수 있다.

<표 V-14> 기업가치방정식에 대한 모형적합성 검정결과

[모형 4]에서 사업다각화 1차항과 경영진지분율 1차항을 포함한 모형을 [모형 4-1]로 설정하였으며, 사업다각화 1차항과 2차항을 포함한 모형을 [모형 4-2]로 설정함. 사업다각화 1차항과 2차항, 3차항을 포함한 모형을 [모형 4-3]으로 설정하였으며, 경영진지분율 1차항, 2차항을 포함한 모형을 [모형 4-4]로 설정하였음. 경영진지분율 1차항과 2차항, 3차항을 포함한 모형은 [모형 4-5]로 설정함.

전체기간(1999년~2005년)을 대상으로 [모형 4-1], [모형 4-2], [모형 4-3], [모형 4-4], [모형 4-5]에 대한 적합성을 검정하기 위해 라그랑지 승수 검정($H_0: \sigma_\eta^2 = 0$, $\sigma_\lambda^2 = 0$), 하우즈만 검정($H_0: E(\eta_i/X_{i\,t}) = 0$, $E(\lambda_t/X_{i\,t}) = 0$), F-검정($H_0: \eta_i = 0$, $\lambda_t = 0$)을 실시한 결과임. 라그랑지 승수 검정은 기업특성효과(η_i)와 시간특성효과(λ_t)의 존재 여부를 검정하는 것임. 귀무가설이 기각되는 경우 오차항은 $\eta_i + \lambda_t + e_{i\,t}$와 같이 되고, η_i와 λ_t의 존재 때문에 일반최소자승법(OLS)으로 효율적인 추정량을 구할 수 없음을 의미함. 하우즈만 검정은 η_i와 λ_t를 고정효과모형으로 추정할 것인가 혹은 확률효과모형으로 추정할 것인가를 검정하는 것임. 만약 $E(\eta_i/X_{i\,t}) = 0$, $E(\lambda_t/X_{i\,t}) = 0$이라는 귀무가설이 채택될 경우에는 확률효과모형에 의한 GLS추정량이 일치성과 효율성을 가지게 되어 확률효과모형으로 추정하는 것이 바람직함. 만약 귀무가설이 기각된다면 GLS추정량은 불일치성을 가지게 되므로 고정효과모형에 의한 추정이 바람직하게 됨. F-검정은 고정효과모형의 적합성을 확인하기 위한 검정. 귀무가설이 기각되는 경우 고정효과가 존재하는 것으로 해석함.

[모형 4]
$$VALUE_{i\,t} = \alpha + \beta_1 DIVER_{i\,t} + \beta_2 DIVER^2_{i\,t} + \beta_3 DIVER^3_{i\,t} + \beta_4 MANE_{i\,t}$$
$$+ \beta_5 MANE^2_{i\,t} + \beta_6 MANE^3_{i\,t} + \beta_7 BDSIZE_{i\,t} + \beta_8 OUTDIR_{i\,t}$$
$$+ \beta_9 INST_{i\,t} + \beta_{10} LEV_{i\,t} + \beta_{11} ROA_{i\,t} + \eta_i + \lambda_t + e_{i\,t}$$

구 분	라그랑지 승수 검정 ($H_0: \sigma_\eta^2 = 0$, $\sigma_\lambda^2 = 0$)		하우즈만 검정 ($H_0: E(\eta_i/X_{i\,t}) = 0$, $E(\lambda_t/X_{i\,t}) = 0$)		F-검정 ($H_0: \eta_i = 0$, $\lambda_t = 0$)	
	g통계량	p값	m통계량	p값	F값	p값
[모형 4-1]	857.48	0.0000	21.72	0.0028	4.57	0.0000
[모형 4-2]	854.76	0.0000	22.70	0.0038	4.56	0.0000
[모형 4-3]	856.51	0.0000	23.08	0.0060	4.57	0.0000
[모형 4-4]	852.02	0.0000	25.78	0.0011	4.58	0.0000
[모형 4-5]	834.81	0.0000	28.95	0.0007	4.54	0.0000

3.2. 고정효과모형에 의한 실증분석 결과

<표 V-15>는 고정효과모형에 의해 사업다각화수준과 기업지배구조가 기업가치에 미치는 영향을 분석한 결과이다. <표 V-15>를 보면 [모형 4-1]에 있어 베리-허핀달지수(BHI)로 측정된 다각화수준($DIVER$)의 회귀계수가 0.1039(t=1.26)로 비유의적으로 도출되었다. 이는 다각화수준($DIVER$)과 기업가치($VALUE$)간에는 유의한 선형관계가 존재하지 않아 다각화수준과 기업가치 간의 관계를 [모형 4-1]의 선형관계로 설명하는 데 한계가 있다는 것을 의미한다.

[모형 4-2]에 의한 분석결과에서도 다각화수준의 1차항($DIVER$), 2차항($DIVER^2$)의 회귀계수가 각각 0.2282(t=1.00)과 -0.2193(t=-0.58)로 기업가치와 유의한 관계가 나타나지 않아 [모형 4-2]의 2차항 비선형관계로 설명하는 데도 한계가 있음을 알 수 있다.

[모형 4-3]에 의한 분석결과에서도, 다각화수준($DIVER$)의 회귀계수가 1차항($DIVER$)과 2차항($DIVER^2$), 3차항($DIVER^2$)이 각각 -0.4147 (t=-0.89), 2.4152(t=1.41), -2.6582(t=-1.57)로 기업가치와 유의한 관계가 나타나지 않아 [모형 4-3]의 3차항 비선형관계로 설명하는 데도 한계가 있음을 알 수 있다. 즉, 이들 결과에서 사업다각화수준과 기업가치 간에는 유의한 영향관계가 존재하지 않는 것으로 이해할 수 있다.

한편, [모형 4-4]에서는 경영진지분율($MANE$)의 1차항($MANE$)과 2차항($MANE^2$)의 회귀계수가 각각 0.5342(t=2.15), -0.8422(t=-1.75)로 통계적으로 유의한 관계를 가지는 逆U字형 곡선으로 나타났다. 분석결과에 나타난 회귀계수의 의미를 살펴보면, 경영진지분율이 31.71%[122])까지는 경영진지분율의 증가에 따라 기업가치가 증가하지만 31.71% 수준을 넘어서면 경영진지분율의 증가에 따라 기업가치가 감소하는 것으로 해석할 수 있다.

따라서 이러한 모형의 분석결과에 따를 경우, 한국기업의 경영진지분율과 기업가치 간의 관계는, 경영진지분율이 31.71% 이하에서는 경영진지분율의 증가에 따라 기업가치가 증가한다는 이해일치의 가설에 의해 설명될 수 있다. 경영진지분율이 31.71% 이상에서는 경영진지분율이 증가할수록 기업가치가 감소한다는 경영자안주가설에 의해 설명될 수 있는 것으로 이해할 수 있다.

[모형 4-5]에 의한 분석결과에서는 경영진지분율($MANE$)의 1차항($MANE$), 2차항($MANE^2$), 3차항($MANE^3$)의 회귀계수가 각각 0.5371 (t=1.23), -0.8578(t=-0.44), 0.0181(t=0.01)로 기업가치와 유의한 관계가 나타나지 않아 [모형 4-5]의 3차항 비선형관계로 설명하는 데는 한계가 있음을 알 수 있다.

한편, 기업지배구조관련 변수 가운데 기업가치에 유의하게 영향을 미치는 변수로는 사외이사비율($OUTDIR$)과 기관투자가지분율($INST$) 변수인 것으로 나타났다. [모형 4-1], [모형 4-2], [모형 4-3], [모형 4-4], [모형 4-5]에서 사외이사비율변수($OUTDIR$)의 회귀계수는 각각 0.2028(t=2.22), 0.2022(t=2.21), 0.2075(t=2.27), 0.1989(t=2.18), 0.1989(t=2.18)로 사외이사비율이 높을수록 기업가치가 높아진다는 것을 알 수 있다. 이는 사외이사가 경영자를 효율적으로 감시·통제함으로써 경영자의 대리인문제를 축소시켜 기업가치가 높아지는 것

---

122) 2차식 모형에 의한 분석결과를 이용하여 편미분한 결과 변곡점은 경영진지분율 31.71% 수준임을 확인할 수 있었다.

으로 이해할 수 있다.

기관투자가지분율변수($INST$)의 회귀계수는 [모형 4-1], [모형 4-2], [모형 4-3], [모형 4-4], [모형 4-5]에서 각각 0.4887(t=8.75), 0.4891(t=8.75), 0.4877(t=8.73), 0.4880(t=8.74), 0.4880(t=8.73)으로 기관투자가지분율이 높을수록 기업가치가 높아지는 것으로 나타났다. 이는 기관투자가의 지분율이 증가할수록 경영자의 대리인문제를 축소시켜 기업가치가 증가할 것이라는 [가설 3d]의 효율적 감시가설을 지지하는 것으로 이해할 수 있다.

통제변수의 경우 기업가치에 통계적으로 유의하게 영향을 미치는 변수는 레버리지비율변수(LEV)인 것으로 나타났다. 레버리지비율(LEV)의 회귀계수는 [모형 4-1], [모형 4-2], [모형 4-3], [모형 4-4], [모형 4-5]에서 각각 0.5172(t=12.16), 0.5178(t=12.17), 0.5178(t=12.18), 0.5202(t=12.23), 0.5203(t=12.23)로 레버리지비율이 높을수록 기업가치가 증가하는 것으로 나타났다. 이는 부채의 통제효과가 작동하고, 부채조달이 세금절감효과나 재무레버리지효과 등에 의해 기업가치에 긍정적으로 영향을 미친다는 것을 의미한다.

〈표 Ⅴ-15〉 고정효과모형을 이용한 사업다각화 및 기업지배구조가 기업가치에
미치는 영향에 대한 패널분석 결과

[모형 4]에서 사업다각화 1차항과 경영진지분율 1차항을 포함한 모형을 [모형 4-1]로 설정하
였으며, 사업다각화 1차항과 2차항을 포함한 모형을 [모형 4-2]로 설정함. 사업다각화 1차항
과 2차항, 3차항을 포함한 모형을 [모형 4-3]을 설정하였으며, 경영진지분율 1차항, 2차항을
포함한 모형을 [모형 4-4]로 설정함. 경영진지분율 1차항과 2차항, 3차항을 포함한 모형은
[모형 4-5]로 설정함.
M/B비율로 측정된 기업가치 변수($VALUE$)를 다각화지수($DIVER$) 및 기업지배구조 변수
($MANE$, $BDSIZE$, $OUTDIR$, $INST$)와 통제변수(LEV, ROA)를 이용하여 고정효과모형
으로 패널분석한 결과임. $DIVER^2$과 $DIVER^3$은 $DIVER$의 제곱과 세제곱, $MANE^2$과
$MANE^3$은 $MANE$의 제곱과 세제곱을 나타내고, 기타 변수는 <표 Ⅴ-1>의 주)를 참조하
기 바람. 패널자료는 377개의 개별기업이 횡단면 단위를 구성하고, 각 기업이 7개년(1999년~
2005년)의 시계열을 갖는 균형패널자료임. 회귀계수 옆의 ( ) 안의 숫자는 t값임. *, **는 각각
유의수준 10%, 5%에서 유의적임을 나타냄.

[모형 4]

$$VALUE_{i\,t} = \alpha + \beta_1 DIVER_{i\,t} + \beta_2 DIVER^2_{i\,t} + \beta_3 DIVER^3_{i\,t} + \beta_4 MANE_{i\,t}$$
$$+ \beta_5 MANE^2_{i\,t} + \beta_6 MANE^3_{i\,t} + \beta_7 BDSIZE_{i\,t} + \beta_8 OUTDIR_{i\,t}$$
$$+ \beta_9 INST_{i\,t} + \beta_{10} LEV_{i\,t} + \beta_{11} ROA_{i\,t} + \eta_i + \lambda_t + e_{i\,t}$$

구분	[모형 4-1]	[모형 4-2]	[모형 4-3]	[모형 4-4]	[모형 4-5]
상수항	0.3433 (6.00**)	0.3390 (5.88**)	0.3508 (6.03**)	0.3270 (5.64**)	0.3269 (5.60**)
$DIVER$	0.1039 (1.26)	0.2282 (1.00)	−0.4147 (−0.89)	0.1006 (1.22)	0.1006 (1.22)
$DIVER^2$	−	−0.2193 (−0.58)	2.4152 (1.41)	−	−
$DIVER^3$	−	−	−2.6582 (−1.57)	−	−
$MANE$	0.1527 (1.29)	0.1507 (1.27)	0.1515 (1.28)	0.5342 (2.15**)	0.5371 (1.23)
$MANE^2$	−	−	−	−0.8422 (−1.75*)	−0.8578 (−0.44)
$MANE^3$	−	−	−	−	0.0181 (0.01)
$BDSIZE$	0.0063 (1.30)	0.0065 (1.34)	0.0063 (1.29)	0.0055 (1.13)	0.0055 (1.13)
$OUTDIR$	0.2028 (2.22**)	0.2022 (2.21**)	0.2075 (2.27**)	0.1989 (2.18**)	0.1989 (2.18**)
$INST$	0.4887 (8.75**)	0.4891 (8.75**)	0.4877 (8.73**)	0.4880 (8.74**)	0.4880 (8.73**)
LEV	0.5172 (12.16**)	0.5178 (12.17**)	0.5178 (12.18**)	0.5202 (12.23**)	0.5203 (12.23**)
ROA	0.0250 (0.19)	0.0241 (0.19)	0.0083 (0.06)	0.0294 (0.23)	0.0293 (0.23)
F값	4.57**	4.56**	4.57**	4.58**	4.54**
R^2	0.0873	0.0875	0.0885	0.0886	0.0886

<표 Ⅴ-16>은 통제변수(LEV, ROA)을 통제한 상황에서 [모형 4-4]에 기업지배구조관련 변수들을 개별적으로 포함시켰을 때 기업가치에 미치는 영향을 분석한 결과이다.[123]

[모형 4-4a]는 [모형 4-4]에 기업지배구조관련 변수 중에서 경영진지분율 변수만을 포함시킨 모형이다. 경영진지분율변수($MANE$)의 회귀계수는 1차항($MANE$)과 2차항($MANE^2$)이 각각 0.5471(t=2.18), -0.9370 (t=-1.92)로 통계적으로 유의한 관계를 가지는 逆U字형 곡선으로 나타났다. 통제변수 중에서 기업가치에 유의적으로 영향을 미치는 변수는 레버리지비율변수(LEV)인 것으로 나타났다. 이러한 결과는 다른 지배구조변수를 모두 포함한 [모형 4-4]의 결과와 동일한 것이다.

[모형 4-4b]는 [모형 4-4]에 기업지배구조관련 변수 중에서 이사회 규모변수만 포함시킨 모형이다. 이사회 규모변수($BDSIZE$)의 회귀계수가 0.0052(t=1.06)로 통계적으로 비유의적으로 나타났다. 통제변수 중에서 기업가치에 유의적으로 영향을 미치는 변수는 레버리지비율(LEV)로 다른 지배구조변수를 모두 포함한 [모형 4-4]의 결과와 동일하다.

[모형 4-4c]는 [모형 4-4]에 기업지배구조관련 변수 중에서 사외이사비율변수만을 포함시킨 모형이다. 사외이사비율변수($OUTDIR$)의 회귀계수는 0.2101(t=2.30)로 통계적으로 유의적인 것으로 나타났다. 이는 사외이사비율이 기업가치에 긍정적인 영향을 미친다는 의미로 [모형 4-4]의 결과와 동일하다. [모형 4-4c]의 통제변수 중에서

---

[123] 〈표 Ⅴ-15〉에서 사업다각화 변수와 경영진지분율변수를 기준으로 유의하게 평가된 모형을 기준으로 분석을 실시하였다.

기업가치에 유의적으로 영향을 미치는 변수는 역시 레버리지비율변수(LEV)인 것으로 나타났다.

[모형 4-4d]는 [모형 4-4]에 기업지배구조관련 변수 중에서 기관투자가지분율변수를 포함시킨 모형이다. 기관투자가지분율($INST$)의 회귀계수는 0.4902(t=8.78)로 통계적으로 유의적인 것으로 나타났다. 이는 [모형 4-4]의 결과와 동일한 것이다. 통제변수 중에서 기업가치에 유의적으로 영향을 미치는 변수는 역시 레버리지비율변수(LEV)인 것으로 나타났다.

이러한 결과를 종합해 보면 [모형 4-4]처럼 사업다각화 변수와 지배구조변수를 모두 동시에 하나의 모형에 포함시켜 분석한 결과와 각각의 변수를 하나씩 포함시켜 분석하였을 때의 결과는 동일하다는 것을 알 수 있다. 즉, 기업지배구조 관련 변수 중에서 경영진지분율과 사외이사비율, 기관투자가지분율이 기업가치에 통계적으로 유의한 영향을 미치고, 통제변수 중에서 레버리지비율이 기업가치에 정(+)의 영향을 미친다는 것을 알 수 있다.

〈표 V-16〉 기업지배구조 개별변수가 기업가치에 미치는 영향에 대한 패널분석 결과

M/B비율로 측정된 기업가치 변수($VALUE$)를 다각화지수($DIVER$) 및 기업지배구조 변수 ($MANE$, $BDSIZE$, $OUTDIR$, $INST$)와 통제변수(LEV, ROA)를 이용하여 고정효과모형 으로 패널분석한 결과임. $MANE^2$은 $MANE$의 제곱을 나타냄. 기타 변수는 <표 V-1>의 주)를 참조하기 바람. 패널자료는 377개의 개별기업이 횡단면 단위로 구성하고, 각 기업이 7 개년(1999년~2005년)의 시계열을 갖는 균형패널자료임. 회귀계수 옆의 ( ) 안의 숫자는 t값임. *, **는 각각 유의수준 10%, 5%에서 유의적임을 나타냄.

[모형 4-4]
$$VALUE_{i\,t} = \alpha + \beta_1 DIVER_{i\,t} + \beta_2 MANE_{i\,t} + \beta_3 MANE^2_{i\,t} + \beta_4 BDSIZE_{i\,t}$$
$$+ \beta_5 OUTDIR_{i\,t} + \beta_6 INST_{i\,t} + \beta_7 LEV_{i\,t} + \beta_8 ROA_{i\,t} + \eta_i + \lambda_t + e_{i\,t}$$

구 분	[모형 4-4]	[모형 4-4a]	[모형 4-4b]	[모형 4-4c]	[모형 4-4d]
상수항	0.3270 (5.64**)	0.5669 (15.27**)	0.5788 (13.59**)	0.5508 (14.03**)	0.4676 (14.27**)
$DIVER$	0.1006 (1.22)	0.1018 (1.21)	0.1068 (1.27)	0.1072 (1.28)	0.1158 (1.40)
$MANE$	0.5342 (2.15**)	0.5471 (2.18**)	—	—	—
$MANE^2$	−0.8422 (−1.75*)	−0.9370 (−1.92*)	—	—	—
$BDSIZE$	0.0055 (1.13)	—	0.0052 (1.06)	—	—
$OUTDIR$	0.1989 (2.18**)	—	—	0.2101 (2.30**)	—
$INST$	0.4880 (8.74**)	—	—	—	0.4902 (8.78**)
LEV	0.5202 (12.23**)	0.4821 (11.24**)	0.4738 (11.13**)	0.4852 (11.33**)	0.4988 (11.88**)
ROA	0.0294 (0.23)	0.1092 (0.84)	0.0985 (0.75)	0.1128 (0.86)	0.0113 (0.09)
F값	4.58**	4.57**	4.66**	4.60**	4.59**
R^2	0.0886	0.0549	0.0534	0.0551	0.0841

3.3. 재벌기업과 비재벌기업의 고정효과모형 실증분석 결과

<표 Ⅴ-17>은 전체표본기업을 재벌기업과 비재벌기업으로 나누어 고정효과모형에 의해 다각화수준 및 기업지배구조가 기업가치에 미치는 영향을 분석한 결과이다. 우선 재벌기업의 분석결과를 보면 [모형 4-1]에 있어 다각화수준($DIVER$)으로 측정된 다각화수준의 회귀계수가 0.0224(t=0.19)로 비유의적으로 도출되었다. 이는 다각화수준($DIVER$)과 기업가치($VALUE$)간에는 유의한 선형관계가 존재하지 않아 다각화수준과 기업가치 간의 관계를 [모형 4-1]의 선형관계로 설명하는 데 한계가 있다는 것을 의미한다.

[모형 4-2]에 의한 분석결과에서도 다각화수준의 1차항($DIVER$)과 2차항($DIVER^2$)의 회귀계수는 각각 0.2555(t=0.80)과 -0.3696(t=-0.78)로 2차형모형에서도 유의한 관계가 나타나지 않아 [모형 4-2]의 2차항 비선형관계로 설명하는 데도 한계가 있음을 알 수 있다.

[모형 4-3]에 의한 분석결과에 의하면, 다각화변수($DIVER$)의 회귀계수는 1차항($DIVER$), 2차항($DIVER^2$)과 3차항($DIVER^3$)이 각각 -0.5049(t=-0.65), 2.4957(t=0.92), -2.6557(t=-1.08)로 통계적으로 유의한 관계가 나타나지 않아 [모형 4-3]의 3차항 비선형관계로 설명하는 데도 한계가 있음을 알 수 있다. 재벌기업을 대상으로 분석한 결과는 전체기업을 대상으로 분석한 결과와 같이 다각화수준과 기업가치 간에 유의적인 관계를 발견할 수 없었다.

[모형 4-4]의 분석에서는 경영진지분율($MANE$)의 1차항($MANE$), 2차항($MANE^2$)의 회귀계수가 각각 0.2974(t=0.46), -1.0495(t=-0.50)로 2차항 비선형 관계를 설명하는 데 한계가 있다는 것을 알 수 있다.

[모형 4-5]의 분석에서는 경영진지분율($MANE$)의 1차항($MANE$), 2차항($MANE^2$), 3차항($MANE^3$)의 회귀계수가 각각 -0.7070(t = -0.61), 5.5084(t = 0.89), -19.531(t = -1.03)로 3차항 비선형관계로 설명하는 데도 한계가 있음을 알 수 있다.

지배구조변수의 경우 기업가치에 유의하게 영향을 미치는 변수는 사외이사비율($OUTDIR$)과 기관투자가지분율($INST$)인 것으로 나타났다. 이는 전체기업분석과 재벌기업을 대상으로 분석한 결과와 동일한 것으로 재벌기업의 경우 사외이사비율과 기관투자가지분율이 증가하면 기업가치가 증가한다는 것을 알 수 있다.

다른 통제변수의 경우에는 기업가치에 유의미하게 영향을 미치는 변수는 총자산영업이익률인 것으로 나타났다. 전체기업 분석에서 레버리지변수가 유의하게 나타났던 것과는 다른 결과이다.

한편 비재벌기업의 경우를 보면 [모형 4-1]에 있어 베리-허핀달 지수로 측정된 다각화수준의 회귀계수가 0.0938(t = 0.92)로 비유의적으로 도출되었다. 이는 다각화수준($DIVER$)과 기업가치($VALUE$) 간에는 유의한 선형관계가 존재하지 않아 다각화수준과 기업가치 간의 관계를 [모형 4-1]의 선형관계로 설명하는 데 한계가 있다는 것을 의미한다.

[모형 4-2]에 의한 분석결과에서도 다각화수준의 1차항($DIVER$), 2차항($DIVER^2$)의 회귀계수가 각각 -0.0018(t = 0.01)과 0.1763(t = 0.34)으로 1차항, 2차항에서 기업가치와 유의한 관계가 나타나지 않아 [모형 4-2]의 2차항 비선형관계로 설명하는 데도 한계가 있음을 알 수 있다.

[모형 4-3]에 의한 분석결과에서도, 다각화수준변수($DIVER$)의 1

차항($DIVER$), 2차항($DIVER^2$)과 3차항($DIVER^3$)의 회귀계수가 각각 -0.1978(t$=-0.34$), 1.0351(t$=0.46$), -0.9271(t$=-0.39$)로 통계적으로 유의한 관계가 나타나지 않아 [모형 4-3]의 3차항 비선형관계로 설명하는 데도 한계가 있음을 알 수 있다. 이처럼 비재벌기업을 대상으로 분석한 결과에서도 전체기업이나 재벌기업을 대상으로 분석한 결과와 동일하게 다각화수준과 기업가치 간에 유의적인 관계를 발견할 수 없었다.

[모형 4-4]의 분석에서는 경영진지분율변수($MANE$)의 1차항($MANE$), 2차항($MANE^2$)의 회귀계수가 각각 0.7935(t$=2.82$), -1.1195(t$=-2.16$)로 2차항 逆U字형 관계가 존재하는 것으로 나타나 전체기업의 분석결과와 동일한 결과를 보였다.[124]

[모형 4-5]의 분석에서는 경영진지분율변수($MANE$)의 1차항($MANE$), 2차항($MANE^2$), 3차항($MANE^3$)의 회귀계수가 각각 0.8860(t$=1.75$), -1.5885(t$=-0.72$), 0.5311(t$=0.22$)로 3차항 비선형관계로 설명하는 데 한계가 있음을 알 수 있다.

지배구조변수의 경우 기업가치에 유의하게 영향을 미치는 변수는 사외이사비율($OUTDIR$)과 기관투자가지분율($INST$)인 것으로 나타났다. 이사회 규모는 [모형 4-1]과 [모형 4-2], [모형 4-3]에서만 유의수준 10%에서 기업가치에 유의하게 영향을 미치는 것으로 나타났다. 이는 전체기업 분석에서와 다소 상이한 결과로 비재벌기업에 있어 이사회 규모와 사외이사비율, 기관투자가지분율이 증가하면 기

---

124) [모형 4-1]과 [모형 4-2], [모형 4-3]에서 경영진지분율변수의 회귀계수가 각각 0.2574(t=1.95), 0.2759(t=1.95), 0.2586(t=1.96)으로 유의수준 10%에서 유의하게 나타나고 있지만 [모형 4-1]과 [모형 4-2], [모형 4-3], [모형 4-4]의 R^2를 보면 각각 4.58, 4.57, 4.56, 4.60으로 [모형 4-4]의 경우가 가장 높아 [모형 4-4]에 의한 결과를 보다 유의하게 평가할 수 있다.

업가치가 증가한다는 것을 알 수 있다.

통제변수의 경우 기업가치에 유의하게 영향을 미치는 변수는 레버리지비율변수(LEV)인 것으로 나타나서 전체기업의 분석과 같은 결과이다. 즉, 레버리지비율이 높을수록 기업가치가 높아진다는 것을 알 수 있다.

〈표 Ⅴ-17〉 재벌기업과 비재벌기업의 사업다각화 및 기업지배구조가 기업가치에 미치는 영향에 대한 패널분석 결과

[모형 4]에서 사업다각화 1차항과 경영진지분율 1차항을 포함한 모형을 [모형 4-1]로 설정하였으며, 사업다각화 1차항과 2차항을 포함한 모형을 [모형 4-2]로 설정함. 사업다각화 1차항과 2차항, 3차항을 포함한 모형을 [모형 4-3]을 설정하였으며, 경영진지분율 1차항, 2차항을 포함한 모형을 [모형 4-4]로 설정함. 경영진지분율 1차항과 2차항, 3차항을 포함한 모형을 [모형 4-5]로 설정함.

전체표본기업을 재벌기업과 비재벌기업으로 나누어 M/B비율로 측정된 기업가치 변수(VALUE)를 다각화지수(DIVER) 및 기업지배구조 변수(MANE, BDSIZE, OUTDIR, INST)와 통제변수(LEV, ROA)를 이용하여 고정효과모형으로 패널분석한 결과임. DIVER²과 DIVER³은 DIVER의 제곱과 세제곱을 나타내고, MANE²과 MANE³은 MANE의 제곱과 세제곱을 나타냄. 기타 변수는 <표 Ⅴ-1>의 주를 참조하기 바람. 패널자료는 재벌기업과 비재벌기업 각각을 횡단면 단위로 구성하고, 각 기업이 7개년(1999년~2005년)의 시계열을 갖는 불균형패널자료임. 회귀계수 옆의 ( ) 안의 숫자는 t값임. *, **는 각각 유의수준 10%, 5%에서 유의적임을 나타냄.

[모형 4]

$$VALUE_{i\,t} = \alpha + \beta_1 DIVER_{i\,t} + \beta_2 DIVER^2_{i\,t} + \beta_3 DIVER^3_{i\,t} + \beta_4 MANE_{i\,t} + \beta_5 MANE^2_{i\,t} + \beta_6 MANE^3_{i\,t} + \beta_7 BDSIZE_{i\,t} + \beta_8 OUTDIR_{i\,t} + \beta_9 INST_{i\,t} + \beta_{10} LEV_{i\,t} + \beta_{11} ROA_{i\,t} + \eta_i + \lambda_t + e_{i\,t}$$

구 분	[모형 4-1]		[모형 4-2]		[모형 4-3]		[모형 4-4]		[모형 4-5]	
	재벌	비재벌	재벌	비재벌	재벌	비재벌	재벌	비재벌	재벌	비재벌
상수항	0.6386 (5.33**)	0.2578 (3.66**)	0.6284 (5.21**)	0.2620 (3.66**)	0.6547 (5.33**)	0.2651 (3.68**)	0.6322 (5.24**)	0.2303 (3.22**)	0.6417 (5.31**)	0.2281 (3.16**)
DIVER	0.0224 (0.19)	0.0938 (0.92)	0.2555 (0.80)	-0.0018 (-0.01)	-0.5049 (-0.65)	-0.1978 (-0.34)	0.0243 (0.21)	0.0879 (0.86)	0.0259 (0.22)	0.0877 (0.86)
DIVER²	-	-	-0.3696 (-0.78)	0.1763 (0.34)	2.4957 (0.92)	1.0351 (0.46)	-	-	-	-
DIVER³	-	-	-	-	-2.6557 (-1.08)	-0.9271 (-0.39)	-	-	-	-
MANE	0.0131 (0.05)	0.2574 (1.95*)	-0.0004 (-0.00)	0.2759 (1.95*)	-0.0157 (-0.05)	0.2586 (1.96*)	0.2974 (0.46)	0.7935 (2.82**)	-0.7070 (-0.61)	0.8860 (1.75*)
MANE²	-	-	-	-	-	-	-1.0495 (-0.50)	-1.1195 (-2.16**)	5.5084 (0.89)	-1.5885 (-0.72)
MANE³	-	-	-	-	-	-	-	-	-19.531 (-1.03)	0.5311 (0.22)
BDSIZE	-0.0072 (-1.07)	0.0112 (1.83*)	-0.0069 (-1.04)	0.0101 (1.78*)	-0.0069 (-1.03)	0.0108 (1.77*)	-0.0076 (-1.12)	0.0097 (1.58)	-0.0071 (-1.06)	0.0097 (1.58)
OUTDIR	0.2137 (2.26**)	0.3082 (2.17**)	0.2117 (2.24**)	0.3080 (2.17**)	0.2206 (2.32**)	0.3086 (2.18**)	0.2096 (2.21**)	0.3006 (2.12**)	0.2126 (2.24**)	0.3014 (2.13**)
INST	0.4248 (5.08**)	0.5333 (7.89**)	0.4269 (5.10**)	0.5328 (7.88**)	0.4303 (5.14**)	0.5317 (7.86**)	0.4249 (5.08**)	0.5320 (7.88**)	0.4255 (5.09**)	0.5326 (7.88**)
LEV	0.1052 (0.74)	0.5701 (12.41**)	0.1076 (0.76)	0.5695 (12.39**)	0.0931 (0.65)	0.5697 (12.39**)	0.1149 (0.80)	0.5748 (12.51**)	0.1027 (0.72)	0.5749 (12.51**)
ROA	0.6429 (2.56**)	-0.0799 (-0.55)	0.6218 (2.46**)	-0.0811 (-0.56)	0.5495 (2.10**)	-0.0817 (-0.56)	0.6499 (2.59**)	-0.0760 (-0.53)	0.6536 (2.60**)	-0.0766 (-0.53)
F값	6.06**	4.58**	6.05**	4.57**	6.06**	4.56**	5.97**	4.60**	5.97**	4.58**
R²	0.0809	0.1107	0.0821	0.1108	0.0843	0.1109	0.0814	0.1132	0.0834	0.1132

<표 Ⅴ-18>은 사업다각화와 기업지배구조가 기업가치에 미치는 영향을 분석한 모형에 재벌기업과 비재벌기업의 특성 더미변수를 추가하여 분석한 결과이다. 재벌기업특성(DC) 더미변수는 [모형 5-1], [모형 5-2], [모형 5-3], [모형 5-4], [모형 5-5]에서 모두 통계적으로 유의한 영향을 미치지 않는 것으로 나타났다. 즉, 사업다각화와 기업지배구조가 기업가치에 미치는 영향을 분석할 때 재벌 혹은 비재벌기업의 특성은 기업가치에 영향을 미치지 않는 것으로 이해할 수 있다.

〈표 V-18〉 재벌기업과 비재벌기업 특성이 기업가치에 미치는 영향에 대한 패널분석 결과

[모형 5]에서 사업다각화 1차항과 경영진지분율 1차항을 포함한 모형을 [모형 5-1]로 설정하였으며, 사업다각화 1차항과 2차항을 포함한 모형을 [모형 5-2]로 설정함. 사업다각화 1차항과 2차항, 3차항을 포함한 모형을 [모형 5-3]을 설정하였으며, 경영진지분율 1차항, 2차항을 포함한 모형을 [모형 5-4]로 설정함. 경영진지분율 1차항과 2차항, 3차항을 포함한 모형을 [모형 5-5]로 설정함.

M/B비율로 측정된 기업가치변수($VALUE$)를 다각화지수($DIVER$) 및 기업지배구조 변수($MANE$, $BDSIZE$, $OUTDIR$, $INST$)와 통제변수(LEV, ROA)를 이용하여 고정효과모형으로 패널분석한 결과임. $DIVER^2$과 $DIVER^3$은 $DIVER$의 제곱과 세제곱, $MANE^2$과 $MANE^3$은 $MANE$의 제곱과 세제곱을 나타내고, 기타 변수는 <표 V-1>의 주)를 참조하기 바람. 패널자료는 377개의 개별기업이 횡단면 단위를 구성하고, 각 기업이 7개년(1999년~2005년)의 시계열을 갖는 균형패널자료임. 회귀계수 옆의 ( ) 안의 숫자는 t값임. *, **는 각각 유의수준 10%, 5%에서 유의적임을 나타냄.

[모형 5]

$$VALUE_{i\,t} = \alpha + \beta_1 DIVER_{i\,t} + \beta_2 DIVER^2_{i\,t} + \beta_3 DIVER^3_{i\,t} + \beta_4 MANE_{i\,t}$$
$$+ \beta_5 MANE^2_{i\,t} + \beta_6 MANE^3_{i\,t} + \beta_7 BDSIZE_{i\,t} + \beta_8 OUTDIR_{i\,t}$$
$$+ \beta_9 INST_{i\,t} + \beta_{10} LEV_{i\,t} + \beta_{11} ROA_{i\,t} + \beta_{12} DC_{i\,t} + \eta_i + \lambda_t + e_{i\,t}$$

구 분	[모형 5-1]	[모형 5-2]	[모형 5-3]	[모형 5-4]	[모형 5-5]
상수항	0.3546 (6.05**)	0.3503 (5.93**)	0.3617 (6.08**)	0.3382 (5.71**)	0.3379 (5.67**)
$DIVER$	0.1063 (1.29)	0.2230 (0.98)	−0.4147 (−0.89)	0.1030 (1.25)	0.1030 (1.25)
$DIVER^2$	−	−0.2061 (−0.55)	2.4077 (1.40)	−	−
$DIVER^3$	−	−	−2.6377 (−1.56)	−	−
$MANE$	0.1471 (1.24)	0.1453 (1.22)	0.1463 (1.23)	0.5287 (2.13**)	0.5481 (1.25)
$MANE^2$	−	−	−	−0.8426 (−1.75*)	−0.9448 (−0.48)
$MANE^3$	−	−	−	−	0.1189 (0.05)
$BDSIZE$	0.0060 (1.23)	0.0062 (1.27)	0.0060 (1.22)	0.0052 (1.06)	0.0052 (1.06)
$OUTDIR$	0.2025 (2.22**)	0.2019 (2.21**)	0.2072 (2.27**)	0.1986 (2.18**)	0.1987 (2.18**)
$INST$	0.4854 (8.67**)	0.4859 (8.68**)	0.4846 (8.66**)	0.4847 (8.66**)	0.4850 (8.66**)
LEV	0.5188 (12.19**)	0.5194 (12.20**)	0.5193 (12.20**)	0.5218 (12.26**)	0.5219 (12.25**)
ROA	0.0257 (0.20)	0.0249 (0.19)	0.0092 (0.07)	0.0301 (0.23)	0.0300 (0.23)
DC	−0.0375 (−0.19)	−0.0366 (−0.88)	−0.0357 (−0.86)	−0.0376 (−0.91)	−0.0377 (−0.91)
F값	4.55**	4.54**	4.55**	4.56**	4.52**
R^2	0.0876	0.0878	0.0888	0.0889	0.0889

3.4. 사업집중화기업과 사업다각화기업의 고정효과모형 실증분석 결과

　　<표 V-19>는 전체표본기업을 사업집중화기업과 사업다각화기업으로 구분하였을 때 지배구조가 기업가치에 미치는 영향을 분석한 결과이다. <표 V-19>에서 사업집중화기업을 살펴보면 [모형 6-1]의 분석에서는 경영진지분율($MANE$)의 회귀계수가 0.1683(t=1.01)로 선형 관계를 설명하는 데 한계가 있다는 것을 알 수 있다. [모형 6-2]의 분석에서는 경영진지분율($MANE$)의 1차항($MANE$), 2차항($MANE^2$)의 회귀계수가 각각 0.9540 (t=2.52), -1.6838(t=-2.31)로 통계적으로 유의한 관계를 가지는 逆U字형 곡선으로 나타났다. 이러한 결과는 사업집중화기업은 경영진지분율이 일정수준 이하에서는 기업가치 증대가설이 성립하는 것으로 이해할 수 있고, 일정수준 이상에서는 기업가치 감소가설에 의해 설명될 수 있는 것으로 이해할 수 있다. [모형 6-3]의 분석에서는 경영진지분율($MANE$)의 1차항($MANE$), 2차항($MANE^2$), 3차항($MANE^3$)의 회귀계수가 각각 0.6951 (t=1.02), -0.2626(t=-0.08), -1.7398(t=-0.46)로 3차항 비선형관계로 설명하는 데는 한계가 있음을 알 수 있다.

　　다른 기업지배구조관련 변수를 살펴보면 기업가치에 유의하게 영향을 미치는 변수는 기관투자가지분율변수($INST$)이다. [모형 6-1], [모형 6-2], [모형 6-3]에서 기관투자가지분율변수($INST$)의 회귀계수는 각각 0.6257 (t=7.55), 0.6152(t=7.42), 0.6152(t=7.42)로 기관투자가지분율이 높을수록 기업가치가 높아지는 것으로 나타났다. 이는 효율적 감시가설을 지지하는 결과로 사업집중화기업의 경우 기관투자

가지분율이 증가할수록 경영자의 대리인문제를 축소시켜 기업가치에 긍정적인 영향을 미치는 것으로 이해할 수 있다.

통제변수로는 레버리지비율변수(LEV)가 기업가치에 유의하게 영향을 미치는 것으로 나타났다. [모형 6-1], [모형 6-2], [모형 6-3]에서 레버리지비율의 회귀계수는 각각 0.5032(t=8.13), 0.5061(t=8.19), 0.5062 (t=8.19)로 레버리지비율이 높을수록 기업가치가 증가하는 것으로 나타났다. 이는 사업집중화기업의 경우 부채의 조달이 세금절감효과나 재무레버리지효과 등에 의해 기업가치에 긍정적으로 영향을 미친다는 것을 의미한다.

한편 사업다각화기업을 살펴보면 [모형 6-1], [모형 6-2], [모형 6-3]에서 경영진지분율이 기업가치에 통계적으로 유의한 영향관계가 존재하지 않는 것으로 나타났다. 기업가치에 유의하게 영향을 미치는 다른 지배구조 변수는 기관투자가지분율($INST$)인 것으로 나타났다. [모형 6-1], [모형 6-2], [모형 6-3]에서 기관투자가지분율변수($INST$)의 회귀계수는 각각 0.3161(t=4.18), 0.3156(t=4.16), 0.3190(t=4.19)으로 통계적으로 유의한 정(+)의 영향 관계를 나타내었다. 기관투자가지분율이 높을수록 기업가치는 높아지는 것으로 나타났다. 이는 사업다각화기업에 있어서도 기관투자가가 효율적으로 경영활동을 감시함으로써 경영자의 대리인문제를 축소시켜 기업가치에 긍정적으로 영향을 미치는 것으로 이해할 수 있다.

통제변수의 경우 기업가치에 유의하게 영향을 미치는 변수는 레버리지비율(LEV)인 것으로 나타났다. [모형 6-1], [모형 6-2], [모형 6-3]에서 레버리지비율의 회귀계수는 각각 0.5682(t=9.40), 0.5676(t=9.36), 0.5689(t=9.37)로 레버리지비율이 높을수록 기업가치가 증가

하는 것으로 나타났다. 즉, 사업다각화기업의 경우에도 레버리지비율
이 높을수록 부채의 통제효과와 부채조달에 따른 세금절감효과 및
재무레버리지 효과에 의해 기업가치에 긍정적인 영향을 미치는 것으
로 이해할 수 있다.

<표 Ⅴ-19> 사업집중화기업과 사업다각화기업에 대한 지배구조 영향 분석 결과

전체 표본기업을 사업집중화기업과 사업다각화기업으로 분류하여 M/B비율로 측정된 기업가치 변수($VALUE$)를 기업지배구조 변수($MANE$, $BDSIZE$, $OUTDIR$, $INST$)와 통제변수(LEV, ROA)를 이용하여 고정효과모형으로 패널분석한 결과임. $MANE^2$과 $MANE^3$은 $MANE$의 제곱과 세제곱을 나타냄. 기타 변수는 <표 Ⅴ-1>의 주)를 참조하기 바람. 패널자료는 전체기업을 집중화기업과 다각화기업으로 나누어 횡단면 단위를 구성하고, 각 기업이 7개년(1999년~2005년)의 시계열을 갖는 불균형패널자료임. 회귀계수 옆의 ( ) 안의 숫자는 t값임. *, **는 각각 유의수준 10%, 5%에서 유의적임을 나타냄.

[모형 6]

$$VALUE_{i\ t} = \alpha + \beta_1 MANE_{i\ t} + \beta_2 MANE_{i\ t}^2 + \beta_3 MANE_{i\ t}^3 + \beta_4 BDSIZE_{i\ t}$$
$$+ \beta_5 OUTDIR_{i\ t} + \beta_6 INST_{i\ t} + \beta_7 LEV_{i\ t} + \beta_8 ROA_{i\ t}$$
$$+ \eta_i + \lambda_t + e_{i\ t}$$

구분	[모형 6-1]		[모형 6-2]		[모형 6-3]	
	집중화기업	다각화기업	집중화기업	다각화기업	집중화기업	다각화기업
상수항	0.4199 (4.83**)	0.4087 (5.40**)	0.3857 (4.38**)	0.4109 (5.32**)	0.3911 (4.40**)	0.4057 (5.21**)
$MANE$	0.1683 (1.01)	−0.1026 (−0.60)	0.9540 (2.52**)	−0.1429 (−0.43)	0.6951 (1.02)	0.1038 (0.18)
$MANE^2$	−	−	−1.6838 (−2.31**)	0.0891 (0.14)	−0.2626 (−0.08)	−1.1738 (−0.45)
$MANE^3$	−	−	−	−	−1.7398 (−0.46)	1.3903 (0.50)
$BDSIZE$	0.0005 (0.07)	0.0058 (0.95)	−0.0017 (−0.22)	0.0058 (0.95)	−0.0018 (−0.24)	0.0057 (0.93)
$OUTDIR$	0.0722 (0.45)	0.1732 (1.56)	0.0729 (0.46)	0.1738 (1.57)	0.0724 (0.45)	0.1739 (1.57)
$INST$	0.6257 (7.55**)	0.3161 (4.18**)	0.6152 (7.42**)	0.3156 (4.16**)	0.6152 (7.42**)	0.3190 (4.19**)
LEV	0.5032 (8.13**)	0.5682 (9.40**)	0.5061 (8.19**)	0.5676 (9.36**)	0.5062 (8.19**)	0.5689 (9.37**)
ROA	−0.1165 (−0.59)	0.1521 (0.85)	−0.1213 (−0.62)	0.1507 (0.84)	−0.1184 (−0.60)	0.1520 (0.85)
F값	3.95**	5.11**	3.99**	5.08**	3.97**	5.04**
R^2	0.0953	0.0934	0.0995	0.0935	0.0997	0.0937

<표 Ⅴ-20>은 기업지배구조가 기업가치에 미치는 영향을 분석하는
데 있어 다각화기업과 집중화기업의 기업특성이 미치는 영향을 분석하기
위하여 다각화 특성 더미변수를 추가한 결과이다. 다각화특성($DIVERDE$)
더미변수는 [모형 7-1], [모형 7-2], [모형 7-3]에서 모두 통계적으로
비유의적으로 나타났다. 이는 지배구조가 기업가치에 미치는 영향에
있어 다각화기업과 집중화기업에 큰 차이가 없다는 것을 의미한다.

〈표 Ⅴ-20〉 사업집중화기업과 사업다각화기업의 특성이 기업가치에 미치는 영향에 대한
패널분석 결과

다각화기업과 집중화기업의 더미변수를 포함하여 기업가치에 미치는 영향을 분석하였음. M/B
비율로 측정된 기업가치 변수($VALUE$)를 기업지배구조 변수($MANE$, $BDSIZE$, $OUTDIR$,
$INST$)와 통제변수(LEV, ROA, $DIVERDE$)를 이용하여 고정효과모형으로 패널분석한 결
과임. $MANE^2$과 $MANE^3$은 $MANE$의 제곱과 세제곱을 나타냄. 기타 변수는 <표 Ⅴ-1>
의 주를 참조하기 바람. 패널자료는 377개 개별기업이 횡단면 단위를 구성하고, 각 기업이 7
개년(1999년~2005년)의 시계열을 갖는 균형패널자료임. 회귀계수 옆의 ( ) 안의 숫자는 t값임.
*, **는 각각 유의수준 10%, 5%에서 유의적임을 나타냄.

[모형 7]
$$VALUE_{i\ t} = \alpha + \beta_1 MANE_{i\ t} + \beta_2 MANE_{i\ t}^2 + \beta_3 MANE_{i\ t}^3 + \beta_4 BDSIZE_{i\ t}$$
$$+ \beta_5 OUTDIR_{i\ t} + \beta_6 INST_{i\ t} + \beta_7 LEV_{i\ t} + \beta_8 ROA_{i\ t}$$
$$+ \beta_9 DIVERDE_{i\ t} + \eta_i + \lambda_t + e_{i\ t}$$

구 분	[모형 7-1]	[모형 7-2]	[모형 7-3]
상수항	0.3590(6.20**)	0.3427(5.85**)	0.3426(5.81**)
$MANE$	0.1589(1.34)	0.5466(2.20**)	0.5514(1.26)
$MANE^2$	-	-0.8557(-1.78*)	-0.8807(-0.45)
$MANE^3$	-	-	0.0291(0.01)
$BDSIZE$	0.0065(1.35)	0.0057(1.17)	0.0057(1.17)
$OUTDIR$	0.2051(2.25**)	0.2012(2.20**)	0.2012(2.20**)
$INST$	0.4883(8.73**)	0.4875(8.73**)	0.4875(8.72**)
LEV	0.5178(12.17**)	0.5209(12.24**)	0.5209(12.24**)
ROA	0.0146(0.11)	0.0192(0.15)	0.0192(0.15)
$DIVERDE$	0.0013(0.04)	-0.0004(-0.01)	-0.0004(-0.01)
F값	4.56**	4.57**	4.53**
R^2	0.0867	0.0880	0.0880

3.5. 관련다각화기업과 비관련다각화기업의 고정효과모형 실증분석 결과

    <표 V-21>은 사업다각화기업을 관련다각화기업과 비관련다각화기업으로 구분하였을 때 지배구조가 기업가치에 미치는 영향을 분석한 결과이다. <표 V-21>에서 먼저 관련다각화기업을 살펴보면, [모형 6-1]의 분석에서는 경영진지분율($MANE$)의 회귀계수가 -0.4352(t=-1.50)로 선형관계를 설명하는 데 한계가 있다는 것을 알 수 있다.

    [모형 6-2]의 분석에서는 경영진지분율($MANE$)의 1차항($MANE$), 2차항($MANE^2$)의 회귀계수가 각각 -1.3669(t=-2.35), 1.5705(t=1.84)로 통계적으로 유의한 관계를 가지는 U字형 곡선으로 나타났다. 이러한 결과는 관련다각화기업의 경영진지분율이 일정수준 이하에서는 자기자본의 대리인비용이 증가하여 기업가치가 하락할 수 있으며, 일정수준 이상에서는 외부주주와 경영자 간에 이해가 일치하게 되어 대리인비용이 축소되면서 기업가치가 증가하는 것으로 이해할 수 있다. 이러한 결과는 전체기업분석의 逆U字형 관계와 상이한 결과이다.

    [모형 6-3]의 분석에서는 경영진지분율($MANE$)의 1차항($MANE$), 2차항($MANE^2$), 3차항($MANE^3$)의 회귀계수가 각각 -1.4693(t=-1.34), 2.0816(t=0.44), -0.5204(t=-0.11)로 3차항 비선형관계로 설명하는 데도 한계가 있음을 알 수 있다.

    다른 기업지배구조관련 변수를 살펴보면 기업가치에 유의하게 영향을 미치는 지배구조변수는 이사회 규모($BDSIZE$)이다. [모형 6-

1]에서는 이사회 규모가 기업가치에 통계적으로 유의한 결과가 나타나지 않았지만, [모형 6-2], [모형 6-3]에서는 이사회 규모($BDSIZE$)의 회귀계수는 각각 0.0213($t=1.68$), 0.0215($t=1.68$)로 이사회 규모가 클수록 기업가치가 높아지는 것으로 나타났다. 이는 관련다각화기업의 경우 이사회 규모가 증가하여 우수한 경영자원을 활용할 가능성이 높아져 기업가치에 긍정적인 영향을 미치는 것으로 이해할 수 있다. 통제변수의 경우 기업가치에 유의하게 영향을 미치는 변수는 나타나지 않았다.

한편, 비관련다각화기업의 경우를 보면 기업가치에 유의하게 영향을 미치는 지배구조변수는 사외이사비율($OUTDIR$)과 기관투자가지분율($INST$)인 것으로 나타났다. [모형 6-1], [모형 6-2], [모형 6-3]에서 사외이사비율변수($OUTDIR$)의 회귀계수는 각각 0.2429($t=1.87$), 0.2427($t=1.87$), 0.2437($t=1.88$)로 사외이사비율이 높을수록 기업가치가 높아지는 것으로 나타났다. 이는 비관련다각화기업은 사외이사의 감시기능을 통해 이해관계자를 보호하는 역할을 함으로써 기업가치가 높아지는 것으로 이해할 수 있다. [모형 6-1], [모형 6-2], [모형 6-3]에서 기관투자가지분율변수($INST$)의 회귀계수는 0.3329($t=3.69$), 0.3427($t=3.80$), 0.3373($t=3.73$)으로 기관투자가지분율이 높을수록 기업가치가 높아지는 것으로 나타났다. 이는 비관련다각화기업에 있어 기관투자가가 경영활동을 효율적으로 통제·감시함으로써 경영자의 대리인문제를 축소시켜 기업가치에 긍정적인 영향을 미치는 것으로 이해할 수 있다.

통제변수 중에서 기업가치에 유의하게 영향을 미치는 변수는 레버리지비율(LEV)인 것으로 나타났다. [모형 6-1], [모형 6-2], [모형

6-3]에서 레버리지비율변수(LEV)의 회귀계수는 각각 0.6483(t = 9.72), 0.6561 (t=9.82), 0.6502(t=9.39)로 레버리지비율이 높을수록 기업가치가 증가하는 것으로 나타났다. 즉, 비관련다각화기업의 경우 부채의 통제효과가 강하게 작용하고, 부채 조달이 세금절감효과나 재무레버리지효과 등에 의해 기업가치에 긍정적인 영향을 미치는 것으로 이해할 수 있다.

다각화기업의 표본을 관련다각화기업과 비관련다각화기업으로 분류하여 M/B비율로 측정된 기업가치변수($VALUE$)를 기업지배구조 변수($MANE$, $BDSIZE$, $OUTDIR$, $INST$)와 통제변수(LEV, ROA)를 이용하여 고정효과모형으로 패널분석한 결과임. $MANE^2$과 $MANE^3$은 $MANE$의 제곱과 세제곱을 나타냄. 기타 변수는 〈표 Ⅴ-1〉의 주)를 참조하기 바람. 패널자료는 다각화기업을 관련다각화기업과 비관련다각화기업으로 나누어 횡단면 단위를 구성하고, 각 기업이 7개년(1999년~2005년)의 시계열을 갖는 불균형패널자료임. 회귀계수 옆의 ( )안의 숫자는 t값임. *, **는 각각 유의수준 10%, 5%에서 유의적임을 나타냄.

[모형 6]

$$VALUE_{i\ t} = \alpha + \beta_1 MANE_{i\ t} + \beta_2 MANE^2_{i\ t} + \beta_3 MANE^3_{i\ t} + \beta_4 BDSIZE_{i\ t}$$
$$+ \beta_5 OUTDIR_{i\ t} + \beta_6 INST_{i\ t} + \beta_7 LEV_{i\ t} + \beta_8 ROA_{i\ t}$$
$$+ \eta_i + \lambda_t + e_{i\ t}$$

구 분	[모형 6-1]		[모형 6-2]		[모형 6-3]	
	관련 다각화기업	비관련 다각화기업	관련 다각화기업	비관련 다각화기업	관련 다각화기업	비관련 다각화기업
상수항	0.5278 (2.99**)	0.3709 (4.34**)	0.5890 (3.30**)	0.3396 (3.86**)	0.5887 (3.29**)	0.3514 (3.96**)
$MANE$	−0.4352 (−1.50)	0.0094 (0.04)	−1.3669 (−2.35**)	0.6746 (1.37)	−1.4693 (−1.34)	−0.0238 (−0.03)
$MANE^2$	−	−	1.5705 (1.84*)	−1.8221 (−1.51)	2.0816 (0.44)	2.7738 (0.58)
$MANE^3$	−	−	−	−	−0.5204 (−0.11)	−7.0066 (−0.99)
$BDSIZE$	0.0189 (1.49)	0.0021 (0.29)	0.0213 (1.68*)	0.0018 (0.25)	0.0215 (1.68*)	0.0022 (0.31)
$OUTDIR$	0.2089 (0.93)	0.2429 (1.87*)	0.2478 (1.10)	0.2427 (1.87*)	0.2496 (1.11)	0.2437 (1.88*)
$INST$	0.1186 (0.79)	0.3329 (3.69**)	0.0967 (0.65)	0.3427 (3.80**)	0.0952 (0.63)	0.3373 (3.73**)
LEV	0.2489 (1.70*)	0.6483 (9.72**)	0.2119 (1.44)	0.6561 (9.82**)	0.2131 (1.44)	0.6502 (9.69**)
ROA	0.3466 (0.75)	0.1535 (0.76)	0.2741 (0.59)	0.1675 (0.83)	0.2701 (0.58)	0.1679 (0.83)
F값	2.21**	6.03**	2.21**	6.05**	2.10**	6.01**
R^2	0.0307	0.1320	0.0416	0.1348	0.0417	0.1360

<표 V-22>는 기업지배구조가 기업가치에 미치는 영향을 분석하는 데 있어 관련다각화와 비관련다각화의 기업특성이 미치는 영향을 분석하기 위하여 다각화특성 더미변수를 포함시켜 분석한 결과이다. 관련다각화기업특성더미변수($REDIVERDE$)는 [모형 8-1], [모형 8-2], [모형 8-3]에서 모두 통계적으로 유의한 영향을 미치지 않는 것으로 나타났다. 즉, 지배구조가 기업가치에 미치는 영향은 관련다각화 혹은 비관련다각화라는 기업특성이 영향을 미치지 않는 것으로 이해할 수 있다.

<표 V-22> 관련다각화기업과 비관련다각화기업의 특성이 기업가치에
미치는 영향에 대한 패널분석 결과

다각화기업의 표본을 관련다각화기업과 비관련다각화기업의 더미변수를 포함하여 기업가치
에 미치는 영향을 분석하였음. M/B비율로 측정된 기업가치변수($VALUE$)를 기업지배구조 변
수($MANE$, $BDSIZE$, $OUTDIR$, $INST$)와 통제변수(LEV, ROA, $REDIVERDE$)를 이
용하여 고정효과모형으로 패널분석한 결과임. $MANE^2$과 $MANE^3$은 $MANE$의 제곱과 세
제곱을 나타냄. 기타 변수는 <표 V-1>의 주)를 참조하기 바람. 각 기업이 7개년(1999
년~2005년)의 시계열을 갖는 균형패널자료임. 회귀계수 옆의 ( ) 안의 숫자는 t값임. *, **는 각
각 유의수준 10%, 5%에서 유의적임을 나타냄.

[모형 8]

$$VALUE_{i\ t} = \alpha + \beta_1 MANE_{i\ t} + \beta_2 MANE^2_{i\ t} + \beta_3 MANE^3_{i\ t} + \beta_4 BDSIZE_{i\ t}$$
$$+ \beta_5 OUTDIR_{i\ t} + \beta_6 INST_{i\ t} + \beta_7 LEV_{i\ t} + \beta_8 ROA_{i\ t}$$
$$+ \beta_9 REDIVERDE_{i\ t} + \eta_i + \lambda_t + e_{i\ t}$$

구 분	[모형 8-1]	[모형 8-2]	[모형 8-3]
상수항	0.4198(5.39**)	0.4216(5.32**)	0.4165(5.21**)
$MANE$	-0.1000(-0.58)	-0.1355(-0.41)	0.1160(0.20)
$MANE^2$	-	0.0785(0.13)	-1.2085(-0.47)
$MANE^3$	-	-	1.4166(0.51)
$BDSIZE$	0.0056(0.92)	0.0056(0.92)	0.0055(0.90)
$OUTDIR$	0.1760(1.59)	0.1765(1.59)	0.1768(1.59)
$INST$	0.3164(4.18**)	0.3159(4.16**)	0.3194(4.19**)
LEV	0.5686(9.40**)	0.5681(9.36**)	0.5694(9.37**)
ROA	0.1499(0.84)	0.1486(0.83)	0.1499(0.84)
$REDIVERDE$	-0.0367(-0.60)	-0.0365(-0.60)	-0.0370(-0.61)
F값	5.08**	5.05**	5.01**
R^2	0.0938	0.0938	0.0940

3.6. 확률효과모형과 OLS모형에 의한 분석결과와의 비교

본 연구에 사용된 자료의 특성을 반영하지 못하는 확률효과모형과
OLS방식에 의해 분석하는 경우 앞에서 살펴본 고정효과모형에 의한
분석결과와 어떠한 차이가 발생하는지 분석해 보았다.

<표 Ⅴ-23>은 확률효과모형에 의해 다각화수준 및 기업지배구조가 기업가치에 미치는 영향을 분석한 결과이다. <표 Ⅴ-23>을 보면, [모형 4-1], [모형 4-2], [모형 4-3], [모형 4-4], [모형 4-5]에서 다각화수준과 기업가치 간에 통계적으로 유의한 영향관계를 발견할 수 없다. 이러한 결과는 고정효과모형으로 분석했을 때와 같은 결과이다. 한편 [모형 4-1], [모형 4-2], [모형 4-3], [모형 4-4], [모형 4-5]에서 경영진지분율과 기업가치 간의 관계를 보면 역시 통계적으로 유의한 결과를 발견할 수 없다. 이러한 결과는 고정효과모형으로 분석했을 때 2차형 逆U字형 비선형관계로 나타난 결과와는 다른 것이다. 자료가 갖고 있는 기업특성효과와 시간특성효과를 확률변수로 인식하는 확률효과모형으로 분석하는 경우 상이한 결과를 나타낼 수 있음을 알 수 있다.

다른 지배구조변수를 보면 확률효과모형으로 분석하였을 때는 사외이사비율변수($OUTDIR$)와 기관투자가지분율변수($INST$)가 기업가치에 유의하게 영향을 미치는 것으로 나타나 고정효과모형에 의한 분석결과와 동일하게 나타나고 있다. 통제변수에 있어서도 확률효과모형에 의한 분석에서 레버리지비율변수(LEV)가 유의한 변수로 판명되어 고정효과모형과 같은 결과를 보이고 있다.

〈표 Ⅴ-23〉 확률효과모형을 이용한 사업다각화 및 기업지배구조가 기업가치에 미치는 영향에 대한 패널분석 결과

[모형 4]에서 사업다각화 1차항과 경영진지분율 1차항을 포함한 모형을 [모형 4-1]로 설정하였으며, 사업다각화 1차항과 2차항을 포함한 모형을 [모형 4-2]로 설정함. 사업다각화 1차항과 2차항, 3차항을 포함한 모형을 [모형 4-3]을 설정하였으며, 경영진지분율 1차항, 2차항을 포함한 모형을 [모형 4-4]로 설정함. 경영진지분율 1차항과 2차항, 3차항을 포함한 모형을 [모형 4-5]로 설정함.

M/B비율로 측정된 기업가치 변수($VALUE$)를 다각화지수($DIVER$) 및 기업지배구조 변수($MANE$, $BDSIZE$, $OUTDIR$, $INST$)와 통제변수(LEV, ROA)를 이용하여 확률효과모형으로 패널분석한 결과임. $DIVER^2$과 $DIVER^3$은 $DIVER$의 제곱과 세제곱을 나타내고, $MANE^2$과 $MANE^3$은 $MANE$의 제곱과 세제곱을 나타냄. 기타 변수는 <표 Ⅴ-1>의 주)를 참조하기 바람. 패널자료는 377개의 개별기업이 횡단면 단위를 구성하고, 각 기업이 7개년(1999년~2005년)의 시계열을 갖는 균형패널자료임. 회귀계수 옆의 ( ) 안의 숫자는 z값임. *, **는 각각 유의수준 10%, 5%에서 유의적임을 나타냄.

[모형 4]
$$VALUE_{i\,t} = \alpha + \beta_1 DIVER_{i\,t} + \beta_2 DIVER^2_{i\,t} + \beta_3 DIVER^3_{i\,t} + \beta_4 MANE_{i\,t}$$
$$+ \beta_5 MANE^2_{i\,t} + \beta_6 MANE^3_{i\,t} + \beta_7 BDSIZE_{i\,t} + \beta_8 OUTDIR_{i\,t}$$
$$+ \beta_9 INST_{i\,t} + \beta_{10} LEV_{i\,t} + \beta_{11} ROA_{i\,t} + \eta_i + \lambda_t + e_{i\,t}$$

구 분	[모형 4-1]	[모형 4-2]	[모형 4-3]	[모형 4-4]	[모형 4-5]
상수항	0.4768 (10.47**)	0.4762 (10.35**)	0.4760 (10.34**)	0.4699 (10.06**)	0.4767 (10.14**)
$DIVER$	−0.0046 (−0.09)	0.0106 (0.06)	−0.4693 (−1.30)	−0.0042 (−0.08)	−0.0053 (−0.10)
$DIVER^2$	−	−0.0266 (−0.10)	1.9502 (1.45)	−	−
$DIVER^3$	−	−	−1.9411 (−1.50)	−	−
$MANE$	−0.0148 (−0.17)	−0.0147 (−0.17)	−0.0140 (−0.16)	0.1005 (0.53)	−0.2153 (−0.61)
$MANE^2$	−	−	−	−0.2662 (−0.68)	1.3625 (0.86)
$MANE^3$	−	−	−	−	−1.9105 (−1.05)
$BDSIZE$	−0.0012 (−0.30)	−0.0011 (−0.29)	−0.0009 (−0.23)	−0.0013 (−0.33)	−0.0011 (−0.29)
$OUTDIR$	0.1500 (1.89*)	0.1500 (1.89*)	0.1621 (2.03**)	0.1527 (1.92*)	0.1509 (1.90*)
$INST$	0.4173 (8.97**)	0.4175 (8.97**)	0.4185 (8.99**)	0.4175 (8.98**)	0.4164 (8.96**)
LEV	0.5176 (13.71**)	0.5177 (13.71**)	0.5183 (13.73**)	0.5196 (13.72**)	0.5194 (13.72*)
ROA	−0.1152 (−1.00)	−0.1150 (−1.00)	−0.1226 (−1.07)	−0.1138 (−0.99)	−0.1156 (−1.01)
R^2	0.0833	0.0834	0.0847	0.0840	0.0836

<표 V-24>는 OLS모형에 의해 다각화수준 및 기업지배구조가 기업가치에 미치는 영향을 분석한 결과이다. <표 V-24>를 보면, [모형 4-1], [모형 4-2], [모형 4-3], [모형 4-4], [모형 4-5]에서 다각화수준과 기업가치 간에 통계적으로 유의한 영향관계를 발견할 수 없다. 이러한 결과는 고정효과모형으로 분석했을 때와 같은 결과이다. [모형 4-1], [모형 4-2], [모형 4-3], [모형 4-4], [모형 4-5]에서 경영진지분율과 기업가치 간의 관계는 [모형 4-5]에서 逆N字형 비선형관계가 존재하는 것으로 분석되고 있다. 이러한 결과는 고정효과모형으로 분석했을 때 逆U字형으로 나타난 결과와는 다른 것이다. 자료가 갖고 있는 횡단면-시계열자료의 특성을 반영하지 못하는 경우 상이한 결과를 나타낼 수 있음을 알 수 있다.

지배구조변수를 보면 고정효과모형으로 분석하였을 때는 사외이사비율변수($OUTDIR$)와 기관투자가지분율변수($INST$)가 기업가치에 유의하게 영향을 미치는 것으로 나타났지만, OLS모형에 의한 분석결과에서는 이사회 규모($BDSIZE$)와 기관투자가지분율($INST$)이 유의하게 영향을 미치는 것으로 나타나고 있다.

통제변수에 있어서는 OLS모형에서 레버리지비율(LEV), 총자산영업이익률(ROA)이 유의한 변수로 판명되어 고정효과모형의 결과와 상이한 결과를 보이고 있다.

〈표 Ⅴ-24〉 OLS모형을 이용한 사업다각화수준 및 기업지배구조가 기업가치에 미치는 영향에 대한 회귀분석 결과

[모형 4]에서 사업다각화 1차항과 경영진지분율 1차항을 포함한 모형을 [모형 4-1]로 설정하였으며, 사업다각화 1차항과 2차항을 포함한 모형을 [모형 4-2]로 설정함. 사업다각화 1차항과 2차항, 3차항을 포함한 모형을 [모형 4-3]을 설정하였으며, 경영진지분율 1차항, 2차항을 포함한 모형을 [모형 4-4]로 설정함, 경영진지분율 1차항과 2차항, 3차항을 포함한 모형을 [모형 4-5]로 설정함.

M/B비율로 측정된 기업가치변수($VALUE$)를 다각화지수($DIVER$) 및 기업지배구조 변수($MANE$, $BDSIZE$, $OUTDIR$, $INST$)와 통제변수(LEV, ROA)를 이용하여 OLS모형으로 분석한 결과임. $DIVER^2$과 $DIVER^3$은 $DIVER$의 제곱과 세제곱을 나타내고, $MANE^2$과 $MANE^3$은 $MANE$의 제곱과 세제곱을 나타냄. 기타 변수는 <표 Ⅴ-1>의 주를 참조하기 바람. 분석결과는 1999년~2005년 자료를 풀링(pooling)하여 분석한 결과임. 회귀계수 옆의 ( ) 안의 숫자는 t값임. *, **는 각각 유의수준 10%, 5%에서 유의적임을 나타냄.

[모형 4]

$$VALUE_i = \alpha + \beta_1 DIVER_i + \beta_2 DIVER_i^2 + \beta_3 DIVER_i^3 + \beta_4 MANE_i + \beta_5 MANE_i^2 \\ + \beta_6 MANE_i^3 + \beta_7 BDSIZE_i + \beta_8 OUTDIR_i + \beta_9 INST_i + \beta_{10} LEV_i \\ + \beta_{11} ROA_i + e_i$$

구 분	[모형 4-1]	[모형 4-2]	[모형 4-3]	[모형 4-4]	[모형 4-5]
상수항	0.5647 (15.65**)	0.5694 (15.59**)	0.5684 (15.54**)	0.5751 (15.33**)	0.5893 (15.59**)
$DIVER$	−0.0427 (−1.16)	−0.1430 (−1.15)	−0.2685 (−0.91)	−0.0432 (−1.18)	−0.0470 (−1.28)
$DIVER^2$	−	0.1759 (0.84)	0.6878 (0.62)	−	−
$DIVER^3$	−	−	−0.4634 (−0.47)	−	−
$MANE$	−0.1572 (−2.43**)	−0.1594 (−2.47**)	−0.1587 (−2.45**)	−0.2974 (−1.94*)	−0.9971 (−3.43**)
$MANE^2$	−	−	−	0.3298 (1.01)	3.9594 (2.99**)
$MANE^3$	−	−	−	−	−4.3281 (−2.83**)
$BDSIZE$	−0.0066 (−1.94*)	−0.0068 (−1.98**)	−0.0067 (−1.95*)	−0.0064 (−1.89*)	−0.0057 (−1.67*)
$OUTDIR$	0.1397 (1.87*)	0.1395 (1.87*)	0.1443 (1.91*)	0.1310 (1.74*)	0.1197 (1.59)
$INST$	0.3633 (8.84**)	0.3621 (8.80**)	0.3623 (8.81**)	0.3636 (8.84**)	0.3633 (8.85**)
LEV	0.5172 (14.71**)	0.5168 (14.70**)	0.5169 (14.70**)	0.5135 (14.52**)	0.5145 (14.57**)
ROA	−0.2514 (−2.34**)	−0.2527 (−2.35**)	−0.2546 (−2.37**)	−0.2533 (−2.36**)	−0.2617 (−2.44**)
F값	52.99**	46.45**	41.30**	46.49**	42.32**
R^2	0.1236	0.1238	0.1239	0.1239	0.1266

분석모형에 따라 유의적으로 나타난 변수들을 요약해보면 <표 V－25>와 같다. 다각화수준과 기업가치 간에는 모든 모형에서 비유의적인 것으로 나타났다. 이는 다각화수준과 기업가치 간에는 유의한 영향관계가 존재하지 않는 것으로 이해할 수 있다. 고정효과모형에서 경영진지분율과 기업가치 간에는 유의적인 逆U字형 비선형관계가 존재하는 것으로 나타났음에도 불구하고, 확률효과모형으로 분석하는 경우 통계적으로 유의적인 영향관계가 존재하지 않는 것으로 잘못된 해석을 할 가능성이 있는 것으로 나타났다. 횡단면－시계열자료의 특성을 반영하지 못하는 OLS방법을 이용하여 분석하는 경우에는 다각화수준과 기업가치 간에는 逆N字형 비선형관계가 존재하는 것으로 잘못된 해석을 할 가능성이 있음을 알 수 있다.

다른 지배구조변수에 있어서도 고정효과모형에서 비유의적으로 판명되었던 이사회 규모변수가 OLS모형에서는 유의적으로 나타나고 있으며, 사외이사비율이 OLS모형에서 비유의적으로 나타났다. 통제변수에 있어서는 총자산영업이익률이 고정효과모형과 확률효과모형에서는 기업가치에 비유의적으로 나타났지만, OLS모형에서는 유의적으로 영향을 미치는 것으로 나타났다.

〈표 V - 25〉 고정효과모형, 확률효과모형, OLS모형에 의한 분석결과 비교

M/B비율로 측정된 기업가치 변수($VALUE$)를 다각화지수($DIVER$) 및 기업지배구조 변수($MANE$, $BDSIZE$, $OUTDIR$, $INST$)와 통제변수(LEV, ROA)를 이용하여 각 모형에 의해 분석한 결과를 요약한 것임. $DIVER^2$과 $DIVER^3$은 $DIVER$의 제곱과 세제곱을 나타내고, $MANE^2$과 $MANE^3$은 $MANE$의 제곱과 세제곱을 나타냄. 기타 변수는 <표 V-1>의 주)를 참조하기 바람. 고정효과모형과 확률효과모형의 분석을 위한 패널자료는 377개의 개별기업이 횡단면 단위를 구성하고, 각 기업이 7개년(1999년~2005년)의 시계열을 갖는 균형패널자료임. OLS모형은 1999년~2005년 자료를 풀링(pooling)하여 분석하였음. 표에 제시된 부호는 각 모형으로 분석한 결과 중에서 10%, 5%에서 유의하게 영향을 미치는 것으로 판정된 회귀계수의 부호를 나타낸 것임. 고정효과모형란에 제시된 결과는 [모형 4-4]의 결과를 정리한 것임. 확률효과모형에 의한 분석은 [모형 4-1], [모형 4-2], [모형 4-3], [모형 4-4], [모형 4-5] 모두에서 기업지배구조 변수 중의 경영진지분율과 사업다각화변수가 기업가치에 유의하게 영향을 미치는 회귀계수를 발견할 수 없었음. OLS 모형란에 제시된 결과는 [모형 4-5]의 결과를 정리한 것임. *, **는 각각 유의수준 10%, 5%에서 유의적임을 나타냄.

구 분	고정효과모형	확률효과모형	OLS모형
$DIVER$			
$DIVER^2$			
$DIVER^3$			
$MANE$	$+^{*}$		$-^{**}$
$MANE^2$	$-^{**}$		$+^{*}$
$MANE^3$			$-^{**}$
$BDSIZE$			$-^{*}$
$OUTDIR$	$+^{**}$	$+^{*}$	
$INST$	$+^{**}$	$+^{**}$	$+^{**}$
LEV	$+^{**}$	$+^{**}$	$+^{**}$
ROA			$-^{**}$

4. 기업지배구조와 사업다각화의 상호작용이 기업가치에 미치는 영향 분석결과

4.1. 전체표본에 대한 패널 2SLS분석결과

본 연구에서 분석하고자 하는 변수들 간에는 상호 의존적인 영향관계가 존재하여 어느 한 변수를 독자적으로 내생(종속)변수 혹은 외생(독립)변수로만 볼 수 없는 경우가 있다. 예를 들어, 사업다각화 변수는 기업지배구조에 영향을 받는 내생변수이자 기업가치에 영향을 미치는 외생변수적 성격을 갖고 있으므로 이들 변수들의 관계를 일방의 영향관계로 분석하면 偏倚가 발생할 수 있다.

따라서 이러한 변수들의 관계를 분석하기 위해서는 오차항(error term)이 독립변수(regressor)들과 상관관계가 없다고 가정하는 OLS(ordinary least squares) 방법을 사용하는 것보다는 변수 간의 상호의존성(interdependence)을 반영하여 분석할 수 있는 2단계최소자승법(2SLS: 2 stage least square regression)을 사용하는 것이 바람직하다. 특히, 본 연구에 사용하고 있는 자료는 횡단면·시계열 특성을 갖고 있기 때문에 패널자료를 이용한 2단계최소자승법에 의해 분석하는 것이 바람직하다고 할 수 있다.

따라서 아래에서는 377개 기업의 횡단면단위를 구성하고, 1999년부터 2005년까지 7개년 시계열자료를 갖는 균형패널자료를 이용하여 2SLS분석을 실시한다. 패널자료를 이용한 2SLS분석[125)]을 위해서 사업

---

125) 본 논문에서는 간략하게 '패널 2SLS분석'이라고 약칭하여 사용한다.

다각화방정식과 기업가치방정식을 연립방정식체계로 구성하여 분석한다. 패널 2SLS분석결과는 <표 Ⅴ-26>과 같다.

먼저, 사업다각화방정식의 패널 2SLS 분석결과를 보면, 기업지배구조 변수가 사업다각화에 유의미하게 영향을 미치는 변수는 경영진지분율변수($MANE$)와 이사회 규모변수($BDSIZE$)이다. 경영진지분율변수의 회귀계수는 0.0615(t=2.03)로 우리나라 기업들의 경영진지분율이 다각화수준에 정(+)의 영향을 미치는 것으로 나타났다. 이는 경영진의 지분율이 증가할수록 경영자자신의 인적자본의 가치를 방어하고 개인적 포트폴리오 위험을 줄이기 위해 다각화를 추진한다는 것을 알 수 있다.

이사회 규모변수($BDSIZE$)의 회귀계수는 0.0021(t=1.70)로 유의수준 10%에서 정(+)의 영향을 미치는 것으로 나타났다. 이는 이사회 규모가 큰 기업이 다각화를 더 많이 추진한다는 것을 의미하는 결과이다. 한국기업의 경우 이사회가 소유경영자의 지배로부터 독립적이지 못하여 대리인문제로 인한 다각화의 추진을 효율적으로 통제하지 못하는 것과 연관이 있는 것으로 이해된다.

통제변수의 경우 총자산영업이익률(ROA)과 영업위험($RISK$)이 사업다각화에 유의하게 영향을 미치는 것으로 나타났다. 총자산영업이익률(ROA)의 회귀계수가 -0.0877(t=-2.60)로 사업다각화에 부(-)의 영향을 미치는 것으로 나타나 수익성이 높으면 다각화에 정(+)의 영향을 미칠 것이라는 예상과는 다른 결과이다. 영업위험($RISK$)의 회귀계수는 0.0626(t=1.68)로 사업다각화에 정(+)의 영향을 미치는 것으로 나타났다. 영업위험이 증가하면 기업의 위험을 분산시키기 위해 다각화를 많이 추진하는 것으로 이해할 수 있다.

기업가치방정식의 분석결과를 보면, 다각화수준변수의 회귀계수는 5.0821(z=1.72)로 다각화수준이 높을수록 기업가치는 증가하는 것으로 나타났다. 이러한 결과는 앞의 단순 패널분석에서 다각화와 기업가치 간에 유의적인 영향관계를 발견하지 못한 것과는 차이가 있다. 즉, 한국기업의 경우 사업다각화가 가치증대가설에 따라 기업가치의 증가를 가져올 개연성을 보여 주는 것이다.

지배구조가 기업가치에 영향을 미치는 변수는 기관투자가지분율(INST)인 것으로 나타났다. 기관투자가지분율변수(INST)의 회귀계수는 0.5115 (z=5.61)로 기업가치에 정(+)의 영향을 미치는 것으로 나타나 [가설 3d]의 효율적 감시가설을 지지하는 결과를 보이고 있다. 기관투자가들은 경영진의 경영활동을 효율적으로 감시함으로써 경영자의 대리인문제를 감소시켜 기업가치를 증가시키는 것으로 이해할 수 있다.

통제변수 중에서 기업가치에 유의하게 영향을 미치는 변수는 레버리지비율변수(LEV)인 것으로 나타났다. 레버리지비율변수(LEV)의 회귀계수는 0.4869(z=6.86)로 레버리지비율이 높을수록 기업가치는 증가하는 것으로 나타났다. 이는 부채의 통제효과와 부채조달이 세금절감효과나 재무레버리지효과 등을 발생시켜 기업가치에 긍정적으로 영향을 미치는 것으로 이해할 수 있다.

〈표 V-26〉 전체표본 자료의 패널 2SLS 분석결과

전체표본기업의 7개년 자료를 이용하여 패널 2SLS분석한 결과임. 다각화수준($DIVER$)=베리 -허핀달지수(BHI)=(1-허핀달지수), 기업가치($VALUE$)=(자기자본의 시장가치+부채의 장부가치)/총자산, 경영진지분율($MANE$)=경영진 보유주식수/총발행주식수, 이사회 규모($BDSIZE$) =등기이사수, 사외이사비율($OUTDIR$)=사외이사수/경영진수, 기관투자가지분율($INST$)=외국인지분율+국내기관투자가지분율, 레버리지비율(LEV)=총부채/총자산, 총자산영업이익률 (ROA)=영업이익/총자산, 영업위험($RISK$)=과거 10년간 ROA의 표준편차, 부가가치율 ($ADVALUE$)=부가가치액/매출액, 유동비율($CURR$)=유동자산/유동부채. *는 10% 수준에 서, **는 5% 수준에서 유의적임을 의미함.

사업다각화방정식

$$DIVER_{it} = \alpha + \beta_1 MANE_{it} + \beta_2 BDSIZE_{it} + \beta_3 OUTDIR_{it} + \beta_4 INST_{it} + \beta_5 LEV_{it} + \beta_6 ROA_{it} + \beta_7 RISK_{it} + \beta_8 ADVALUE_{it} + \beta_9 CURR_{it} + \eta_i + \lambda_t + e_{it}$$

회귀계수	0.0615	0.0021	0.0204	−0.0041	0.0051	−0.0877	0.0626	−0.0101	0.1874
t값	2.03**	1.70*	0.88	−0.29	0.44	−2.60**	1.68*	−1.04	0.81

F값 39.91

기업가치방정식

$$VALUE_{it} = \alpha + \beta_1 DIVER_{it} + \beta_2 MANE_{it} + \beta_3 BDSIZE_{it} + \beta_4 OUTDIR_{it} + \beta_5 INST_{it} + \beta_6 LEV_{it} + \beta_7 ROA_{it} + \eta_i + \lambda_t + e_{it}$$

회귀계수	5.0821	−0.1562	−0.0041	0.0884	0.5115	0.4869	0.15273
z값	1.72*	−0.59	−0.41	0.54	5.61**	6.86**	1.45

F값 1.76

아래는 분석모형에 따라 유의적으로 나타난 변수들을 요약 해보면 <표 V-27>과 같다.

패널 2SLS 분석결과가 단순 패널분석 결과와 다른 점은 기업가치 방정식에서 단순 패널분석에서는 다각화수준이 기업가치에 미치는 유의한 영향관계를 발견할 수 없었지만 패널 2SLS분석에서는 정(+) 의 영향 관계를 발견할 수 있다는 것이다. 또한 단순패널분석에서는 경영진지분율과 사외이사비율, 기관투자가지분율이 기업가치에 영향 을 미치는 것으로 나타났지만, 패널 2SLS분석에서는 기관투자가지분 율만이 유의적인 관계를 갖는 것으로 나타났다.

〈표 Ⅴ-27〉 전체표본 분석결과 비교표

방정식 변수	사업다각화방정식		방정식 변수	기업가치방정식	
	패널분석 결과	패널 2SLS 분석결과		패널분석 결과	패널 2SLS 분석결과
$MANE$	$+^{**}$	$+^{**}$	$DIVER$		$+^{*}$
$MANE^2$			$DIVER^2$		
$MANE^3$			$DIVER^3$		
$BDSIZE$	$+^{*}$	$+^{*}$	$MANE$	$+^{**}$	
$OUTDIR$			$MANE^2$	$-^{**}$	
$INST$			$MANE^3$		
LEV			$BDSIZE$		
ROA	$-^{**}$	$-^{**}$	$OUTDIR$	$+^{**}$	
$RISK$	$+^{*}$	$+^{*}$	$INST$	$+^{**}$	$+^{**}$
$ADVALUE$			LEV	$+^{**}$	$+^{**}$
$CURR$			ROA		

주) *는 10% 수준에서, **는 5% 수준에서 유의적임을 의미함.

4.2. 재벌기업과 비재벌기업에 대한 패널 2SLS분석결과

전체기업을 재벌기업과 비재벌기업으로 분류하여 패널 2SLS분석을
실시한 결과는 <표 Ⅴ-28>과 같다.

<표 Ⅴ-28>의 사업다각화방정식에서 재벌기업에 대한 패널 2SLS
분석결과를 보면 사업다각화에 유의하게 영향을 미치는 기업지배구
조관련 변수는 발견할 수 없다. 통제변수 중에서 사업다각화에 유의
하게 영향을 미치는 변수는 총자산영업이익률변수(ROA)로 나타났
다. 총자산영업이익률변수(ROA)의 회귀계수는 $-0.1580(t=-1.65)$
로 총자산영업이익률이 사업다각화에 부(-)의 영향을 미치는 것으로
나타나 전체기업 분석결과와 동일하다.

비재벌기업의 경우를 보면 지배구조 변수 가운데 경영진지분율이 기업의 사업다각화에 유의하게 영향을 미치는 것으로 나타났다. 경영 진지분율변수의 회귀계수는 0.0674(t=2.15)로 사업다각화에 정(+)의 영향을 미친다는 것을 알 수 있다. 비재벌기업의 경우 경영진지분율 이 증가하면 경영자 자신의 인적자본의 가치를 방어하고 개인적 포 트폴리오 위험을 감소시키기 위해 사업 다각화를 추진하고자 한다는 것을 알 수 있다.

통제변수 중에서는 사업다각화에 유의하게 영향을 미치는 변수는 총자산영업이익률(ROA), 영업위험($RISK$)이다. 총자산영업이익률 변수(ROA)는 사업다각화에 부(−)의 영향을 미치는 것으로 나타나 전체기업과 동일한 결과를 보이고 있다. 영업위험($RISK$)은 비재벌 기업의 경우 영업위험이 증가하면 기업의 위험을 감소시키기 위해 사업다각화를 추진하고자 하는 유인이 증가하는 것으로 이해할 수 있다.

한편, 기업가치방정식을 보면, 재벌기업의 경우 다각화가 기업가치 에 유의적인 영향을 미치지 않는 것으로 나타났다. 기업지배구조관련 변수 중에서 기업가치에 유의하게 영향을 미치는 변수는 사외이사비 율($OUTDIR$)과 기관투자가지분율($INST$)이다. 사외이사비율변수와 기관투자가지분율변수의 회귀계수는 각각 0.2521(z=1.99), 0.4490(z= 4.07)으로 기업가치에 정(+)의 영향을 미치는 것으로 나타났다. 재벌 기업에 있어 사외이사비율과 기관투자가지분율이 높을수록 경영진 의 경영활동을 효율적으로 감시하여 경영진의 대리인문제를 축소시 킴으로써 기업가치가 높아지는 것으로 이해할 수 있다.

비재벌기업에 대한 분석결과를 보면 지배구조변수 중에서 기업가치에 유의미하게 영향을 미치는 변수는 기관투자가지분율변수($INST$)인 것으로 나타났다. 기관투자가지분율변수의 회귀계수는 0.5356(z=6.14)으로 기관투자가지분율이 높을수록 기업가치가 높아진다는 것을 알 수 있다. 이는 재벌기업에서의 분석과 동일한 결과이다. 통제변수 중에서 기업가치에 유의하게 영향을 미치는 변수는 레버리지비율변수(LEV)로 나타났다. 레버리지비율변수(LEV)의 회귀계수는 0.5540(z=9.20)으로 레버리지비율이 높을수록 기업가치가 증가하는 것으로 나타났다.

〈표 V-28〉 재벌기업과 비재벌기업의 패널 2SLS 분석결과

전체표본기업을 재벌기업과 비재벌기업으로 분류하여 7개년 자료를 이용하여 패널 2SLS분석한 결과임. 다각화수준($DIVER$)=베리-허핀달지수(BHI)=(1-허핀달지수), 기업가치($VALUE$) =(자기자본의 시장가치+부채의 장부가치)/총자산, 경영진지분율($MANE$)=경영진 보유주식 수/총발행주식수, 이사회 규모($BDSIZE$)=등기이사수, 사외이사비율($OUTDIR$)=사외이사 수/경영진수, 기관투자가지분율($INST$)=외국인지분율+국내기관투자가지분율, 레버리지비율 (LEV)=총부채/총자산, 총자산영업이익률(ROA)=영업이익/총자산, 영업위험($RISK$)=과거 10년간 ROA의 표준편차, 부가가치율($ADVALUE$)=부가가치액/매출액, 유동비율($CURR$) =유동자산/유동부채. *는 10% 수준에서, **는 5% 수준에서 유의적임을 의미함.

사업다각화방정식

$$DIVER_{i\,t} = \alpha + \beta_1 MANE_{i\,t} + \beta_2 BDSIZE_{i\,t} + \beta_3 OUTDIR_{i\,t} + \beta_4 INST_{i\,t} + \beta_5 LEV_{i\,t} + \beta_6 ROA_{i\,t} + \beta_7 RISK_{i\,t} + \beta_8 ADVALUE_{i\,t} + \beta_9 CURR_{i\,t} + \eta_i + \lambda_t + e_{i\,t}$$

재벌기업

회귀계수	-0.0211	0.0041	0.0212	0.0154	0.0125	-0.158	-0.8241	-0.0228	-0.6845
t값	-0.19	1.6	0.58	0.48	0.18	-1.65*	-1.58	-1.06	-0.43
F값 = 32.39

비재벌기업

회귀계수	0.0674	0.0013	0.0498	-0.0002	0.0058	-0.0775	0.0722	-0.005	0.2584
t값	2.15**	0.92	1.48	-0.01	0.49	-2.17**	2.05**	-0.46	1.15
F값 = 35.03

기업가치방정식

$$VALUE_{i\,t} = \alpha + \beta_1 DIVER_{i\,t} + \beta_2 MANE_{i\,t} + \beta_3 BDSIZE_{i\,t} + \beta_4 OUTDIR_{i\,t} + \beta_5 INST_{i\,t} + \beta_6 LEV_{i\,t} + \beta_7 ROA_{i\,t} + \eta_i + \lambda_t + e_{i\,t}$$

재벌기업

회귀계수	-2.1267	-0.0602	0.0011	0.2521	0.449	0.2029	0.2896
z값	-1.17	-0.16	0.1	1.99**	4.07**	1.01	0.66
F값 = 3.61

비재벌기업

회귀계수	3.5245	0.0234	0.0065	0.129	0.5356	0.554	0.2271
z값	1.55	0.1	0.77	0.59	6.14**	9.20**	0.82
F값 = 2.75

<표 V-29>는 전체기업과 재벌기업, 비재벌기업을 구분하여 분석한 결과를 요약한 것이다. 기업지배구조가 사업다각화에 미치는 영향을 살펴보면 전체기업은 경영진지분율과 이사회 규모가 유의한 영

향을 미치는 것으로 나타났지만 재벌기업은 유의적인 영향관계를 발견할 수 없었다. 비재벌기업은 경영진지분율이 유의한 영향을 미치는 것으로 나타났다.

사업다각화와 기업지배구조가 기업가치에 미치는 영향을 살펴보면 전체기업은 다각화수준과 기관투자가지분율이 통계적으로 유의한 영향을 미치는 것으로 나타났다. 재벌기업은 사외이사비율과 기관투자가지분율이 유의한 영향을 미치는 것으로 나타났으며, 비재벌기업은 기관투자가지분율이 유의한 영향을 미치는 것으로 나타났다.

〈표 V-29〉 전체기업, 재벌기업, 비재벌기업 패널 2SLS 분석결과 요약

	방정식 변수	전체기업	재벌기업	비재벌기업
사업다각화 방정식	$MANE$	+**		+**
	$BDSIZE$	+*		
	$OUTDIR$			
	$INST$			
	LEV			
	ROA	-**	-**	-**
	$RISK$	+*		+**
	$ADVALUE$			
	$CURR$			
기업가치 방정식	$DIVER$	+*		
	$MANE$			
	$BDSIZE$			
	$OUTDIR$		+**	
	$INST$	+**	+**	+**
	LEV	+**		+**
	ROA			

주) *는 10% 수준에서, **는 5% 수준에서 유의적임을 의미함.

VI. 결론

　본 연구에서는 한국기업을 대상으로 기업지배구조와 사업다각화가 기업가치에 미치는 영향을 패널자료 분석법을 이용하여 실증적으로 검증하였다. 사업다각화방정식에서는 레버리지비율, 총자산영업이익률, 영업위험, 부가가치율, 유동비율을 통제한 상황에서 기업지배구조 변수(경영진지분율, 이사회 규모, 사외이사비율, 기관투자가지분율)가 사업다각화에 미치는 영향을 분석하였다. 기업가치방정식에서는 레버리지비율, 총자산영업이익률을 통제한 상황에서 사업다각화 변수 및 기업지배구조 변수(경영진지분율, 이사회 규모, 사외이사비율, 기관투자가지분율)가 기업가치에 미치는 영향을 분석하였다.

　표본기업은 2005년 12월 말 현재 한국거래소 유가증권시장에 상장되어 있는 377개 기업을 대상으로 하였다. 분석기간은 1999년부터 2005년까지 7개년이었다. 패널자료는 377개의 개별기업이 횡단면단위(cross section unit)를 구성하고, 각 기업이 7개년간의 시계열(time series)을 갖는 균형패널자료를 사용하였다.

사업다각화방정식을 분석한 결과는 다음과 같다. 첫째, 경영진지분율이 사업다각화에 통계적으로 유의한 영향을 미치고, 대리인비용가설에 의해 설명이 될 수 있음을 확인하였다. 경영진지분율수준이 증가할수록 다각화수준이 증가하는 선형관계가 존재하여 경영진은 다각화를 통해 경영자 자신의 인적자본(human capital)의 가치를 방어하고, 개인적 포트폴리오(undiversified personal portfolios)의 위험을 줄이고자 한다는 것을 알 수 있었다.

다각화수준에 유의하게 영향을 미치는 다른 기업지배구조관련 변수는 이사회 규모변수인 것으로 나타났다. 이사회 규모가 큰 기업이 다각화를 더 많이 추진한다는 것을 알 수 있었다. 이는 한국기업의 이사회가 소유경영자의 지배로부터 독립적이지 못하여 경영감시기능이 취약한 때문으로 파악되었다.

둘째, 재벌기업과 비재벌기업을 구분하여 기업지배구조가 사업다각화에 미치는 영향을 분석한 결과, 재벌기업은 경영진지분율과 사업다각화 간에 통계적으로 비유의적으로 나타나 전체기업과 상이한 결과를 보였다. 비재벌기업은 경영진지분율이 사업다각화에 선형관계가 존재하는 결과가 나와 전체기업의 분석결과와 동일한 것을 알 수 있었다.

셋째, LOGIT모형에 의해 다각화기업의 특성과 기업지배구조 관계를 분석한 결과, 경영진지분율이 높을수록 다각화기업이 되려는 경향이 크고 이사회 규모가 클수록 비관련다각화를 추진하려는 경향이 강함을 확인할 수 있었다.

기업가치방정식을 분석한 결과는 다음과 같다. 첫째, 사업다각화정책이 기업가치에 영향을 미치지 않는 것으로 나타났다. 이러한 결과로 다각화수준과 기업가치 간의 관계는 선형, 비선형 관계를 설명하는 데 한계가 있다는 것을 알 수 있었다.

기업지배구조 변수가 기업가치에 유의한 영향을 미치는 변수는 경영진지분율, 사외이사비율과 기관투자가지분율인 것으로 나타났다. 경영진지분율은 逆U字형 곡선으로 나타나 경영진지분율과 기업가치 간에는 비선형관계가 존재함을 알 수 있었다. 경영진지분율이 31.71% 이하에서는 경영진지분율이 증가할수록 기업가치가 증대된다는 이해일치의 가설이 성립되는 것으로 이해할 수 있었다. 경영진지분율이 31.71% 이상에서는 경영진지분율이 증가할수록 기업가치가 감소한다는 경영자안주가설에 의해 설명될 수 있는 것을 확인할 수 있었다. 또한 사외이사비율과 기관투자가지분율이 증가할수록 기업가치가 증가하다는 것을 확인할 수 있었다.

둘째, 재벌기업과 비재벌기업을 구분하여 다각화수준 및 기업지배구조가 기업가치에 미치는 영향을 분석한 결과, 재벌기업 비재벌기업 모두에서 다각화수준과 기업가치 간에 유의적인 관계를 발견할 수 없었다. 기업지배구조관련 변수의 경우 재벌기업에서는 사외이사비율과 기관투자가지분율이 기업가치에 정(+)의 영향을 미치는 것을 알 수 있었다. 비재벌기업의 경우는 경영진지분율이 逆U字형 선형관계를 가지며, 이사회 규모, 사외이사비율, 기관투자가지분율이 기업가치에 정(+)의 영향을 미친다는 것을 알 수 있었다.

셋째, 사업집중화기업과 사업다각화기업을 구분하여 기업지배구조관련 변수가 기업가치에 미치는 영향을 분석한 결과, 사업집중화기업은 경영진지분율과 기관투자가지분율이 기업가치에 유의한 영향을 미치는 것을 알 수 있었다. 경영진지분율과 기업가치 간에는 逆U字

형 비선형관계가 존재함을 알 수 있었다. 기관투자가지분율은 지분율이 높아질수록 기업가치가 증가하여 효율적 감시가설이 성립함을 알 수 있었다.

사업다각화기업은 경영진지분율과 기업가치에 유의한 영향을 발견할 수 없었다. 기업가치에 유의하게 영향을 미치는 다른 지배구조변수는 기관투자가지분율인 것으로 나타났다. 기관투자가지분율이 높을수록 기업가치는 높아지는 것으로 확인되었다.

넷째, 관련다각화기업과 비관련다각화기업으로 구분하여 지배구조가 기업가치에 미치는 영향을 분석한 결과, 관련다각화기업의 경우에는 기업가치에 유의하게 영향을 미치는 지배구조 변수는 경영진지분율변수와 이사회 규모변수인 것으로 나타났다. 경영진지분율과 기업가치에는 U字형 비선형관계가 존재하는 것을 확인할 수 있었다. 이사회는 규모가 커질수록 기업가치가 높아진다는 것을 확인할 수 있었다. 비관련다각화기업의 경우 기업가치에 유의하게 영향을 미치는 지배구조 변수는 사외이사비율과 기관투자가지분율인 것으로 나타났다. 비관련다각화기업에 있어서는 사외이사와 기관투자가가 경영활동을 효율적으로 통제·감시함으로써 경영자의 대리인문제를 축소시켜 기업가치에 긍정적인 영향을 미친다는 것을 알 수 있었다.

사업다각화방정식과 기업가치방정식을 하나의 연립방정식체계로 구성하여 분석한 결과는 다음과 같다. 우선, 사업다각화방정식의 패널 2SLS 분석결과를 보면, 경영진지분율이 다각화수준에 정(+)의 영향을 미치는 것으로 나타났다. 경영진지분율이 증가할수록 경영자는 자신의 인적자본의 가치를 방어하고 개인적 포트폴리오 위험을 줄이기 위해 다각화를 추진하는 것으로 이해할 수 있었다. 다른 지배구조

변수 중에서는 이사회 규모가 사업다각화에 정(+)의 영향을 미치는 것으로 나타났다. 한국기업의 경우 이사회가 소유경영자의 지배로부터 독립적이지 못하여 대리인문제로 인한 다각화가 많이 추진되는 것으로 이해할 수 있었다.

기업가치방정식의 분석결과를 보면, 다각화수준이 높을수록 기업가치가 증가하는 것으로 나타나서, 다각화가 기업가치에 미치는 영향은 기업가치증대가설에 의해 설명될 수 있음을 알 수 있었다.

전체기업을 재벌기업과 비재벌기업으로 분류하여 패널 2SLS분석을 실시한 결과, 재벌기업의 경우 사업다각화에 유의하게 영향을 미치는 기업지배구조 변수는 발견할 수 없었으며, 다각화는 기업가치에 유의하게 영향을 미치지 않는 것으로 분석되었다. 비재벌기업의 경우는 경영진지분율이 기업의 사업다각화에 정(+)의 영향을 미치는 반면, 기업다각화는 기업가치에 유의하게 영향을 미치지 않는 것으로 분석되었다.

한편, 실증분석결과에서 분석자료가 가지고 있는 횡단면－시계열적 특성을 반영하지 않은 분석방법을 사용하는 경우에는 분석결과에 큰 차이를 가져올 수 있음을 알 수 있었다. 사업다각화방정식에서 고정효과모형을 이용한 분석에서는 경영진지분율과 사업다각화수준 간에 1차형 선형관계가 존재하는 것으로 나타났다. 그러나 확률효과모형을 이용한 분석에서는 통계적으로 유의한 결과가 나타나지 않았고, OLS모형을 이용한 분석에서는 3차형 逆N字형 비선형관계가 존재하는 것으로 나타나 실증결과에 큰 차이를 보였다.

기업가치방정식에서도 분석결과에 큰 차이를 보였다. 고정효과모형을 이용한 분석에서는 기업가치와 경영진지분율이 2차형 逆U字

비선형관계를 나타내었다. 그러나 확률효과모형에서는 유의한 영향 관계가 나타나지 않았고, OLS모형을 이용한 분석에서는 逆N字형 비선형관계를 나타내었다. 따라서 향후 연구에 있어서 횡단면－시계열 자료를 이용하여 분석하는 경우 방법론에 신중한 선택이 필요함을 알 수 있었다.

이상의 결과는 다음과 같은 시사점을 제시하고 있다. 첫째, 한국기업의 주요한 다각화 동기 중의 하나는 대리인문제이므로, 대리인문제로 인한 다각화비용을 최소화시킬 수 있는 정책이 마련될 필요가 있다.

둘째, 한국기업의 경우 이사회가 소유경영자의 지배로부터 독립적이지 못한 경우가 많기 때문에 사업다각화와 관련된 경영자의 대리인문제가 많이 나타날 가능성이 있다. 따라서 이사회의 독립성을 강화시켜 대리인문제를 축소시킬 수 있는 정책이 보다 강화될 필요가 있다. 또한 사외이사 비중의 확대, 기관투자가의 역할 강화 등 경영감시기능을 강화시킬 수 있는 정책이 추진될 필요가 있다.

셋째, 기업의 사업다각화는 기업가치에 긍정적인 영향을 미치는 요소일 수 있기 때문에 과도한 다각화 억제정책은 기업가치의 최대화에 도움이 되지 않을 수도 있다. 따라서 기업에 대한 정부의 다각화 억제정책은 기업가치 최대화와 연계시켜 신중히 추진할 필요가 있다.

본 연구에서는 이러한 분석결과에도 불구하고 다음과 같은 한계점을 가지고 있다.

첫째, 본 연구에서 분석대상 기간으로 선정한 1999년~2005년 기간은 외환위기를 회복한 이후 기간이지만 외환위기의 여파에 따른 기업 외부환경의 영향이 매우 컸던 기간이다. 따라서 이러한 외부적인 영향관계를 모두 통제하고 분석했어야 하지만 본 연구에서 설정한 모형이 이러한 요인을 반영하지 못한 부분(예: 구조조정 효과 등)이 있을 수 있다.

둘째, 표본의 선정에 있어 가능한 많은 기업을 표본에 포함시켜 표본선정과정에서 발생할 수 있는 편의(selection bias)를 최소화하고자 하였지만 여전히 생존기업 편의 등 표본선정에 따른 편의가 상존해 있을 가능성이 있다.

셋째, 각 기업의 영위사업수 및 허핀달지수 등을 계산하는 데 있어 공시된 매출액 구성을 기준으로 표준산업분류표에 따라 연구자가 분류하는 과정에서 주관적 판단이나 오류가 포함되어 있을 가능성이 있다.

넷째, 기업지배구조를 통합적으로 반영할 수 있는 지배구조지수(점수) 등을 포함시켜 분석할 필요가 있었음에도 불구하고 자료 입수에 어려움이 있어 본 연구에 포함시키지 못한 연구상의 한계가 있다.

이러한 한계점에도 불구하고, 본 연구의 결과는 외환위기 이후 기간의 패널자료를 이용하여 한국기업의 지배구조와 사업다각화, 기업가치의 상호 영향 관계를 분석함으로써 기업지배구조 및 사업다각화 정책을 수립하고자 하는 정부의 정책방향에 시사점을 제공할 수 있을 것으로 생각한다.

참고문헌

강인철(2005), "외환위기 이후 다각화전략의 변화가 기업가치 및 수익성의 변화에 미치는 영향에 관한 실증연구", 대한경영학회지, 18(5), 2399-2418.

곽철효·김병곤·김동욱(2007), "한국기업의 사업다각화가 자본구조에 미치는 영향: 외환위기 이후 기간 패널자료분석", 금융공학연구, 6(1), 169-193.

곽철효·김병곤·김동욱(2009), "한국기업의 사업다각화와 대리인문제: 잉여현금흐름과 경영자 위험유인을 중심으로", 금융공학연구, 8(3), 149-169.

구맹회·김병곤(1999), "대리인문제와 사업다각화가 기업가치에 미치는 영향에 관한 실증연구", 재무관리연구, 26(2), 1-26.

구맹회·김병곤(1999), "한국기업의 소유구조가 기업가치에 미치는 영향에 관한 연구", 대한경영학회지, 제22호, 427-449.

구맹회·김병곤·박상현(2001), "사업다각화는 기업가치를 감소시키는가?" 증권학회지, 29, 215-242.

김동욱·김병곤(2010), "한국기업의 지배구조와 부채: 부채의 통제효과와 착취효과 검증", 재무관리연구, 27(3), 87-118.

김동회·김동욱·김병곤(2010), "한국기업의 소유-지배괴리도와 기업다각화: 대리인문제와 지배권의 경영안주효과 검증", 금융공학연구, 9(3), 123-147.

김병곤·김동욱(2005), "사업다각화가 기업가치에 미치는 영향: 외환위기 회복 이후 기간 패널자료분석", 경영학연구, 34(5), 1535-1554.

김병곤·김동욱(2008), "한국기업의 지배구조, 사업다각화, 기업가치: 패널자료분석법을 응용한 영향 관계분석", 금융공학연구, 7(4), 101-132.

김병곤·김동욱(2010), "소유경영기업과 전문경영기업의 사업다각화: 지배주주 지분율과 경영자위험선호유인 영향분석", 금융공학연구, 9(2), 103-127.

김병곤·박상현(2000), "소유구조와 자본구조의 상호관계가 사업다각화에 미치는 영향", 재무관리연구, 18(2), 57-79.

김병곤·정동섭·김동욱(2008), "한국기업의 지배구조가 사업다각화에 미치는 영향: 패널자료로부터의 함의", 금융공학연구, 7(1), 95-120.

김우택·장대홍·김경수(1993), "기업가치와 소유경영구조에 관한 실증적 연구", 재무연구, 6, 55 – 75.

김주현(1992), "기업의 소유구조와 기업가치의 연관성에 관한 연구", 재무연구, 5, 129 – 154.

박경서 · 백재승(2001), "재벌기업의 대주주경영자는 비재벌기업의 대주주경영자와 얼마나 다른가?: 한국상장기업의 소유구조, 자본구조 및 기업가치에 관한 실증연구", 재무연구, 14(2), 89 – 130.

박기성(2002), "소유 구조와 기업의 회계적 성과 및 Tobin's Q의 관계에 관한 연구", 증권학회지, 제30호, 297 – 325.

박기성 · 조동성(2002), "소유구조가 다각화전략에 미치는 효과에 관한 연구", 경영학연구, 31(5), 1423 – 1443.

박헌준 · 신현한 · 최완수(2004), "한국기업의 대리인비용과 기업가치: 외국인 지분의 역할", 경영학연구, 33(2), 655 – 682.

신현한 · 이상철 · 장진호(2004), "외부감시주체와 기업가치", 재무연구, 제17권 제1호, 41 – 72.

윤영섭 · 김성표(1999), "사업다각화와 대리인문제가 기업가치에 미치는 영향", 재무연구, 12(1), 1 – 37.

전상경(2003), "규모의 확대와 사업다각화에 따른 기업가치의 변화: 구조조정의 영향을 중심으로", 증권학회지, 32(1), 219 – 254.

홍제범 · 황규승(1997), "한국기업의 다각화와 경제적 성과에 대한 연구", 경영학연구, 26(3), 493 – 511.

Agrawal, A. and C. R. Knoeber(1996), "Firm Performance and Mechanisms to Control Agency Problems between Managers and Shareholders", *Journal of Financial and Quantitative Analysis*, 31, 377 – 397.

Alkhafaji, A. F.(1989), *A Stakeholder Approach to Corporate Governance*, Quorum Books.

Amihud, Yakov and Baruch Lev(1981), "Risk Reduction as a Managerial Motive for Conglomerate Mergers", *Bell Journal of Economics* 12, 605 – 617.

Amihud, Yakov and Baruch Lev(1999), "Does Corporate Ownership Structure Affect its Strategy toward Diversification?", *Strategic Management Journal*, 20(11), 1063 – 1069.

Anderson, R. C., T. W. Bates, J. Bizjak, and M. L. Lemmon(2000), "Corporate Governance and Firm Diversification", *Financial Management*, 21, 5 – 22.

Bae, S. C., T. H. Kwon, and J. W. Lee(2008), "Corporate Diversification, Relatedness, and Firm Value: Evidence from Korean Firms", *Asia – Pacific Journal of Financial Studies*, 37(6), 1025 – 1064.

Baek, J. S., J. K. Kang, and K. S. Park(2004), "Corporate Governance and Firm Value: Evidence from the Korean Financial Crisis", *Journal of Financial Economics*, 71, 265－313.

Baltagi, Badi H.(1995), *Econometric Analysis of Panel Data*, John Wiley & Sons, England.

Baltag, B. H. and Q. Li(1995), "Testing AR(1) against MA(1) Distribances in an Error Component Model", *Journal of Econometrics*, 68, 133－151.

Bauer, R., B. Frijins, R. Otten, and A. Tourani-Rad(2008), "The Impact of Corporate Governance on Corporate Performance: Evidence from Japan", *Pacific-Basin Finance Journal*, 16, 236－251.

Baysinger, B. and H. Buttler(1985), "Corporate Governance and the Board of Directors: Performance Effect of Changes in Board Composition", *Journal of Law, Economics and Organization*, 1, 101－124.

Berger, P. G. and E. Ofek(1994), "Diversification's Effect on Firm Value", *Journal of Financial Economics*, 37, 39－65.

Berger, Philip G. and Eli Ofek(1995), "Diversification's Effect on Firm value", *Journal of Financial Economics*, 37, 39－65.

Bhide, A.(1990), "Reversing Corporate Diversification", *Journal of Applied Corporate Finance*, 5, 70－81.

Billet, M. T. and D. C. Mauer(2000), "Diversification and the Value of Internal Capital Market: The Case of Tracking Stock", *Journal of Banking and Finance*, 24, 1457－1490.

Black, B., H. Jang, and W. Kim(2002), "Does Corporate Governance Act Firm Value?", *Working paper* 327, Standford Law School.

Black, F. and M. Scholes(1973), "The Pricing of Options and Corporate Liabilities", *Journal of Political Economy*, 637－659.

Blaine, M.(1995), *Competitive Contractual Governance and Cooperative Macromanagement*, Edward Elgar: Aldershot.

Breusch, T. and A. R. Pagan(1980), "The Lagrange Multiplier Test and its Application to Model Specification in Econometrics", *Review of Economic Studies*, 47, 239－253.

Brickley, J. A. and C. M. James(1987), The Takeover Market, Corporate Board Composition and Ownership Structure: The Case of Banking? *Journal of Law and Economics* 30, 161－180.

Brown, L. D. and M. L. Caylor(2004), "Corporate Governance and Firm Performance", *Working Paper,* Georgia State University.

Byrd, J. W. and K. A. Hickman(1982), Do Outside Directors Monitor Managers? Evidence from Tender Offer Bids, *Journal of Financial Economics* 32, 195 − 222.

Campa, J. M. and S. Kedia(2002), "Explaining the Diversification Discount", *Journal of Finance,* 57, 1731 − 1762.

Chamberlain, G. and Z. Griliches(1984), *Panel Data*, in Z. Griliches and M. Intrilligator(eds.) Handbook of Econometrics, Vol. 2.

Charkham, J.(1994), *Keeping Good Company*, Oxford University Press.

Chen, Carl R. and Thomas L. Steiner(2000), "An Agency Analysis of Firm Diversification: The Consequences of Discretionary Cash and Managerial Risk Considerations", *Review of Quantitative Finance and Accounting*, 14, 247 − 260.

Chen, S. S. and K. W. Ho(2000), "Corporate Diversification, Ownership Structure, and Firm Value: The Singapore Evidence", *International Review of Financial Analysis*, 9, 315 − 326.

Chung, Dong Seop, Byoung Gon Kim, Dong Wook Kim, and Sungchul Choi(2008), "Corporate Governance and Firm Performance: The Korean Evidence", *Journal of International Business and Economics*, 8(2), 46 − 53.

Cochran, P. L., R. A. Wood, and T. B. Jones(1985), "The Composition of Board of Directors and Incidence of Golden Parachutes", *Academy of Management Journal* 28, 664 − 671.

Comment, Robert and Gregg A. Jarrell(1995), "Corporate Focus and Stock Returns", *Journal of Financial Economics*, 37, 67 − 87.

Demsetz, H.(1983), "The Structure of Ownership and the Theory of the Firm", *Journal of Law and Economics*, 26, 375 − 390.

Denis, David J., Diane K. Denis, and Atulya Sarin(1997), "Agency Problems, Equity Ownership, and Corporate Diversification", *Journal of Finance*, 52, 135 − 160.

Denis, David J., Diane K. Denis, and Atulya Sarin(1999), "Agency Theory and The Influence of Equity Ownership Structure on Corporate Diversification Strategies", *Strategic Management Journal*, 20, 1071 − 1076.

Drobetz, Schillhofer, and Zimmermann(2004), "Corporate Governance and Expected Stock Return: Evidence from Germany", *European Financial Management*, 10(2), 267 − 293.

Durnev, Artyom and E. Han Kim(2003), "To Steal or Not to Steal: Firm Attributes, Legal Environment, and Valuation", *Journal of Finance*, Forthcoming, available at http://ssrn.com/ abstract = 318719 (Social Science Research Network).

Eisenberm T., S. Sundgren, and M. T. Wells(1998), "Larger Board Size and Decreasing Firm Value in Small Firms", *Journal of Financial Economics*, 48, 35 − 54.

Fama, E.(1980), "Agency Problem and the Theory of the Firm", *Journal of Political Economy*, 88, 288 − 307.

Fama, E. and M. Jensen(1983), "Separation of Ownership and Control", *Journal of Law and Economics*, 26, 301 − 325.

Galai, D. and R. W. Masulis(1976), "The Options Pricing Model and the Risk Factor of Stocks", *Journal of Financial Economics*, 3, 53 − 81.

Gibbs, P.(1993), "Determinants of Corporate Restructuring: Relative importance of Corporate Governance, Takeover Threat, and Free Cash Flow", *Strategic Management Journal*, 14, 51 − 68.

Gladstein, D. G.(1984), Groups in Context: A Model of Task Group Effectiveness, *Administrative Science Quarterly* 29, 499 − 517.

Gompers, Paul A., Joy L. Ishi, and Andrew Metrick(2003), "Corporate Governance and Equity Prices", *Quarterly Journal of Economics*, 118, 107 − 155.

Goodstein, J., K. Gautman, and W. Boeker(1994), "The Effects of Board Size and Diversify on Strategic Change", *Strategic Management Journal*, 15, 241 − 250.

Graham, J. R., M. L. Lemmon, and J. Wolf(2002), "Does Corporate Diversification Destroy Value?", *Journal of Finance*, 57, 695 − 720.

Harris, M. and A. Raviv(1990), "Capital Structure and the Informational Role of Debt, *Journal of Finance*, 45, 321 − 350.

Hausman, J. A.(1978), "Specification Tests in Econometrics", *Econometrica*, 46, 1251 − 1272.

Hermaelin, B. E. and M. S. Weisbach(1988), "The Determinants of Board Composition", *Rand Journal of Economics*, 19, 589 − 606.

Hsiao, C.(1986), *Analysis of Panel Data*, Cambridge, Cambridge University Press, Econometric Society Monograph 11, 128 − 153.

Jensen, M. C.(1993), "The Modern Industrial Revolution, Exit, and The Failure of Internal Control System", *Journal of Finance*, 48, 831 − 880.

Jensen, M. C. and Kevin J. Murphy(1990), "Performance Pay and Top Management Incentives", *Journal of Political Economy*, 98, 225 − 264.

Jensen, M. C. and W. H. Meckling(1976), "Theory of the Firm: Managerial Behavior, Agency Costs, and Ownership Structure", *Journal of Financial Economics*, 350 − 360.

Jensen, M. C.(1986), "Agency Costs of Free Cash Flow, Corporate Finance and Takeovers", *American Economic Review*, 76, 323 – 329.

Jensen, M. C.(1989), "Eclipse of the Public Corporation", *Harvard Business Review*, 67, 61 – 74.

Jewell, L. N. and H. J. Reitz(1981), *Group effectiveness in organizations*(Scott-Foresman, Glenview, Illinois).

Johnson, R. A., R. E. Hoskisson, and M. A. Hitt(1993), "Board of Director Involvement in Restructuring: The Effects of Board versus Managerial Controls and Characteristics", *Strategic Management Journal*, 14, 33 – 50.

Karpoff, Jonathan, Paul Malatesta, and Ralph Walkling(1996), "Corporate Governance and Shareholder Initiative: Empirical Evidence", *Journal of Financial Economics*, 42, 365 – 395.

Kim, Byoung Gon and K. C. Chen(2010), "The Relationships Among Corporate Governance Structure, Business Diversification and Corporate Value: Evidence from Korean Firms", *Journal of Emerging Markets*, 15(1), 7 – 22.

Klapper, L. and I. Love(2004), "Corporate Governance, Investor Protection and Performance in Emerging Markets", *Journal of Corporate Finance*, 10, 703 – 728.

Lamont, Owen A. and Christopher Polk(2001), "The Diversification Discount: Cash Flow Versus Returns", *Journal of Finance*, 56(5), 1693 – 1721.

Lang, L. H. P. and R. M. Stulz(1994), "Tobin's Q, Corporate Diversification, and Firm Performance", *Journal of Political Economy*, 102, 1248 – 1280.

Lee, C., S. Rosenstein, N. Rangan, and W. N. Davidson(1992), "Board Composition and Shareholder Wealth: The Case of Management Buyouts", *Financial Management* 21, 58 – 72.

Lehn, K. and A. Poulsen(1989), "Free Cash Flow and Stockholder Gains in Going Private Transactions", *Journal of Finance*, 44, 771 – 787.

Lewellen, Wilbur G., Clauudio Loderer, and Ahron Rosenfeld(1989), "Mergers, Executive Risk Reduction, and Stockholder Wealth", *Journal of Financial and Quantitative Analysis*, 24, 459 – 472.

Lins, K. and H. Servaes(2002), "Is Corporate Diversification Beneficial in Emerging Markets", *Financial Management*, 31, 5 – 31.

Lipton, M. and J. W. Lorsch(1992), "A Modest Proposal for Improved Corporate Governance", *Business Lawyer*, 48(1), 59 – 77.

Markides, C. C.(1995), "Diversification, Restructuring and Economic Performance",

Strategic Management Journal, 16, 101 – 118.

Matyas, L. and P. Sevestre(1992), *The Econometrics of Panel Data: Handbook of Theory and Applications*, Kluwer Academic Publishers, Dordrecht.

May, Don O.(1995), "Do Managerial Motives Influence Firm Risk-reduction Strategies?", *Journal of Finance*, 50, 1291 – 1308.

McConnell, J. John and Henri Servaes(1990), "Additional Evidence on Equity Ownership and Corporate Value", *Journal of Financial Economics* 27, 595 – 612.

Mintzberg, H.(1983), *Power in and Around Organizations* (Prentice-Hall, Englewood Cliffs, New Jersey).

Monks, R. G. and N. Minow(1995), *Corporate Governance*, LENS Inc.

Montogomy, Cynthia A.(1994), "Corporate Diversification", *Journal of Economics Perspectives*, 8, 163 – 178.

Olson, M.(1982), *The Rise and Decline of Nations: Economic Growth, Stagflation and Social Rigidities*(Yale University Press, New Haven, Connecticut).

Pearce, J. and S. Zahra(1992), "Board Composition From a Strategic Contingency Perspective", *Journal of Management Studies*, 29,411 – 438.

Pfeffer, J.(1993), "Size Composition and Function of Hospital Board of Directors: A Study of Organization Environment Linkage", *Administration Science Quarterly*, 18, 349 – 364.

Pound, John W., and Richard J. Zeckhauser(1985), *Principals and Agents: The Structure of Business*, Harvard Business School Press, Boston, U.S.A..

Randall Morck, Andrei Shleifer, and Robert W. Vishny(1988), "Management Ownership and Market Valuation: An Empirical Analysis", *Journal of Financial Economics*, 20, 293 – 315.

Rajan, R., H. Servaes, and L. Zingales(2000), "The Cost of Diversity: The Diversification Discount and Inefficient Investment", *Journal of Finance*, 55, 35 – 80.

Rosenstein, S. and J. G. Wyatt(1990), "Outside Directors, Board Independence, and Shareholder Wealth", *Journal of Financial Economics*, 26, 175 – 191.

Ross, David C.(1997), "Do Firms Diversify Because Managers Shirk? A Reinterpretation of the Principal-Agent Model of Diversification", *Review of Industrial Organization*, 12, 389 – 398.

Ross, S., R. Westerfield, and J. Jaffe(1993), *Corporate Finance*, Burr Ridge, Illinois: Irwin.

Rumelt, R.(1982), "Diversification Strategy and Profitability", *Strategic Management*

Journal, 3, 359 – 369.

Santalo, J. and M. Becerra(2008), "Competition from Specialized Firms and the Diversification-performance Linkage", *Journal of Finance*, 63(2), 851 – 883.

Saunders A., F. Strock, and N. Travlos(1990), "Ownership Structure, Deregulation, and Bank Risk-Taking", *Journal of Finance*, 45, 643 – 654.

Schoar, A.(2002), "Effects of Corporate Diversification on Productivity", *Journal of Finance*, 57, 2379 – 2403.

Servaes, Henri(1996), "The Value of Diversification During the Conglomerate Merger Wave", *Journal of Finance*, 51, 1201 – 1225.

Shaw, M. E.(1981), *Group Dynamics: The Psychology of Small Group Behavior* (McGraw-Hill, New York).

Sheidan, T., and N. Kendall(1992), *Corporate Governance: An Action Plan to Profitability and Business Success*, Pitman Publishing.

Shleifer, Andrei and Robert Vishny(1989), "Managerial Entrenchment: The Case of Manager-specific Investments", *Journal of Financial Economics*, 25, 123 – 139.

Singh M., I. Mathur, and K. Gleason (2004), "Governance and Performance Implications of Diversification Strategies: Evidence from Large U.S. Firm", *Financial Review*, 39, 489 – 526.

Singh, H. and F. Harianto(1989), "Management Board Relationship, Takeover Risk and the Adoption of Golden Parachutes", *Academy of Management Journal*, 32, 7 – 24.

Stein, J. C.(1997), "Internal Capital Markets and the Competition for Corporate Resources", *Journal of Finance*, 52, 111 – 133.

Steiner, Thomas L.(1996), "A Reexamination of the Relationships between Ownership Structure, Firm Diversification, and Tobin's Q", Quarterly *Journal of Business and Economics*, 35, 39 – 48.

Stulz, Rene M.(1990), "Managerial Discretion and Optimal Financing Policies", *Journal of Financial Economics*, 26, 3 – 27.

Treynor, J. and F. Black(1976), "Corporate Investment Decisions", *In Modern Developments in Financial Management*, S. Myers, ed., New York: Praeger, 310 – 327.

Villalonga, B.(2004), "Diversification Discount or Premium? New Evidence from BITS Establishment Level Data", *Journal of Finance*, 59, 475 – 502.

Wallace, T. D. and A. Hussian(1969), "The Use of Error Components Model in Combining Time-series with Cross-section Data", *Econometrica*, 37, 55 – 72.

Weisbach. M.(1988), "Outside Directors and Turnover", *Journal of Financial Economics,* 20, 431 – 460.

Wernerfelt, B. and C. Montgomery(1988), "Tobin's Q and the Importance of Focus in Firm Performance", *American Economic Review,* 78, 246 – 250.

Whited, T.(2001), "Is it Efficient Investment that Cause the Diversification Discount?", *Journal of Finance,* 56, 1667 – 1692.

Williamson, O. E.(1984), "Corporate Governance", *Yale Law Journal.*

Yermack, D.(1996), "Higher Market Value of Companies with a Small Board of Director", *Journal of Financial Economics,* 40, 185 – 211.

Yoon, B. H. and J. Y. Oh(2005), "Korea Case Studies on Corporate Governance abd Firm's Performance, Value and Market Returns", *Asia-Pacific Journal of Financial Studies,* 34, 227 – 263.

김동욱 ──────

동서대학교 상과대학 경영정보학과 졸업
부산대학교 대학원 경영학 석사
창원대학교 대학원 경영학 박사
(재)부산발전연구원 전문위원
現, (재)부산경제진흥원 연구위원

「소유경영기업과 전문경영기업의 소유지배괴리도와 기업가치」
「한국기업의 소유·지배괴리도와 기업다각화: 대리인문제와 지배권의 경영안주효과 검증」
「한국기업의 지배구조와 부채: 부채의 통제효과와 착취효과 검증」
「소유경영기업과 전문경영기업의 사업다각화: 지배주주지분율과 경영자위험선호유인 영향분석」
「정보비대칭과 배당정책: 배당신호가설 검증」
「한국기업의 사업다각화와 대리인 문제: 잉여현금흐름과 경영자 위험유인을 중심으로」
「한국기업의 지배구조와 자본구조가 기업가치에 미치는 영향: 패널 2SLS분석을 이용하여」
「한국기업의 지배구조, 사업다각화, 기업가치: 패널자료분석법을 응용한 영향 관계분석」
「Corporate Governance and Firm Performance: The Korean Evidence」
「한국기업의 지배구조가 사업다각화에 미치는 영향: 패널자료로부터의 함의」
「패널자료분석법에 의한 기업지배구조와 기업가치 간의 영향관계 분석」
「한국기업의 사업다각화가 자본구조에 미치는 영향: 외환위기 이후기간 패널자료분석」
외 다수

김병곤

부산대학교 상과대학 경영학과 졸업
부산대학교 대학원 경영학 석사
부산대학교 대학원 경영학 박사
LG경제연구원 책임연구원
부산발전연구원 연구위원
California State University at Fresno, Exchange Professor
現, 창원대학교 경영학과 부교수

『채권투자의 이해』
『잇센셜 재무관리』
『잇센셜 투자론』
『재무관리』
『소유구조와 기업다각화가 기업가치에 미치는 영향』
『증권시장론』

「한국기업의 다각화와 기업가치에 관한 실증연구-LISREL모형을 응용하여」
「대리권문제와 기업다각화가 기업가치에 미치는 영향에 관한 실증연구」
「전략적 사업구조조정을 통한 기업가치의 증대방안」
「한국기업의 자본구조와 대리인문제: 패널자료로부터의 함의」
「소유경영자지분율과 자본구조: 외환위기 이후기간 패널자료분석」
「한국기업의 지배구조와 자본구조가 기업가치에 미치는 영향: 패널 2SLS분석을 이용하여」
「한국기업의 사업다각화와 대리인문제: 잉여현금흐름과 경영자 위험유인을 중심으로」
「Corporate Governance and Firm Performance: The Korean Evidence」
「The Relationships Among Corporate Governance Structure, Business Diversification and Corporate Value: Evidence from Korean Firms」
외 다수

한국기업의 지배구조와 사업다각화, 기업가치

초판인쇄 | 2011년 7월 14일
초판발행 | 2011년 7월 14일

지 은 이 | 김동욱 · 김병곤
펴 낸 이 | 채종준
펴 낸 곳 | 한국학술정보㈜
주   소 | 경기도 파주시 교하읍 문발리 파주출판문화정보산업단지 513-5
전   화 | 031) 908-3181(대표)
팩   스 | 031) 908-3189
홈페이지 | http://ebook.kstudy.com
E-mail | 출판사업부 publish@kstudy.com
등   록 | 제일산-115호(2000. 6. 19)

ISBN   978-89-268-2385-9 93320 (Paper Book)
          978-89-268-2386-6 98320 (e-Book)

내일을여는지식 █ 은 시대와 시대의 지식을 이어 갑니다.